NB 7

GERD MAYER

Die Zusage nach der Abgabenordnung 1977

Tübinger Schriften zum Staats- und Verwaltungsrecht

Band 12

Die Zusage nach der Abgabenordnung 1977

Von

Dr. Gerd Mayer

Duncker & Humblot · Berlin

Die Deutsche Bibliothek – CIP-Einheitsaufnahme

Mayer, Gerd:
Die Zusage nach der Abgabenordnung 1977 / von Gerd Mayer. — Berlin: Duncker und Humblot, 1991
(Tübinger Schriften zum Staats- und Verwaltungsrecht; Bd. 12)
Zugl.: Tübingen, Univ., Diss., 1991
ISBN 3-428-07190-5
NE: GT

D 21

Satz: TecDok Angelika März, Tübingen
Druck: Berliner Buchdruckerei Union GmbH, Berlin 61
Printed in Germany

ISSN 0935-6061
ISBN 3-428-07190-5

Vorwort

Die vorliegende Arbeit hat im Wintersemester 1990/91 der Juristischen Fakultät der Eberhard-Karls-Universität zu Tübingen als Dissertation vorgelegen.

Betreut wurde die Arbeit von Herrn Prof. Dr. Ferdinand Kirchhof, dem ich für seine Unterstützung, Förderung und Gesprächsbereitschaft herzlich danken möchte.

Weiterhin habe ich Herrn Prof. Dr. Dres. h.c. Otto Bachof für die Erstellung des Zweitgutachtens sowie Herrn Prof. Dr. Wolfgang Graf Vitzthum für die Aufnahme der Arbeit in diese Schriftenreihe zu danken.

Mein besonderer Dank gilt meiner Ehefrau Andrea, die mir während der Arbeit an der Dissertation verständnisvoll zur Seite stand. Ihr widme ich dieses Buch.

Hamburg, im März 1991 *Gerd Mayer*

Inhaltsverzeichnis

Abkürzungsverzeichnis

a.A.	anderer Ansicht
a.a.O.	am angegebenen Ort
Abs.	Absatz
a.E.	am Ende
AktG	Aktiengesetz
Alt.	Alternative
Anm.	Anmerkung
AO	Abgabenordnung
AOÄG	Entwurf eines Gesetzes zur Änderung der Reichsabgabenordnung und anderer Gesetze
AöR	Archiv für öffentliches Recht (Zeitschrift)
Art.	Artikel
AtG	Atomgesetz
Aufl.	Auflage
AZO	Allgemeine Zollordnung
BÄO	Bundesärzteordnung
BAnz.	Bundesanzeiger
Ba.-Wü.	Baden-Württemberg
BayObLG	Bayerisches Oberstes Landesgericht
BayVBl.	Bayerische Verwaltungsblätter
BayVerfGH	Bayerischer Verfassungsgerichtshof
BB	Der Betriebs-Berater (Zeitschrift)
BBG	Bundesbeamtengesetz
Bd.	Band
BergPDV	Verordnung zur Durchführung des Gesetzes über Bergmannsprämien
BerlinFG	Berlinförderungsgesetz
BFH	Bundesfinanzhof
BFHE	Sammlung der Entscheidungen des Bundesfinanzhofs
BGB	Bürgerliches Gesetzbuch
BGBl.	Bundesgesetzblatt

BGHZ	Amtliche Sammlung von Entscheidungen des Bundesgerichtshofs in Zivilsachen
BImSchG	Bundes-Immissionsschutzgesetz
BK	Bonner Kommentar
BMF	Bundesminister der Finanzen
BpO	Betriebsprüfungsordnung
BRAK	Bundesrechtsanwaltskammer
BRRG	Beamtenrechtsrahmengesetz
BSG	Bundessozialgericht
BStBl.	Bundessteuerblatt
BT-Drs.	Bundestags-Drucksache
BVerfG	Bundesverfassungsgericht
BVerfGE	Amtliche Sammlung von Entscheidungen des Bundesverfassungsgerichts
BVerfGG	Bundesverfassungsgerichtsgesetz
BVerwG	Bundesverwaltungsgericht
BVerwGE	Amtliche Sammlung von Entscheidungen des Bundesverwaltungsgerichts
bzw.	beziehungsweise
DAI	Deutsches Anwaltsinstitut
DB	Der Betrieb (Zeitschrift)
ders.	derselbe
d.h.	das heißt
Diss.	Dissertation
DJT	Deutscher Juristentag
DÖV	Die Öffentliche Verwaltung (Zeitschrift)
DRiZ	Deutsche Richterzeitung
DStG	Die Steuer-Gewerkschaft (Zeitschrift)
DStR	Deutsches Steuerrecht (Zeitschrift)
DStZ	Deutsche Steuerzeitung (seit 1980)
DStZ/A	Deutsche Steuerzeitung/Ausgabe A (bis 1979)
DVBl.	Deutsches Verwaltungsblatt (Zeitschrift)
EAO	Entwurf einer Abgabenordnung
EFG	Entscheidungen der Finanzgerichte
EStG	Einkommensteuergesetz
f., ff.	folgende, fortfolgende

FAGO	Geschäftsordnung für die Finanzämter
FG	Finanzgericht
FGO	Finanzgerichtsordnung
Fn.	Fußnote
FR	Finanzrundschau (Zeitschrift)
FS	Festschrift
FVG	Gesetz über die Finanzverwaltung
gem.	gemäß
GewStG	Gewerbesteuergesetz
GG	Grundgesetz
ggf.	gegebenenfalls
GmbH	Gesellschaft mit beschränkter Haftung
GmbHG	Gesetz betreffend die Gesellschaften mit beschränkter Haftung
GNOFÄ	Grundsätze zur Neuorganisation der Finanzämter und zur Neuordnung des Besteuerungsverfahrens
HBP	Handbuch der steuerlichen Betriebsprüfung
HFR	Höchstrichterliche Finanzrechtsprechung
h.M.	herrschende Meinung
Hrsg.	Herausgeber
i.d.R.	in der Regel
Inf.	Die Information über Steuer und Wirtschaft (Zeitschrift)
insbes.	insbesondere
i.S.d.	im Sinne der/des
i.S.v.	im Sinne von
i.V.m.	in Verbindung mit
JA	Juristische Arbeitsblätter (Zeitschrift)
JURA	Juristische Ausbildung (Zeitschrift)
JuS	Juristische Schulung (Zeitschrift)
JZ	Juristenzeitung
KÖSDI	Kölner Steuerdialog (Zeitschrift)
KohleG	Kohlegesetz
KStG	Körperschaftsteuergesetz
KStR	Körperschaftsteuerrichtlinien
LBl.	Loseblatt

LBO	Landesbauordnung
LStDV	Lohnsteuer-Durchführungsverordnung
m.w.N.	mit weiteren Nachweisen
NJW	Neue Juristische Wochenschrift
Nr.	Nummer
NSt	Neues Steuerrecht von A-Z
n.v.	nicht veröffentlicht
NVwZ	Neue Zeitschrift für Verwaltungsrecht
NWB	Neue Wirtschafts-Briefe
OFD	Oberfinanzdirektion
OVG	Oberverwaltungsgericht
RAO	Reichsabgabenordnung
RFH	Reichsfinanzhof
RGBl.	Reichsgesetzblatt
Rn.	Randnummer
RWP	Rechts- und Wirtschaftspraxis
S., s.	Seite, siehe
s.a.	siehe auch
SGB X	Sozialgesetzbuch – Verwaltungsverfahren
SHLVwG	Allgemeines Verwaltungsgesetz für das Land Schleswig-Holstein
sog.	sogenannt(e / en / er / es)
Sp.	Spalte
StabG	Stabilisierungsgesetz
StB	Der Steuerberater (Zeitschrift)
StbJb.	Steuerberater-Jahrbuch
StbKRep.	Steuerberaterkongreß-Report
StBp.	Die steuerliche Betriebsprüfung (Zeitschrift)
StEK	Steuererlasse in Karteiform
Stpfl.	Steuerpflichtiger
StuW	Steuer und Wirtschaft (Zeitschrift)
u.a.	unter anderem
Urt.	Urteil
UStG	Umsatzsteuergesetz
u.s.w.	und so weiter

u.U.	unter Umständen
v.	von/vom
VA	Verwaltungsakt
VermBG	Vermögensbildungsgesetz
VersR	Versicherungsrecht, Juristische Rundschau für die Individualversicherung
VerwArch.	Verwaltungsarchiv (Zeitschrift)
VGH	Verwaltungsgerichtshof
vgl.	vergleiche
v.H.	vom Hundert
VSF ZT	Vorschriftensammlung Bundesfinanzverwaltung Zolltarif
VStG	Vermögensteuergesetz
VVDStRL	Veröffentlichungen der Vereinigung der Deutschen Staatsrechtslehrer
VwGO	Verwaltungsgerichtsordnung
VwVfG	Verwaltungsverfahrensgesetz
VwVfGE	Entwurf eines Verwaltungsverfahrensgesetzes
WiVerw.	Wirtschaft und Verwaltung
z.B.	zum Beispiel
ZBR	Zeitschrift für Beamtenrecht
ZfZ	Zeitschrift für Zölle und Verbrauchsteuern
ZG	Zollgesetz
zit.	zitiert
z.T.	zum Teil

Einleitung

Das Steuerrecht hat heute im privatwirtschaftlich organisierten Gesellschaftssystem eine solche Dimension erreicht, daß nahezu jeder wirtschaftliche Vorgang direkt oder indirekt einen steuerrechtlichen Bezug aufweist. Bei der Konzeption seiner wirtschaftlichen Maßnahmen muß sich deshalb der steuerpflichtige Bürger stets die Frage nach den zu erwartenden steuerlichen Auswirkungen stellen. Die mit der Maßnahme verbundene steuerliche Belastung oder auch Entlastung wird sich dabei für ihn vielfach als ein wesentlicher Kalkulationsfaktor darstellen. Die Beurteilung des steuerlichen Faktors wird dem Steuerpflichtigen jedoch sehr schwer gemacht, denn das Steuerwesen in der Bundesrepublik erweist sich als äußerst kompliziert. Um dies bildhaft zu machen, wird zu Recht von einem für den Steuerpflichtigen undurchdringlichen „Steuerdschungel" gesprochen[1]. Selbst die steuerberatenden Berufsgruppen sind angesichts des ausufernden Umfangs und der Systemlosigkeit des Steuerrechts im ganzen sowie der Kompliziertheit der einzelnen steuerrechtlichen Normen oft nicht in der Lage, eine eindeutige und gesicherte Aussage über die zu erwartende steuerrechtliche Behandlung einer geplanten wirtschaftlichen Maßnahme zu treffen. Da der planende Steuerpflichtige aber auf eine sichere Kalkulationsgrundlage angewiesen ist, bleibt ihm in dieser Situation nur der Ausweg, sich an die zuständige Finanzbehörde zu wenden, um von dieser eine Zusage i.S. einer verbindlichen Vorwegerklärung über die steuerrechtliche Beurteilung seines Vorhabens zu erbitten. Nicht selten wird er dabei die Realisierung seiner Planung davon abhängig machen, ob die Finanzbehörde seinem Ersuchen nachkommt. Damit wird aber ein ganz sensibler Aspekt des Steuerrechts berührt, nämlich die Frage nach dessen Auswirkungen auf den Zustand und die Entwicklung unserer Volkswirtschaft.

Die in der Abgabenordnung[2] getroffene Regelung über die Zusage durch die Finanzbehörden trägt dieser besonderen Bedeutung bislang jedoch nur unzureichend Rechnung. So ist dort mit den §§ 204 ff. AO lediglich der sehr eng begrenzte Tatbestand der verbindlichen Zusage auf Grund einer Außenprüfung geregelt. Abgesehen von einzelnen spezialgesetzlich geregelten Fäl-

---

[1] Vgl. *Borell / Schemmel* S. 33 ff., die anhand einer Bestandsaufnahme die Berechtigung dieser Bezeichnung nachweisen.

[2] Vom 16. März 1976 (BGBl. 1976 I S. 613), in Kraft seit 1. Januar 1977.

len, bestimmt sich darüber hinaus die Erteilung und Behandlung von Zusagen der Finanzbehörden in der Praxis nach wie vor nach Rechtsprechungsgrundsätzen, die der Bundesfinanzhof bereits in den fünfziger und Anfang der sechziger Jahre entwickelt hat. Diese Grundsätze, die in der Literatur vielfach auf Kritik gestoßen sind, werden neuerdings auch von seiten einzelner Finanzgerichte in Frage gestellt. Außerdem hat die steuerrechtliche Zusageproblematik dadurch an Aktualität gewonnen, daß bedingt durch entsprechende Überlegungen, die im Rahmen der parlamentarischen Beratung zum Steuerbereinigungsgesetz 1986 angestellt wurden, die Frage nach der Einführung einer umfassenden Zusageregelung in der Abgabenordnung zur Diskussion gestellt worden ist. Dementsprechend besteht auch die Zielsetzung dieser Arbeit nicht nur darin, die sich nach der geltenden Rechtslage ergebenden Zusageprobleme zu klären, sondern es soll auch die Frage nach der Notwendigkeit und gegebenenfalls der Ausgestaltung einer umfassenden gesetzlichen Zusageregelung für das Steuerrecht beantwortet werden.

Erstes Kapitel: Die Grundlagen

In den Abhandlungen zum Themenbereich „Zusagen durch die Verwaltung" wird zumeist eine Begriffsbestimmung und Begriffsabgrenzung an den Anfang gestellt. Mir erscheint ein solcher Aufbau jedoch nicht sinnvoll. Gemessen am allgemeinen Sprachgebrauch besteht ein einheitliches Verständnis dahingehend, daß es sich bei der Zusage um ein „Versprechen" handelt[1]. Umgekehrt werden aber in Gesetz, Rechtsprechung und Literatur Erklärungen der Verwaltung, denen ein Versprechenscharakter zukommt, nicht ausschließlich als Zusagen bezeichnet. Es ist daher geboten, sich zunächst ganz generell mit der Bedeutung der Zusage als einer behördlichen Erklärung mit Versprechenscharakter zu befassen und entsprechende Tatbestände näher darzustellen, bevor man eine genauere juristische Begriffsbestimmung und -abgrenzung versucht. Im Hinblick auf die in der Einleitung aufgeführte Problemstellung kann die Zusage vorerst auch als ein Versprechen in Form einer verbindlichen Vorwegerklärung über eine künftig zu erwartende Verwaltungsentscheidung umschrieben werden.

I. Die Bedeutung der Zusage im Verwaltungs- und Steuerrecht

Schon seit langem bildet die Zusage sowohl im Verwaltungsrecht als auch speziell im Steuerrecht einen Problembereich, der immer wieder Anlaß zur Diskussion gegeben hat. Vor allem das gewandelte Verständnis vom Verhältnis zwischen Staat und Bürger hat dabei der Zusageproblematik ihre entscheidende Bedeutung verliehen. Dies hat insbesondere Zeidler in seinem Gutachten für den 44. Deutschen Juristentag 1962, der sich mit dem Thema „Empfiehlt es sich die bestehenden Grundsätze über Auskünfte und Zusagen in der öffentlichen Verwaltung beizubehalten?" befaßt hat, überzeugend dargelegt. Danach hat sich das Problem der Zusage durch die Verwaltung um so deutlicher gestellt, je mehr man sich von der Vorstellung entfernt hat, der Staat müsse in einer sich selbst regulierenden Gesellschaft nur eine ordnungsbewahrende Herrschaft ausüben[2]. Im moderen Sozialstaat ist die Verwaltung

---

[1] Vgl. Meyers Enzyklopädisches Lexikon, Stichwort „Zusage".

[2] Nach dem Verständnis von *Otto Mayer* (Deutsches Verwaltungsrecht, Bd. I, S. 13) bedeutete Verwaltungsrecht allein die rechtliche Ordnung des Verhältnisses zwischen dem verwaltenden Staat und dem ihm dabei begegnenden Untertan.

über ihren überkommenen Rahmen als bloße Eingriffsverwaltung hinausgewachsen und weithin zur Leistungsverwaltung geworden[3]. Die damit verbundene Expansion der Verwaltungsbereiche hat dabei zu einer engen Verflochtenheit und wechselseitigen Abhängigkeit von Verwaltung und Bürger geführt. Diese Entwicklung und die Tatsache, daß angesichts einer immer detaillierteren Normierung vieler Bereiche die Gesetzesinhalte für den Bürger nicht mehr ohne weiteres erfaßbar sind, müssen aber zu einem Selbstverständnis der Verwaltung führen, das besser durch das Stichwort „Kundendienst" als durch „Herrschaft" charakterisiert ist[4]. Unter diesem Aspekt ist auch das Rechtsinstitut der Zusage zu sehen, das als eine „Dienstleistung" der Verwaltung verstanden werden kann, mit der der Abhängigkeit des Bürgers dadurch Rechnung getragen wird, daß ihm im Vorfeld künftiger Verwaltungsentscheidungen ein gewisses Maß an Rechts- und damit Planungssicherheit gewährt wird[5].

Diese Erkenntnis muß auch für das Steuerrecht gelten, obwohl sich die Steuerverwaltung, wenn man sie unter dem Aspekt der Deckung des Finanzbedarfs des Staates betrachtet, als eine Eingriffsverwaltung darstellt[6]. Über den fiskalischen Zweck der Besteuerung hinaus, hat sich jedoch das Steuerrecht durch eine immer differenziertere Ausgestaltung der steuerlichen Tatbestände auch zu einem Instrument der Sozialpolitik entwickelt[7]. Besonders die an der wirtschaftlichen Leistungsfähigkeit orientierte Besteuerung soll zu einer gewissen Umverteilung des Volkseinkommens zugunsten der wirtschaftlich Schwächeren führen. Daneben wird mit dem Steuerrecht aber auch gezielte Wirtschafts- und allgemeine Konjunkturpolitik betrieben, indem etwa der Staat durch Subventionen in Form von Steuervergünstigungen[8] lenkend in die Wirtschaft eingreift. Dies bedeutet aber, daß auch die Steuerverwaltung heute nicht mehr nur eine reine Eingriffsverwaltung ist, sondern auch Züge der gewährenden Verwaltung aufweist[9]. Deshalb kann auch in bezug auf das Steuerrecht die Beziehung zwischen Staat und Bürger nicht mehr als eine

---

[3] Vgl. *Hesse* S. 81.

[4] So *Zeidler* S. 11. Ebenso *Pfander* S. 17 f. und *Palauro* S. 2 Fn. 5 m.w.N.

[5] Vgl. auch *Kurr*, ZfZ 1986, 236.

[6] So *von Münch*, in: *Erichsen/Martens* S. 14.

[7] Vgl. *Weber-Fas* S. 15 f.

[8] Der Subventionscharakter von Steuervergünstigungen wird dadurch bestätigt, daß diese gem. § 12 Abs. 3 StabG in den Subventionsbericht aufzunehmen sind.

[9] Vgl. *Tipke*, AöR 94 (1969), 224, 256, der auch darauf hinweist, daß die Steuerverwaltung nicht nur Prämien gewährt, sondern den Steuerpflichtigen auch durch Saldierung im Rahmen der Gewinn- und Einkommensermittlung begünstigt.

bloße Herrschaftsbeziehung angesehen werden. Es ist vielmehr davon auszugehen, daß das Steuerrechtsverhältnis auf dem Grundsatz einer vertrauensvollen Zusammenarbeit zwischen Finanzbehörde und Steuerpflichtigem beruht[10]. Dies wird auch durch die Rechtsprechung des Bundesfinanzhofs bestätigt, wo die Beziehung zwischen Finanzbehörde und Steuerpflichtigem als ein besonderes öffentlich-rechtliches Vertrauensverhältnis bezeichnet wird[11]. Wenn man diese Charakterisierung des Steuerrechtsverhältnisses zugrunde legt und dazu bedenkt, daß die vielfältigen Zielsetzungen, denen das Steuerrecht heute gerecht werden muß, zu dem einleitend beschriebenen Zustand dieser Rechtsmaterie geführt haben[12], so kann es nicht verwundern, daß gerade hier die Zusageproblematik eine außerordentliche Bedeutung erlangt hat, was durch eine Vielzahl von gerichtlichen Entscheidungen und einer umfangreichen Literatur dokumentiert wird.

II. Die Zusage nach der Abgabenordnung 1977

Die Beschäftigung mit der „Zusage nach der Abgabenordnung 1977" bedeutet nicht nur eine Abgrenzung der Thematik gegenüber dem Verwaltungsrecht, sondern es soll auch eine Eingrenzung innerhalb des Steuerrechts zum Ausdruck gebracht werden, denn außerhalb der Abgabenordnung finden sich in einzelnen Steuergesetzen spezielle Regelungen über verbindliche Vorwegerklärungen der Finanzverwaltung (so insbesondere § 23 ZG und § 42 e EStG). Diese werden zwar insoweit zu beachten sein, als sie über ihre spezifischen Besonderheiten hinaus zur Klärung allgemeiner Zusageprobleme geeignet erscheinen, den eigentlichen Gegenstand der Arbeit bilden jedoch die beiden folgenden Rechtsinstitute.

1. Die verbindliche Zusage auf Grund einer Außenprüfung gem. §§ 204 ff. AO

Die verbindliche Zusage auf Grund einer Außenprüfung gem. §§ 204 ff. AO regelt einen begrenzten Teilausschnitt der steuerrechtlichen Zusageproblematik. Zwar besitzt dieser Zusagetatbestand insoweit einen allgemeinen Charakter, als damit die vielfältigsten Fragen bezüglich der verschiedenen Steuerarten geklärt werden können, seiner Anwendung sind aber dadurch

---

[10] Vgl. *Strotkamp* S. 103 m.w.N.

[11] Vgl. BFH BStBl. 1952 III, 85, 86; 1959 III, 116, 118.

[12] Vgl. *Spitaler*, BB 1961, 1333.

Grenzen gesetzt, daß die Zusageerteilung stets die Durchführung einer Außenprüfung gem. §§ 193 ff. AO voraussetzt.

Die Außenprüfung ist Teil des Besteuerungsverfahrens und wird i.d.R. vor Ort beim Steuerpflichtigen durchgeführt (§ 200 Abs. 2 AO). Ihr Zweck besteht in der systematischen Überprüfung und Ermittlung der Besteuerungsgrundlagen[13]. Sie ist jedoch nicht die übliche Form der Sachaufklärung im Rahmen der Steuerveranlagung, sondern stellt ein besonderes Verfahren dar, das erst nach der Veranlagung der Steuern und zumeist für mehrere Besteuerungszeiträume gemeinsam durchgeführt wird. Die Notwendigkeit einer solchen „Nachschau" ist darin begründet, daß bei der Steuererhebung als einem Massenverfahren der Finanzbehörde bei der Steuerveranlagung eine genaue Sachaufklärung überhaupt nicht möglich ist und sie deshalb weitgehend auf die Angaben des zur Mitwirkung verpflichteten Steuerpflichtigen (§ 90 AO) vertrauen muß. Die Außenprüfung dient somit der Kontrolle der Besteuerung. Die dabei getroffenen Feststellungen können aus zweierlei Gründen zu einer Änderung der Steuerfestsetzung führen. Erstens bestehen für Steuerbescheide sehr weitgehende Aufhebungs- und Änderungstatbestände (§§ 172 ff. AO; insbesondere § 173 Abs. 1 Nr. 1 AO) und zweitens kann im Steuerrecht die Behörde den Eintritt der Bestandskraft selbst ausschließen, indem sie einen Steuerbescheid unter dem Vorbehalt der Nachprüfung gem. § 164 AO oder in Form einer vorläufigen Steuerfestsetzung gem. § 165 AO erläßt (§ 172 Abs. 1 AO). Insbesondere von § 164 AO macht die Finanzverwaltung in extensiver Weise Gebrauch[14]. Vor Eintritt der Festsetzungsverjährung (§§ 169 ff. AO) führt erst der Abschluß einer Außenprüfung zu einer Verfestigung der Steuerfestsetzung (§ 164 Abs. 3 S. 3 AO und § 173 Abs. 2 AO).

Dies ist der rechtliche Hintergrund vor dem die Zusageregelung der §§ 204 ff. AO zu sehen ist, denn wenn ein Sachverhalt einmal durch eine Außenprüfung umfassend geklärt und in einem Prüfungsbericht für die Vergangenheit abschließend rechtlich gewürdigt worden ist, dann besteht nach Auffassung des Gesetzgebers für den Steuerpflichtigen ein legitimes Bedürfnis, auch für die Zukunft eine entsprechende Zusage zu erhalten[15].

---

[13] Vgl. *Streck* S. 28.

[14] Zur Steuerfestsetzung unter Vorbehalt der Nachprüfung als Ausgangslage für die Außenprüfung vgl. *Frotscher* S. 17 ff. Beachte auch die Kritik an der Praxis der Finanzbehörden bei *Schick*, BB 1986, 137, 138.

[15] Vgl. die Begründung des Entwurfs einer Abgabenordnung (AO 1974), BT-Drs. VI/1982 S. 95 und 165, wo auf die entsprechenden Ausführungen des *Arbeitskreises für die AO-Reform* (vgl. dessen Bericht S. 30 f.) hingewiesen wird.

Dennoch hat die verbindliche Zusage auf Grund einer Außenprüfung in der Praxis nur eine geringe Bedeutung erlangt[16], was zum einen damit zu erklären ist, daß Außenprüfungen nicht bei jedem Steuerpflichtigen regelmäßig durchgeführt werden. So wird etwa die wichtigste Form der Außenprüfung, die Vollprüfung der periodischen Besitz- und Verkehrsteuern sowie der Gewerbesteuer bei betrieblich tätigen Steuerpflichtigen[17] nur bei sog. Großbetrieben kontinuierlich durchgeführt[18]. Je kleiner die Betriebe werden, desto geringer und unregelmäßiger ist die Erfassung durch die Außenprüfung[19].

Zwar wird in diesem Zusammenhang darauf hingewiesen, daß der Steuerpflichtige einen Antrag auf Durchführung einer Außenprüfung stellen könne, um so die Voraussetzungen für die Erteilung einer Zusage zu schaffen[20], doch die Entscheidung über die Anordnung der Außenprüfung liegt im Ermessen der Finanzbehörde[21]. Außerdem wird auch der Steuerpflichtige nur selten bereit sein, einen solchen Antrag zu stellen, denn es ist ein Faktum, daß in vielen Fällen die Außenprüfung auf Grund der genaueren und umfassenderen Sachaufklärung zu nicht unerheblichen Mehrsteuern für die Vergangenheit führt[22]. Zum anderen ist zu berücksichtigen, daß die verbindliche Zusage auf Grund einer Außenprüfung nur die steuerrechtliche Behandlung solcher Sachverhalte zum Gegenstand haben kann, die in der Zukunft verwirklicht werden und sich dabei mit einem für die Vergangenheit geprüften und in einem Außenprüfungsbericht dargestellten Sachverhalt decken. Das bedeutet also, daß die §§ 204 ff. AO nur bei Sachverhalten zur Anwendung kommen, die eine Dauerwirkung entfalten oder die sich in verschiedenen Besteuerungsabschnitten wiederholen[23]. Möchte der Steuerpflichtige dage-

---

[16] Vgl. *Schick,* in: FS Obermayer, 1986, 135, 140 f.

[17] In der Finanzverwaltung wird hierfür noch der überkommene Begriff „Betriebsprüfung“ verwendet. Wegen der Änderung in der Terminologie vgl. *Dziadkowski,* BB 1976, 1359. S.a. die Übersicht über die sonstigen Arten der Außenprüfung bei *Frotscher* S. 14 f.

[18] Zur Einteilung der Betriebe in verschiedene Klassen s. § 3 der Allgemeinen Verwaltungsvorschrift für die Betriebsprüfung – Betriebsprüfungsordnung – (BpO) vom 17.12.1987 (BAnz. Nr. 241 a vom 24.12.1987).

[19] Vgl. hierzu das statistische Zahlenmaterial bei *Wenzig,* DB 1982, Beilage Nr. 17 S. 2.

[20] Vgl. *Zwank,* StBp. 1977, 12, 13; *Lohmeyer,* StB 1983, 101, 105 f.

[21] Vgl. Anwendungserlaß zur AO vom 24.9.1987, BStBl. 1987 I, 664, 704.

[22] Vgl. dazu *Wenzig,* DB 1982, Beilage Nr. 17 S. 4 f.

[23] Vgl. die Beispiele bei *Giesberts* Rn. 277.

gen Gewißheit über die steuerrechtliche Behandlung eines einmaligen, nicht auf Dauer angelegten Sachverhalts erlangen, dann verbleibt ihm ohnehin nur die zweite hier zu behandelnde Fallgruppe.

2. Die allgemeine steuerrechtliche Zusage

Gemeint ist der Fall einer verbindlichen Vorwegerklärung, die ohne vorherige Außenprüfung und außerhalb des Anwendungsbereichs spezialgesetzlicher Regelungen ergeht. Hierfür soll im folgenden die Bezeichnung „allgemeine Zusage" verwendet werden[24].

Die ersten Ansätze zur Einführung einer gesetzlichen Regelung zu diesem Rechtsinstitut reichen weit zurück. So hatte der Deutsche Bundestag in einer Entschließung vom 13. März 1963 die Bundesregierung ersucht, eine Reform des allgemeinen Abgabenrechts vorzubereiten und insbesondere einen Gesetzentwurf vorzulegen, durch den die Pflicht der Finanzverwaltung zur Erteilung verbindlicher Auskünfte im Steuerrecht geregelt wird[25]. Daraufhin legte die Bundesregierung 1964 den Entwurf eines Gesetzes zur Änderung der Reichsabgabenordnung und anderer Gesetze vor, mit dem ein allgemeines Verfahren über verbindliche Auskünfte bei Besitz- und Verkehrsteuern eingeführt werden sollte[26]. Zu einer Verabschiedung ist es jedoch nicht gekommen. Gleiches galt auch für einen Änderungsentwurf, der 1966 zur Diskussion stand und der in bezug auf das Auskunftsverfahren bis auf wenige Detailänderungen dem Entwurf aus dem Jahr 1964 entsprach[27].

1969 hatte dann der Arbeitskreis für die Reform der Reichsabgabenordnung und ihrer Nebengesetze[28] seinen Entwurf für eine neue Abgabenordnung fertig gestellt. Hier war unter den §§ 145-148 EAO 1969 nur noch die verbindliche Zusage auf Grund einer Außenprüfung aufgenommen wor-

---

[24] Vgl. auch *Tipke / Kruse*, AO vor § 204 Rn. 7.

[25] Vgl. stenographischer Bericht der 64. Sitzung des Deutschen Bundestages – 4. Wahlperiode S. 2973 unter C i.V.m. dem Antrag des Finanzausschusses vom 20. Februar 1963, BT-Drs. IV / 1005 S. 4.

[26] Vgl. BT-Drs. IV / 2442 S. 3 ff.

[27] Vgl. BT-Drs. V / 885 S. 2 ff.

[28] Dieser hatte seine Arbeit bereits 1964 aufgenommen und bestand aus Vertretern der Wissenschaft, der Rechtsprechung, der steuerberatenden Berufe, der gewerblichen Wirtschaft, der Beamtenschaft, der Organisation der Steuerzahler und der Finanzverwaltung.

den[29]. Eine darüber hinausgehende Regelung, die insbesondere von den Vertretern der steuerberatenden Berufe gefordert wurde, fand nicht die notwendige Mehrheit[30].

Die vom Arbeitskreis vorgeschlagene Zusageregelung wurde von der Bundesregierung nahezu unverändert in den Entwurf einer Abgabenordnung 1974 und schließlich in den vom Deutschen Bundestag verabschiedeten Entwurf einer Abgabenordnung 1977 übernommen[31]. Dabei wurde ausdrücklich betont, daß mit der verbindlichen Zusage auf Grund einer Außenprüfung keine abschließende Regelung getroffen wird, sondern daß die Finanzbehörden nach wie vor auch in anderen Fällen Auskünfte und Zusagen erteilen können und im Interesse der Bürger von dieser Möglichkeit auch nicht kleinlich Gebrauch machen sollen[32].

Trotz dieser Klarstellung ist der Ruf nach einer umfassenden Zusageregelung nicht verstummt. Im Verlauf der parlamentarischen Beratungen zum Steuerbereinigungsgesetz 1986 wurde deshalb erwogen, auch einen allgemeinen Zusagetatbestand zu normieren. Zur Diskussion stand ein Vorschlag, dem § 204 AO einen zweiten und dritten Absatz folgenden Inhalts anzufügen[33]:

> „(1) Die verbindliche Zusage kann ohne vorhergehende Außenprüfung erteilt werden, wenn der Steuerpflichtige den von ihm in Zukunft zu verwirklichenden Sachverhalt und die von ihm für zutreffend gehaltene steuerrechtliche Behandlung schriftlich darstellt. Die Finanzbehörde braucht die verbindliche Zusage nicht zu erteilen, wenn es sich nicht um einen Sachverhalt von einigem Gewicht oder eine Rechtsfrage von grundsätzlicher Bedeutung handelt.
>
> (2) Die Finanzbehörden können für die Entscheidung über Anträge gemäß Absatz 2 Gebühren und Erstattung von Auslagen verlangen. Der Bundesminister der Finanzen wird ermächtigt, durch Rechtsverordnung mit Zustimmung des Bundesrates die zu erhebenden Kosten nach dem durchschnittlichen Verwaltungsaufwand und dem Wert des steuerlichen Interesses zu bemessen und zu pauschalieren. Die Rechtsverordnungen bedürfen nicht der Zustimmung des Bundesrates, soweit sie Zölle und Verbrauchsteuern, mit Ausnahme der Biersteuer, betreffen."

Daß es letztlich doch zu keiner Regelung der allgemeinen Zusage durch das Steuerbereinigungsgesetz 1986 gekommen ist, lag offensichtlich an den Einwänden von seiten der Finanzverwaltung, die sich für den Fall einer solchen umfassenden gesetzlichen Regelung mit einer unüberschaubaren Viel-

---

[29] Vgl. *Arbeitskreis für die AO-Reform,* Bericht S. 121 f.

[30] Vgl. *Arbeitskreis für die AO-Reform,* Bericht S. 30 und 313 f.

[31] Vgl. BT-Drs. VI/1982 S. 52 und BT-Drs. 7/79 S. 53 i.V.m. BT-Drs. 7/4292 S. 10 ff.

[32] Vgl. BT-Drs. VI/1982 S. 95 und BT-Drs. 7/4292 S. 35.

[33] Zitiert nach *Schick,* in: *Hübschmann/Hepp/Spitaler,* AO vor § 204 Rn. 135.

zahl von Zusagebegehren konfrontiert sah, deren sachgerechte Erledigung das Besteuerungsverfahren stark beeinträchtigen würde[34]. Der Bundestag hat allerdings am 12. Dezember 1985 einen Entschließungsantrag des Finanzausschusses angenommen, mit dem zum einen die Bundesregierung aufgefordert wurde, einen Gesetzentwurf zur Einführung der verbindlichen Zusage ohne vorherige Außenprüfung zu erarbeiten und zum anderen die Erwartung geäußert wurde, daß die Länder unverzüglich alle erforderlichen organisatorischen Maßnahmen treffen, um-zunächst auch ohne ausdrückliche Regelung-dem Informationsbedürfnis der Steuerpflichtigen in angemessener Weise Rechnung tragen zu können[35].

Während über eine Erarbeitung eines Gesetzentwurfs durch die Bundesregierung bislang nichts bekannt geworden ist, wurde durch den Erlaß entsprechender Verwaltungsvorschriften zumindest versucht, dem zweiten Teil der Entschließung zu entsprechen. Zunächst haben die Finanzminister der Länder Bayern und Saarland ihren nachgeordneten Behörden nähere Anweisungen zur Erteilung allgemeiner Zusagen erteilt[36]. Mit Schreiben vom 24. Juni 1987[37] hat dann der Bundesminister der Finanzen in Zusammenarbeit mit den Finanzministern und -senatoren der Länder eine bundeseinheitliche Regelung über die „Auskunft mit Bindungswirkung nach Treu und Glauben (verbindliche Auskunft)“ getroffen.

Dieser Erlaß, auf dessen Inhalt im weiteren Verlauf der Arbeit ausführlich einzugehen sein wird, lautet wie folgt:

> „Die Finanzämter können nach Maßgabe der einschlägigen Rechtsprechung (vgl. BFH-Urteile vom 4. August 1961, BStBl III S. 562, vom 19. März 1981, BStBl II S. 538, und vom 16. März 1983, BStBl II S. 459) auch außerhalb der Regelungen der §§ 204 ff. AO und des §42 e EStG verbindliche Auskünfte über die steuerliche Beurteilung von genau bestimmten Sachverhalten erteilen, wenn daran im Hinblick auf die erheblichen steuerlichen Auswirkungen ein besonderes Interesse besteht.
>
> Der Antrag auf Erteilung einer verbindlichen Auskunft ist schriftlich bei dem Finanzamt zu stellen, das bei Verwirklichung des Sachverhalts voraussichtlich zuständig sein würde. Er muß folgende Angaben enthalten:

---

[34] Vgl. *Kaligin*, DStZ 1988, 367 sowie *Niemann*, StbJb. 1987/88, 391, 394.

[35] Vgl. Stenographischer Bericht der 184. Sitzung des Deutschen Bundestages – 10. Wahlperiode S. 14013 i.V.m. der Beschlußempfehlung des Finanzausschusses in BT-Drs. 10/4498 S. 5.

[36] Vgl. Erlaß Bayern 38-S 0430-5/2-35 754 vom 24.6.1986 (sowie ergänzende Verfügung OFD München S 0430 vom 25.7.1986), StEK AO 1977, § 204 Nr. 1 und Erlaß Saarland vom 28.11.1986 – B/II-268/86-S 0430 A, DB 1987, 73.

[37] IV A 5-S 0430-9/87, BStBl. 1987 I, 474.

- die genaue Bezeichnung des Antragstellers (Name, Wohnort, ggf. Steuernummer),
- die Darlegung des besonderen steuerlichen Interesses,
- eine umfassende und in sich abgeschlossene Darstellung eines ernsthaft geplanten Sachverhalts (keine unvollständige, alternativ gestaltete oder auf Annahme beruhende Darstellung, Verweisung auf Anlagen nur als Beleg),
- eine ausführliche Darlegung des Rechtsproblems mit eingehender Begründung des eigenen Rechtsstandpunktes,
- die Formulierung konkreter Rechtsfragen (wobei globale Fragen nach den eintretenden Rechtsfolgen nicht ausreichen),
- die Erklärung, daß über den zur Beurteilung gestellten Sachverhalt bei keiner anderen Finanzbehörde eine verbindliche Auskunft beantragt wurde, sowie
- die Versicherung, daß alle für die Erteilung der Auskunft und für die Beurteilung erforderlichen Angaben gemacht wurden und der Wahrheit entsprechen.

Das Finanzamt ist nicht verpflichtet, eigens für die zu erteilende Auskunft Ermittlungen durchzuführen.

Bei der Auskunft hat das Finanzamt darauf hinzuweisen, daß die Auskunft

- nach Treu und Glauben Bindungswirkung nur entfaltet, wenn der später verwirklichte Sachverhalt von dem der Auskunft zugrunde gelegten Sachverhalt nicht abweicht,
- außer Kraft tritt, wenn die Rechtsvorschriften, auf denen die Auskunft beruht, geändert werden.

Verbindliche Auskünfte werden nicht erteilt in Angelegenheiten, bei denen die Erzielung eines Steuervorteils im Vordergrund steht (z.B. Prüfung von Steuersparmodellen, Feststellung der Grenzpunkte für einen Gestaltungsmißbrauch oder für das Handeln eines ordentlichen Geschäftsleiters).

Die Befugnis, nach pflichtgemäßem Ermessen auch in anderen Fällen die Erteilung verbindlicher Auskünfte abzulehnen, bleibt unberührt (z.B. wenn zu dem Rechtsproblem eine gesetzliche Regelung, eine höchstrichterliche Entscheidung oder eine Verwaltungsanweisung in absehbarer Zeit zu erwarten ist).

Diese Regelung ergeht zunächst zum Zwecke der Erprobung[38].

Dieses Schreiben wird in der AO-Kartei veröffentlicht."

III. Spezialgesetzlich geregelte Fälle verbindlicher Vorwegerklärungen im Steuerrecht

Es wurde bereits darauf hingewiesen, daß sich außerhalb der Abgabenordnung in verschiedenen Steuergesetzen Tatbestände über verbindliche Vorwegerklärungen der Finanzbehörden finden. Diese sollen hier in einem kurzen Überblick dargestellt werden.

---

[38] Dieser Satz wurde mit BMF-Schreiben vom 21.2.1990 – IV A 5-S 0430-4/90 (DB 1990, 663) gestrichen.

1. Die verbindliche Zolltarifauskunft gem. § 23 ZG[39]

Das Zollrecht[40] hat mit der verbindlichen Zolltarifauskunft einen Fall der verbindlichen Vorwegerklärung, der schon seit langem gesetzlich geregelt ist. Bereits mit § 2 des Zolltarifgesetzes vom 25.11.1902[41] ist eine gesetzliche Grundlage geschaffen worden, mit der dem Wunsch von Handel und Gewerbe entsprochen wurde, durch Erteilung amtlicher Auskünfte Gewißheit über die zu erwartende Zollbelastung einer einzuführenden Ware zu erhalten, um damit eine gesicherte Kalkulationsgrundlage zu besitzen[42]. Gegenstand der Auskunft war zunächst der Zollsatz, ist aber seit der Geltung der Zollgesetzes vom 14.6.1961[43] auf die Zolltarifstelle beschränkt[44]. Dabei ist unter einer Tarifstelle i.S.v. § 23 Abs. 1 ZG eine bestimmte Position in der Nomenklatur des Zolltarifs zu verstehen, die einen Zollsatz hat[45]. Damit gibt die Auskunft dem Antragsteller die Möglichkeit, sich über den Zollsatz der Ware selbst Gewißheit zu verschaffen.

Bezüglich der Ausgestaltung des Auskunftsverfahrens hat der Bundesminister der Finanzen von der Ermächtigung des § 23 Abs. 4 ZG Gebrauch gemacht und in den §§ 28-31 der Allgemeinen Zollordnung (AZO)[46] nähere Ausführungen getroffen. Weitere Einzelheiten über das sehr formalisierte Verfahren ergeben sich zudem aus den Dienstanweisungen über das „Erteilen verbindlicher Zolltarifauskünfte" und deren „Zentrales Erfassen und Überwachen"[47].

Im einzelnen besteht die Bedeutung der verbindlichen Zolltarifauskunft darin, daß durch die zuständige Oberfinanzdirektion eine in Probe vorgelegte oder sonst beschriebene Ware in die Nomenklatur des Zolltarifs eingereiht

---

[39] Ab dem 1. Januar 1991 gilt die Verordnung (EWG) Nr. 1715/90 vom 20. Juni 1990 (ABl. L 160 vom 26.6.1990) über die von den Zollbehörden der Mitgliedstaaten erteilten Auskünfte über die Einreihung von Waren in der Zollnomenklatur.

[40] Zölle sind gem. § 3 Abs. 1 S. 2 AO Steuern.

[41] RGBl. 1902 S. 303.

[42] Vgl. den Überblick über die historische Entwicklung bei *Bail / Schädel / Hutter*, Zollrecht, B / 23 Rn. 2.

[43] BGBl. 1961 I S. 737.

[44] Damit wurde der Tatsache Rechnung getragen, daß die Zollsätze häufiger geändert werden als die Tarifstellen.

[45] Näher dazu *Bail / Schädel / Hutter*, Zollrecht, B / 23 Rn. 6.

[46] Vom 29.11.1961 (BGBl. 1961 I S. 1937), in der Neufassung vom 15.12.1987 (BGBl. 1987 I S. 2800).

[47] Vgl. VSF ZT 0403.

und eine bestimmte Zollstelle an diese Festlegung gebunden wird (§ 23 Abs. 2 S. 1 ZG). Die Verbindlichkeit der Auskunft realisiert sich dann in der Weise, daß ihr Inhaber innerhalb der zeitlichen und personellen Grenzen der Bindung einen Anspruch darauf hat, daß eine eingeführte Ware bei Identität mit der begutachteten Ware ebenso tarifiert wird wie diese[48].

2. Die Anrufungsauskunft gem. § 42 e EStG

Die Anrufungsauskunft für das Lohnsteuerrecht[49] hat wie die verbindliche Zolltarifauskunft eine lange gesetzliche Tradition. So war die Lohnsteuer-Anrufungsauskunft bereits in § 79 EStG 1925 normiert[50]. Zeitweise war sie auch in § 56 LStDV geregelt, bis sie mit § 42 e EStG 1975 wieder in das Einkommensteuergesetz aufgenommen wurde.

Die Bedeutung der Auskunft gem. § 42 e EStG ergibt sich aus der Besonderheit des Lohnsteuerabzugsverfahrens (§§ 38 ff. EStG). Obwohl der Arbeitnehmer Schuldner der Lohnsteuer ist (§ 38 Abs. 2 S. 1 EStG), wird diese nicht von ihm an das Finanzamt entrichtet, sondern der Arbeitgeber hat sie für Rechnung des Arbeitnehmers vom Arbeitslohn einzubehalten und an das Finanzamt abzuführen (§ 38 Abs. 3 S. 1 EStG). Durch diese treuhänderische Stellung[51] wird dem Arbeitgeber ein erhebliches Risiko auferlegt, was dadurch unterstrichen wird, daß er gem. § 42 d EStG neben dem Arbeitnehmer als Gesamtschuldner für die Lohnsteuer haftet. Der Vertrauensschutz für den Arbeitgeber gebietet es deshalb, daß dieser sich in Zweifelsfällen beim Finanzamt Gewißheit darüber verschaffen kann, ob und inwieweit die Vorschriften über die Lohnsteuer[52] zur Anwendung kommen[53]. Über diese eigentliche Intention hinaus wird aber auch der Arbeitnehmer als auskunftsberechtigt angesehen, da § 42 e EStG allgemein von den „Beteiligten" spricht[54].

---

[48] Vgl. *Kurr*, ZfZ 1986, 236.

[49] Die „Lohnsteuer" ist die Einkommensteuer, die aus den Einkünften aus nichtselbständiger Arbeit (§ 19 EStG) zu entrichten ist, § 38 Abs. 1 S. 1 EStG.

[50] Vgl. *Richter*, NWB Fach 6, 2353.

[51] So *Altehoefer*, in: *Lademann / Söffing / Brockhoff*, EStG § 42 e Rn. 1. Nach *von Bornhaupt*, DStR 1980, 3 wird der Arbeitgeber als „Steuererheber" tätig.

[52] Zum Auskunftsgegenstand s. *Drenseck*, in: *Schmidt*, EStG § 42 e Anm. 6 mit Beispielen.

[53] Vgl. BFH BStBl. 1960 III, 108, 109.

[54] So BFHE 127, 376, 379; vgl. auch *Flockermann*, in: *Klein / Flockermann / Kühr*,

Obwohl in § 42 e EStG anders als in § 23 ZG nur von „Auskunft“ und nicht von „verbindlicher Auskunft“ die Rede ist, besteht Einigkeit, daß die durch das Finanzamt erteilte Lohnsteuer-Anrufungsauskunft auch eine Bindungswirkung entfaltet, auf deren Begründung und Umfang in anderem Zusammenhang noch einzugehen sein wird.

3. Sonstige Tatbestände

Als weitere gesetzlich geregelte Fälle von verbindlichen Vorwegerklärungen durch die Finanzbehörden wären noch zu nennen, die Auskünfte über die Anwendung der Vorschriften über

- die Gewährung der Arbeitnehmer-Sparzulage gem. § 14 Abs. 7 S. 2 5. VermBG,
- die Art der Anlage vermögenswirksamer Leistungen gem. § 14 Abs. 8 S. 3 5. VermBG,
- die Gewährung von Berlin-Zulagen für Arbeitnehmer gem. § 29 Abs. 4 S. 2 BerlinFG,
- die Gewährung von Bergmannsprämien gem. § 9 BergPDV.

Diese Tatbestände, deren jeweiliger Anwendungsbereich sehr spezialisiert ist, sind von ihrer Ausgangssituation und ihrer Zielsetzung her gesehen mit der Lohnsteuer-Anrufungsauskunft vergleichbar, weshalb auf sie hier nicht näher einzugehen ist und sie auch im folgenden außer Betracht bleiben sollen[55].

EStG § 42 e Rn. 11. Kritisiert, jedoch für vertretbar gehalten von *Drenseck,* in: *Schmidt,* EStG § 42 e Anm. 2. Zu sonstigen auskunftsberechtigten Beteiligten s. *Grube,* in: *Littmann / Bitz / Meincke,* EStG § 42 e Rn. 3.

[55] Zur Klarstellung ist in diesem Zusammenhang darauf hinzuweisen, daß mit § 89 S. 2 auch in der Abgabenordnung ein Auskunftstatbestand geregelt ist. Dieser verpflichtet die Finanzbehörden aber nur, den Steuerpflichtigen über die Rechte und Pflichten im Verwaltungsverfahren, wie z.B. das Recht auf Wiedereinsetzung in den vorigen Stand (§ 110 AO), die Möglichkeit der Aussetzung der Vollziehung (§§ 361 Abs. 2 AO, 69 Abs. 2 und 3 FGO) u.s.w., aufzuklären. Mit der hier zugrunde gelegten Problematik, ob und wie der Steuerpflichtige Gewißheit über die steuerrechtliche Behandlung eines Sachverhalts erlangen kann, hat dies jedoch nichts zu tun, denn Auskünfte zum materiellen Steuerrecht werden durch § 89 S. 2 AO nicht gedeckt, vgl. FG Berlin EFG 1984, 154 sowie *Rottmann / Wannemacher,* NSt „Auskünfte“, Darstellung 1 S. 6.

IV. Die Zusage im Verwaltungs- und Sozialrecht sowie deren Bedeutung für die steuerrechtliche Zusageproblematik

1. Die Zusicherung gem. § 38 VwVfG[56] und § 34 SGB X

Wie im Steuerrecht ist auch im Verwaltungsrecht die Zusageproblematik vor allem nach dem 2. Weltkrieg akut geworden und hat insbesondere im Wirtschafts- und Beamtenrecht an Bedeutung erlangt[57]. Zur Klärung der dabei anstehenden Fragen, wie etwa der Zulässigkeit, der erforderlichen Form, der Wirksamkeit und der Aufhebung der Zusage, mußte das Schrifttum und die Rechtsprechung zunächst auf die „ungeschriebenen Grundsätze des Verwaltungsrechts" zurückgreifen[58]. Angesichts der wachsenden Bedeutung der Zusage in der Verwaltungspraxis erschien es daher angemessen, im Rahmen der Gesamtregelung zur Vereinheitlichung des Verwaltungsverfahrens auch die Grundsätze dieses Rechtsinstituts zu regeln[59]. Der Gesetzgeber hat deshalb in § 38 VwVfG unter dem Begriff der Zusicherung die Zusage, einen bestimmten Verwaltungsakt zu erlassen oder zu unterlassen, einer umfassenden Regelung unterworfen. Offengeblieben ist dagegen die Behandlung der nicht verwaltungsaktbezogenen Zusagen, wie z.B. solche auf Vornahme schlichthoheitlicher oder innerdienstlicher Handlungen, Realakte oder Zusagen auf privatrechtliche Erklärungen[60]. Unzweifelhaft ist, daß mit der Geltung des § 38 VwVfG diese nicht geregelten Zusagefälle bezüglich ihrer generellen Zulässigkeit nicht eingeschränkt werden sollten. Streitig ist in der verwaltungsrechtlichen Literatur nur die Frage, ob und inwieweit die Regelung des § 38 VwVfG auf diese Zusage sinngemäß anwendbar ist, was allerdings hier keiner Klärung bedarf[61].

---

[56] Die §§ 38 der Verwaltungsverfahrensgesetze der Länder sind wortgleich, bzw. § 108 a SHLVwG ist inhaltsgleich.

[57] Vgl. *Püttner*, JA 1975, 389.

[58] Gesetzlich geregelt war allerdings das Verbot vermögensrechtlicher Zusicherungen im Beamtenrecht, vgl. jetzt §§ 183 Abs. 1 BBG, 50 Abs. 2 BRRG.

[59] Vgl. Begründung zu § 34 des Entwurfs eines Verwaltungsverfahrensgesetzes, BT-Drs. 7/910 S. 59.

[60] Kritisch hierzu *Redeker*, DVBl. 1973, 744, 745. Beispiele, bei denen der Verwaltungsaktbezug zweifelhaft ist, zeigt *Maiwald*, BayVBl. 1977, 449, auf.

[61] Für eine weitgehende Analogie *Meyer*, in: *Meyer/Borgs*, VwVfG § 38 Rn. 36. Für eine eingeschränkte Analogie (insbes. bezüglich Schriftformerfordernis) *Kopp*, VwVfG § 38 Rn. 1, und *Schwarze*, in: *Knack*, VwVfG § 38 Rn. 9. Gegen eine entsprechende Anwendung *Stelkens*, in: *Stelkens/Bonk/Leonhardt*, VwVfG § 38 Rn. 5: es sollen die vor dem Erlaß des VwVfG entwickelten Grundsätze gelten.

Für den Bereich des Sozialrechts, das im Sozialgesetzbuch, Zehntes Buch, über eine eigenständige Kodifikation des Verwaltungsverfahrens verfügt[62], ist in § 34 SGB X ebenfalls das Rechtsinstitut der Zusicherung geregelt worden. Diese Vorschrift entspricht § 38 VwVfG, mit Ausnahme der Verweisungen in Absatz 2. Letzteres hebt aber die inhaltliche Identität dieser beiden Regelungen über die Zusicherung nicht auf, weshalb auch im folgenden nur § 38 VwVfG zur Sprache kommen soll, soweit auf die Zusageregelungen außerhalb des Steuerrechts einzugehen ist.

2. Das Verhältnis von Verwaltungsverfahrensgesetz und Abgabenordnung in bezug auf die Zusagethematik

Obwohl auch im Allgemeinen Verwaltungsrecht die Zusage keine abschließende gesetzliche Regelung erfahren hat, so ist doch festzustellen, daß der Tatbestand der verwaltungsrechtlichen Zusicherung in seiner praktischen Anwendbarkeit viel weitreichender ist als die an die Außenprüfung gebundene Zusageregelung in der Abgabenordnung. Diese Erkenntnis drängt die Frage auf, ob nicht zur Lösung der steuerrechtlichen Zusageproblematik in irgendeiner Weise auf § 38 VwVfG Bezug genommen werden kann. Damit ist zugleich auch das generelle Verhältnis von Verwaltungs- und Steuerrecht angesprochen.

Wie die Rechtsmaterie des Besonderen Verwaltungsrechts, wird auch das Steuerrecht als Teil des Öffentlichen Rechts dem Bürger gegenüber durch Verwaltungsbehörden mit den Mitteln des Verwaltungsrechts durchgeführt. Das Steuerrecht gehört in diesem Sinne daher zum Gesamtbereich des Verwaltungsrechts[63]. Das bedeutet, daß das Steuerverfahren, das mit der Abgabenordnung geregelt wird[64], als ein Verwaltungsverfahren anzusehen ist[65].

---

[62] Das gesamte Verwaltungsverfahren beruht somit auf 3 Kodifikationen mit jeweils eigenem Anwendungsbereich, den Verwaltungsverfahrensgesetzen des Bundes und der Länder, der Abgabenordnung und dem Sozialgesetzbuch – Verwaltungsverfahren.

[63] Vgl. dazu *Vogel*, DStZ/A 1977, 5, 11 sowie *Fiedler*, NJW 1981, 2093 f. Fraglich ist nur, ob sich das materielle Steuerrecht als ein Teil des Besonderen Verwaltungsrechts darstellt oder ob es wegen seiner terminologischen und dogmatischen Verselbständigung als ein eigenständiger Rechtszweig anzusehen ist (für letzteres *Tipke* S. 4). Da es sich hier um eine verfahrensrechtliche Thematik handelt, kann diese Frage jedoch offenbleiben.

[64] Die Abgabenordnung enthält aber nicht nur Verfahrensrecht, sondern auch materielles Steuerrecht, s. etwa Zweiter Teil: Steuerschuldrecht.

[65] Vgl. auch die Begründung zum Entwurf eines Verwaltungsverfahrensgesetzes,

Allerdings ist das Steuerverfahren dadurch geprägt, daß das allgemeine Steuerrecht vor allem durch seine schon sehr frühe Kodifizierung in der Reichsabgabenordnung[66] eine weitgehend eigenständige Entwicklung gegenüber den zunächst noch ungeschriebenen Grundsätzen des Allgemeinen Verwaltungsrechts genommen hat[67]. Mit der geplanten Kodifizierung des Allgemeinen Verwaltungsrechts durch ein Verwaltungsverfahrensgesetz und der in Angriff genommenen Reform der Reichsabgabenordnung stellte sich jedoch in verstärktem Maß das Problem der gegenseitigen Anpassung. Schon der Arbeitskreis für die Reform der Reichsabgabenordnung und ihrer Nebengesetze sah eine zentrale Aufgabe darin, eine weitgehende Übereinstimmung mit dem Allgemeinen Verwaltungsrecht in der Begriffsbildung zu erreichen[68]. Auch in der Begründung zum Entwurf der Abgabenordnung 1974 heißt es: „Besondere Beachtung bei der Erstellung des Entwurfs hat auch die Frage der Vereinheitlichung des allgemeinen Verwaltungsrechts gefunden, die durch den Entwurf eines Verwaltungsverfahrensgesetzes eingeleitet worden ist“[69]. Allerdings wird dort zugleich auch wieder einschränkend ausgeführt: „Soweit Abweichungen vorliegen, sind sie auf die Besonderheiten des Steuerrechts und auf seine bisherige eigenständige Entwicklung zurückzuführen“.

Gerade diese letztere Aussage wird bedeutsam, wenn es um die Frage geht, ob und in welcher Form zur Lösung der steuerrechtlichen Zusageprobleme auf die im Verwaltungsverfahrensgesetz getroffene Zusageregelung zurückgegriffen werden kann. Wegen der ausdrücklichen Abgrenzung der Anwendungsbereiche von Verwaltungsverfahrensgesetz und Abgabenordnung (s. § 2 Abs. 2 Nr. 1 VwVfG), könnte ein solcher Rückgriff nur im Wege der Analogie geschehen. Da sich der Gesetzgeber aber die Beachtung der Besonderheiten des Steuerrechts und seiner eigenständigen Entwicklung auch im Rahmen der Neugestaltung der Abgabenordnung vorbehalten hat, darf bei Auslegungsschwierigkeiten oder für die „Lückenfüllung“ in der Abgaben-

---

BT-Drs. 7/910 S. 28: „Unter Verwaltungsverfahrensrecht wird die Summe der Vorschriften verstanden, nach denen die Verwaltungsbehörden ihre öffentlich-rechtliche Verwaltungstätigkeit ausüben.“

[66] Sie trat bereits am 23.12.1919 in Kraft, nachdem sie von Enno Becker in weniger als einem Jahr erarbeitet worden ist. Zur Entstehungsgeschichte vgl. *Tipke*, AöR 94 (1969), 224 ff.

[67] Zur Verstärkung dieser eigenständigen Entwicklung durch die „Ignoranz“ der Steuerrechtsprechung gegenüber den im Allgemeinen Verwaltungsrecht entwickelten Grundsätzen vgl. von *Groll*, StuW 1977, 197, 204.

[68] Vgl. *Arbeitskreis für die AO-Reform*, Bericht S. 14.

[69] BT-Drs. VI/1982 S. 94.

ordnung nicht unreflektiert auf die Regelungen im Verwaltungsverfahrensgesetz Bezug genommen werden[70].

Dies muß in besonderem Maß auch für die Frage nach der allgemeinen Zusage im Steuerrecht gelten, die der Gesetzgeber bewußt nicht geregelt, sondern diesbezüglich auf die allgemeinen ungeschriebenen Zusageregeln des Steuerrechts, wie sie von der Rechtsprechung entwickelt worden sind, verwiesen hat[71]. Der Bundesfinanzhof hat deshalb in einer Entscheidung vom 11.12.1987[72] ausdrücklich betont, daß es unzulässig ist, die Rechtsgrundsätze des § 38 VwVfG im Steuerrecht entsprechend anzuwenden. Dies ist richtig, soweit es darum geht, durch eine analoge Anwendung des § 38 VwVfG im Steuerrecht den Tatbestand einer „steuerrechtlichen Zusicherung" zu schaffen[73]. Damit ist § 38 VwVfG für die steuerrechtliche Zusageproblematik jedoch nicht völlig bedeutungslos, denn dieses Analogieverbot kann nur für eine Einzelanalogie in bezug auf § 38 VwVfG gelten, nicht aber für eine Gesamtanalogie im Sinne eines Rückgriffs auf die den bisher im Verwaltungs-, Sozial- und Steuerrecht geregelten Zusagetatbeständen gemeinsame „ratio legis" und deren Verallgemeinerung[74], denn diese gesetzlich geregelten Fälle sind lediglich Ausschnitte aus dem dogmatisch unterschiedlich dicht erarbeiteten Gesamtbereich der verwaltungsrechtlichen Zusage[75]. Erst auf einer solchen gemeinsamen Basis aller Zusagetatbestände können sich die Besonderheiten der jeweiligen Rechtsmaterie durch entsprechende Modifizierungen auswirken. Aus diesem Grund ist deshalb im folgenden auch die Zusicherung gem. § 38 VwVfG stets im Auge zu behalten.

---

[70] Vgl. *Förster*, in: *Koch*, AO vor § 118 Rn. 1; a.A. wohl *Frotscher*, in: *Schwarz*, AO § 118 Rn. 1, der mehr darauf abstellt, daß das Steuerverfahren trotz aller Besonderheiten ein Verwaltungsverfahren ist.

[71] Vgl. die Nachweise oben Fn. 32.

[72] BB 1988, 553, 554.

[73] Vgl. *Schick*, in: FS Obermayer, 1986, 135, 137 Fn. 14, sowie *Spanner*, in *Hübschmann/Hepp/Spitaler*, AO § 118 Rn. 22. S.a. *Fiedler*, NJW 1981, 2093, 2099, der in § 38 VwVfG wenigstens eine Orientierungsmöglichkeit für das Steuerrecht sieht.

[74] Vgl. zum Begriff der Gesamtanalogie *Larenz*, Methodenlehre S. 260.

[75] So zutreffend *Fiedler*, AöR 105 (1980), 79, 104 f. unter Hinweis auf den 44. DJT, wo ebenfalls einheitlich über die „verwaltungsrechtlichen Auskünfte und Zusagen" verhandelt worden ist, vgl. auch *Hartz* S. D 5 ff.

Zweites Kapitel: Der Begriff und seine Abgrenzung

I. Der Begriff der Zusage

1. Die Zusage als eine hoheitliche Selbstverpflichtung

„Die Zusage ist ihrem Wesen nach eine hoheitliche Selbstverpflichtung gegenüber bestimmten Erklärungsempfängern." So lautete das Ergebnis der Verhandlungen auf dem 44. Deutschen Juristentag[1], wo diese Begriffsbestimmung im Rahmen einer Abgrenzung der Begriffe „Auskunft" und „Zusage" erarbeitet worden ist[2]. Danach liegt eine Zusage dann vor, wenn sich die Behörde mit einer auf einen Einzelfall gerichteten Erklärung einem Bürger gegenüber hinsichtlich ihres künftigen Verhaltens binden will, während die Auskunft dadurch gekennzeichnet ist, daß es sich um eine Mitteilung der Behörde über Tatsachen oder auch eine Rechtslage handelt, mit der eine solche Bindung nicht gewollt ist[3]. Das entscheidende Merkmal der Zusage ist somit der von der Behörde zum Ausdruck gebrachte Bindungswille. Es wird deshalb auch von der Zusage als einem Leistungsversprechen der Verwaltung auf öffentlich-rechtlichem Gebiet, das mit ausdrücklich gewordenem Bindungswillen der Verwaltung zustande kommt, gesprochen[4] bzw. die Zusage als eine Willenserklärung und im Gegensatz dazu die Auskunft als eine bloße Wissenserklärung bezeichnet[5].

In der verwaltungsrechtlichen Rechtsprechung und Literatur sowie im steuerrechtlichen Schrifttum können diese Erkenntnisse heute als allgemein anerkannt gelten[6]. Auch der Bundesfinanzhof sieht in der Zusage eine auf

---

[1] Vgl. die Verhandlungen des 44. DJT, Bd. II, S. D 106 unter C.I.

[2] Vgl. *Zeidler* S. 14 ff.

[3] Vgl. *Hartz* S. D 5.

[4] So *Krause* S. 288.

[5] Vgl. *Maaßen* S. 59 ff.; *Hubert Kellner* S. 84; *Strotkamp* S. 8; *Reifenrath* S. 12; *Plössl* S. 12 f.; *Florig* S. 7; *Püttner*, JA 1975, 389.

[6] Vgl. BVerwGE 26, 31, 36; BVerwG DVBl. 1966, 857, 858: Die Zusage ist eine „hoheitliche Selbstverpflichtung mit Bindungswillen zu einem späteren Tun oder Unterlassen". Vgl. auch *Krebs*, VerwArch. 69 (1978), 85; *Obermayer*, in: FS Maunz, 1981, 247, 248; *Erichsen*, in: *Erichsen/Martens* 186 f.; *Schwarze*, in: *Knack*, VwVfG § 38 Rn. 2.2.; *Meyer*, in: *Meyer/Borgs*, VwVfG § 38 Rn. 2. Aus der steuerrecht-

Selbstbindung gerichtete Erklärung des Inhalts, daß sich die Finanzbehörde verpflichtet, bei der späteren Steuerveranlagung einen Sachverhalt in einem bestimmten Sinne zu beurteilen[7] und grenzt davon die Auskunft als eine unverbindliche Meinungsäußerung ab[8]. Allerdings ergeben sich in bezug auf die Steuerrechtsprechung dadurch terminologische Schwierigkeiten, daß der Bundesfinanzhof in vielen Entscheidungen auch den spezifisch steuerrechtlichen Terminus „verbindliche Auskunft" neben den Begriffen „Zusage" und „Zusicherung" verwendet, ohne deren Verhältnis zueinander zu klären[9]. Hierauf wird im Rahmen einer Begriffsabgrenzung noch gesondert einzugehen sein.

Als problematisch erweist sich auch die Zusageregelung gem. §§ 204 ff. AO, da dort von einer „verbindlichen Zusage" die Rede ist. In der Literatur wird diese Formulierung, die übrigens in der Rechtsprechung auch außerhalb des Anwendungsbereichs der §§ 204 ff. AO benutzt wird[10], überwiegend als Pleonasmus angesehen[11]. Dies ist nach dem oben Gesagten dann richtig, wenn man das Attribut „verbindlich" auf den in der Erklärung der Finanzbehörde zum Ausdruck gebrachten Bindungswillen bezieht. Das „verbindlich" könnte aber auch auf den Verpflichtungseffekt der Zusage, also der tatsächlich eintretenden Bindungswirkung bezogen werden. Denn ob eine als verbindlich gewollte Erklärung der Behörde letztlich auch eine Bindungswirkung entfaltet, ist – wie sich noch zeigen wird – abhängig von deren Rechtmäßigkeit und Wirksamkeit sowie von den Möglichkeiten zur Aufhebung und Änderung dieser Erklärung[12]. Bezogen auf den Einzelfall kann daher die

---

lichen Literatur vgl. z.B. *Giloy,* BB 1977, 1139, 1140; *Faut,* RWP, 14 D AO II B 27 a, 35, 36 f.; *Blencke,* NWB Fach 2, 4587, 4588; *Ruppel,* DStR 1985, 684; *Mönius,* Inf. 1987, 217, 218; *Schick,* in: *Hübschmann/Hepp/Spitaler,* AO vor § 204 Rn. 23; *Tipke/Kruse,* AO vor § 204 Rn. 6.

[7] Vgl. BFH BStBl. 1961 III, 562, 564; 1968 II, 145, 148; 1979 II, 405, 406; 1981 II, 538, 541; 1983 II, 459, 462; 1986 II, 520, 522 f.; BB 1988, 126, 127.

[8] Vgl. BFH BStBl. 1961 II, 562, 564 m.w.N.; 1964 III, 566, 568; 1986 II, 520, 523.

[9] Vgl. BFH BStBl. 1960 III, 96, 97; 1961 III, 69, 70; 1964 III, 634, 635; 1965 III, 657, 658; 1966 III, 270, 271; 1967 III, 212, 213; 1983 II, 280, 281.

[10] Vgl. Hessisches FG EFG 1977, 615; FG Berlin EFG 1983, 154; FG Düsseldorf EFG 1981, 166, 167; FG Düsseldorf EFG 1981, 296, 297; Hessisches FG EFG 1987, 257, 258; Niedersächsisches FG EFG 1986, 160.

[11] Vgl. *Tipke* S. 599; *Richter* Rn. 4; *Pfeiffer,* DB 1987, 2380, 2381; *Sangmeister,* DStZ 1987, 235, 240 Fn. 3; *Blencke,* NWB Fach 2, 4587, 4588; *Immesberger,* NJW 1970, 1116, 1117; *Steinberg* S. 108; *Fiedler* S. 3.

[12] Vgl. *Müller* S. 11.

Bezeichnung „verbindliche Zusage" durchaus einen Sinn entfalten, indem dadurch nach abgeschlossener rechtlicher Würdigung die Rechtsfolge in Form einer Bindung an das Zugesagte zum Ausdruck gebracht werden soll[13]. Dies hat aber offenkundig mit der vom konkreten Fall gelösten, abstrakten Begriffsbestimmung nichts zu tun, weshalb davon auszugehen ist, daß der in Gesetz und Rechtsprechung verwendeten Formulierung „verbindliche Zusage" keine eigenständige terminologische Bedeutung zukommt.

2. Zur Frage nach der Notwendigkeit einer weiteren Eingrenzung des Zusagebegriffs

Mit der Feststellung, daß es sich bei der Zusage um eine hoheitliche Selbstverpflichtung auf Grund eines erklärten Bindungswillens der Verwaltung handelt, ist lediglich eine Begriffsbestimmung im Sinne einer groben Wesenscharakterisierung der Zusage getroffen worden. Eine präzise Definition ist damit jedoch nicht gewonnen, weshalb sich die Frage stellt, ob nicht durch das Anfügen weiterer Merkmale eine exaktere Begriffsbestimmung möglich ist.

Eine solche Einengung des Zusagebegriffs wird etwa im Hinblick auf den Sachverhalt, der der Zusage zugrunde liegt, vorgenommen. Danach soll eine Zusage nur bezüglich eines noch nicht verwirklichten Sachverhalts möglich sein, da nur ein zukünftiges Verhalten zugesagt werden könne[14]. Dem ist jedoch entgegenzuhalten, daß zwischen der Verwirklichung eines Sachverhalts und dessen rechtlicher Würdigung im Rahmen einer abschließenden Verwaltungsentscheidung, auf die sich die Zusage beziehen soll, nicht unbedingt ein zeitlich enger Bezug bestehen muß. Gerade das Steuerrecht mit seinem Prinzip der Abschnittsbesteuerung zeigt, daß zwischen dem Eintritt des Lebenssachverhalts und dessen rechtlicher Beurteilung im Steuerveranlagungsverfahren zwingend ein erheblicher Zeitraum liegen kann. Es ist deshalb ohne weiteres denkbar, daß eine Behörde auch für ihre künftige Entscheidung über einen bereits abgeschlossenen Sachverhalt eine als verbindlich gewollte Erklärung abgibt. Eine andere Frage ist allerdings, ob eine solche Zusageerklärung auch zulässig bzw. wirksam wäre. Darauf ist jedoch erst später einzugehen, denn zwischen Begriffsmerkmalen und Zulässigkeits-

---

[13] So auch *Palauro* S. 36.

[14] Für eine solche temporale Eingrenzung *Tittel,* DRiZ 1962, 307; *Pieper* S. 82; *Reifenrath* S. 12; *Pfander* S. 255; *Palauro* S. 21, 34; *Ruppel,* DStR 1985, 684.

und Wirksamkeitsvoraussetzungen ist streng zu trennen[15]. Aus diesem Grund ist auch die Vorgehensweise von Pfander abzulehnen, der ausgehend von einer bloßen Beschreibung der Zusage[16], deren Zulässigkeitsvoraussetzungen ausführlich abhandelt, um sodann die gewonnenen Erkenntnisse in einen wertorientierten Zusagebegriff einfließen zu lassen[17]. Die Begriffsbestimmung kann aber nicht erst das Ergebnis einer umfassenden Auseinandersetzung mit den Problembereichen der Zusage sein, sondern sie muß vielmehr die Grundlage hierfür bilden. Der Begriff der Zusage sollte deshalb auch so gestaltet sein, daß er den Raum für die Auseinandersetzung mit den in Rechtsprechung und Literatur sehr umstrittenen Fragen dieser Rechtsfigur offenläßt und deren Ergebnis nicht vorwegnimmt. Zugegebenermaßen reduziert sich bei einem solchen Verständnis der Zusagebegriff letztlich auf den „kleinsten gemeinsamen Nenner"[18], was jedoch dann akzeptabel ist, wenn damit die Problemstellung als Basis für die weitere Arbeit hinreichend umschrieben ist. Dies trifft für die Beschreibung der Zusage als einer hoheitlichen Selbstverpflichtung aufgrund eines erklärten Bindungswillens ohne weiteres zu, zumal diese Charakterisierung auch mit dem allgemeinen Sprachgebrauch korrespondiert und hieraus ihre allgemeine Verständlichkeit bezieht. Eine exaktere Umschreibung der Zusage durch Einbeziehung weiterer Merkmale ist deshalb weder notwendig noch wäre sie an dieser Stelle durchführbar[19].

II. Die Zusage und ihr Verhältnis zu den Begriffen „Zusicherung" und „verbindliche Auskunft"

Die bisherigen Ausführungen haben gezeigt, daß in Gesetz und Rechtsprechung auf behördliche Erklärungen mit Versprechenscharakter auch die Begriffe „Zusicherung" und „verbindliche Auskunft" angewendet werden. Es ist deshalb deren Verhältnis zum Begriff „Zusage" zu bestimmen.

---

[15] So auch *Obermayer*, VwVfG § 38 Rn. 9, hinsichtlich des mißverständlichen Wortlauts des § 38 Abs. 1 S. 1 VwVfG, der den Eindruck erweckt, als gehöre die Zuständigkeit der handelnden Behörde zu den Begriffsmerkmalen der Zusicherung.

[16] S. 27.

[17] S. 255.

[18] So *Fiedler* S. 105.

[19] Zu den vielfältigen Definitionsbemühungen in der Literatur s. *Rohwer-Kahlmann*, DVBl. 1962, 622 ff., und *Fiedler* S. 102 ff.

1. Der Begriff „Zusicherung“

Vor Inkrafttreten der Abgabenordnung und des Verwaltungsverfahrensgesetzes wurden entsprechend dem allgemeinen Sprachgebrauch mit den Rechtsbegriffen „Zusicherung“ und „Zusage“ überwiegend keine inhaltlichen Differenzen verbunden, sondern der Unterschied lediglich auf die terminologische Ebene beschränkt[20]. Dementsprechend wurden die Begriffe in der Rechtsprechung auch nebeneinander als Synonyme verwendet[21]. Durch die Regelung des § 38 VwVfG hat der Begriff „Zusicherung“ jedoch eine besondere Bedeutung erlangt, indem er im Rahmen einer Legaldefinition als gesetzliche Bezeichnung für die unmittelbar verwaltungsaktbezogene Zusage verwendet wird. Die Formulierung des § 38 Abs. 1 S. 1 VwVfG zeigt, daß die Zusicherung insoweit als ein Unterfall der verwaltungsrechtlichen Zusage anzusehen ist[22].

Im Interesse einer klaren und unmißverständlichen Terminologie erscheint es angebracht, diese gesetzgeberische Aussage über den Begriff „Zusicherung“ auch im Steuerrecht zu respektieren. Das soll aber nur bedeuten, daß wenn man diesen Begriff dort verwenden möchte, ihn nur auf die steuerrechtlichen Zusagen bezieht, die unmittelbar den Erlaß oder die Unterlassung eines bestimmten Steuerverwaltungsaktes zum Gegenstand haben. Es schließt dagegen nicht aus, im Steuerrecht ohne diese Differenzierung einheitlich nur von „Zusage“ zu sprechen und auf das allgemein sprachliche Synonym „Zusicherung“ ganz zu verzichten, was sich auch deshalb als sinnvoll erweisen würde, da der Anteil unmittelbar verwaltungsaktbezogener Zusagen im Steuerrecht von untergeordneter Bedeutung ist. Der hauptsächliche Gegenstand der steuerrechtlichen Zusage besteht nämlich in der Frage nach der Behandlung einzelner Besteuerungsgrundlagen, die jedoch grundsätzlich nur unselbständige Teile der Steuerbescheide, d.h. der Verwaltungsakte mit denen die Steuern gegenüber dem Bürger festgesetzt werden, darstellen (§ 157 Abs. 2

---

[20] Vgl. *Fiedler,* AöR 105 (1980), 79, 105 m.w.N. in Fn. 136. Vor allem im Beamtenrecht wurde anstelle von „Zusage“ der Begriff „Zusicherung“ verwendet, vgl. dazu *Pfander* S. 117 ff. Beachte auch die Differenzierung der Begriffe bei *Krause* S. 289 f.

[21] Vgl. insbes. BFH BStBl. 1961 III, 562, 564 f.

[22] Vgl. *Stelkens,* in: *Stelkens/Bonk/Leonhardt,* VwVfG § 38 Rn. 2. Angesichts des klaren Wortlauts in § 38 Abs. 1 S. 1 VwVfG ist es unverständlich, wie *Maiwald* (BayVBl. 1977, 449, 450) und *Fiedler* (S. 2) zur gegenteiligen Ansicht gelangen und die Behauptung aufstellen, der Gesetzgeber habe mit § 38 VwVfG zum Ausdruck gebracht, daß er die Zusicherung als Oberbegriff verstanden wissen will, der die Zusage rechtlich mit umfaßt.

AO). Das bedeutet, die meisten Zusagen im Steuerrecht sind nicht unmittelbar auf den Erlaß oder das Unterlassen eines bestimmten Verwaltungsakts gerichtet, sondern haben nur einen mittelbaren Verwaltungsaktbezug.

2. Der Begriff „verbindliche Auskunft“

Die Bezeichnung „verbindliche Auskunft“ ist ein spezifisch steuerrechtlicher Begriff, der, wie bereits angesprochen, nicht nur im Zusammenhang mit den spezialgesetzlich geregelten Fällen verbindlicher Vorwegerklärungen der Finanzbehörden Anwendung findet, sondern auch vom Bundesfinanzhof außerhalb dieser Tatbestände neben dem Begriff „Zusage“ verwendet wird[23]. Die Auseinandersetzung mit diesem Terminus hat zudem dadurch an Aktualität gewonnen, daß auch im Schreiben des Bundesministers der Finanzen vom 24. Juni 1987, mit dem entsprechend der Vorstellung des Deutschen Bundestages, dem Bedürfnis der Steuerpflichtigen nach Einführung einer verbindlichen Zusage ohne vorherige Außenprüfung zunächst auch ohne gesetzliche Regelung nachgekommen werden sollte, nicht von einer Zusage, sondern von einer verbindlichen Auskunft die Rede ist[24]. Auch in den erwähnten Gesetzentwürfen zur Reichsabgabenordnung aus den Jahren 1964 und 1966, die die Einführung eines allgemeinen Verfahrens über verbindliche Vorwegerklärungen der Finanzbehörden vorsahen, ist der Begriff „verbindliche Auskunft“ verwendet worden. In den Begründungen wurde dort zur Begriffswahl ausgeführt, daß diese in Anknüpfung an die verbindliche Zolltarifauskunft gem. § 23 ZG und die Lohnsteuer-Anrufungsauskunft gem. § 56 LStDV (jetzt § 42 e EStG) erfolgt sei und daß entsprechend dieser besonderen Tatbestände das Wesen der verbindlichen Auskunft dadurch gekennzeichnet sei, daß es sich um eine verbindliche Mitteilung einer Behörde über ihr künftiges Verhalten handle[25]. Der Begriff der Zusage (Zusicherung) sei dagegen enger, da nicht jede mit Verpflichtungswillen abgegebene Erklärung der vorgenannten Art zugleich eine Zusage im gebräuchlichen Sinn des Wortes enthalte. Die verbindliche Auskunft wurde somit als Oberbegriff der mit Bindungswillen abgegebenen Behördenerklärungen angesehen, der die Zusage (Zusicherung) als eine besonders qualifizierte Form mitumfaßt[26].

---

[23] Siehe oben S. 35 f.

[24] S. oben S. 26 ff.

[25] Vgl. BT-Drs. IV/2442 S. 13 f. und BT-Drs. V/885 S. 5.

[26] Ebenso *Koch/Kohlrust*, BB 1962, 649, 650. Vgl. auch FG Berlin EFG 1984, 154, wo es heißt, daß die von der Klägerin erbetene verbindliche Auskunft sich in ihrer Wirkung einer verbindlichen Zusage nähert.

Diese Aussage steht in einem krassen Widerspruch zur bisher gewonnenen Erkenntnis, daß nämlich die Zusage ihre Wesenscharakterisierung gerade daraus herleitet, daß sie im Gegensatz zur Auskunft eine mit Bindungswillen abgegebene Erklärung über ein künftiges Verhalten darstellt und eine weitere Eingrenzung des Zusagebegriffs nicht sinnvoll ist. Wenn man aber den Begriff „verbindliche Auskunft“ als Oberbegriff der als bindend gewollten Vorwegerklärungen begreift, darf man die Antwort auf die Frage, worin dann das besonders qualifizierende Element der Zusage zu sehen ist, nicht schuldig bleiben. Genau darin liegt aber der Mangel dieser Meinung, denn der zur Begründung herangezogene „gebräuchliche Sinn des Wortes“ bietet gerade keinen Anhalt dafür, den Begriff „Zusage“ enger zu fassen. Deshalb wird auch überwiegend davon ausgegangen, daß der Begriff „verbindliche Auskunft“ lediglich ein Synonym für die Zusage darstellt[27]. Dies gilt allerdings nur unter der Voraussetzung, daß mit dem „verbindlich“ ein Verpflichtungswille der Behörde zum Ausdruck gebracht werden soll, so daß die Auskunft von der bloßen Wissenserklärung zur Willenserklärung und damit zur Zusage im hier verstandenen Sinne wird. Dieses Attribut kann aber, ähnlich wie bei der Bezeichnung „verbindliche Zusage“, auch von der Rechtsfolgenseite her gesehen eine Bedeutung erlangen, da auch Auskünfte als unverbindlich gewollte Meinungsäußerungen im Einzelfall aufgrund besonderer Vertrauensschutzgesichtspunkte Verbindlichkeit entfalten können, denn die gewollte Nichtbindung an erteilte Auskünfte findet ihre Grenzen an dem Grundsatz von Treu und Glauben[28]. Diese Fallgestaltung hat jedoch mit der hier zu erörternden Zusagethematik nichts zu tun, weshalb darauf im einzelnen nicht näher einzugehen ist. Wichtig ist allerdings die Klärung der sich aufdrängenden Frage, ob in den gesetzlich geregelten Fällen verbindlicher Auskünfte und vor allem im BMF-Schreiben über die allgemeine verbindliche Auskunft, dieser Begriff als Synonym für die Zusage gebraucht wird, oder ob dort nur Fälle von Wissenserklärungen, die einen Vertrauensschutz gewähren, beschrieben werden.

---

[27] Vgl. *Pieper,* VerwArch. 59 (1968), 217, 218; *Fiedler* S. 3; *Pfeiffer,* DB 1987, 2380, 2381; *Tipke/Kruse,* AO vor § 204 Rn. 6; *Schick,* in: *Hübschmann/Hepp/Spitaler,* AO vor § 204 Rn. 6. Vgl. auch FG Düsseldorf EFG 1984, 409, wo unter Berufung auf BGH VersR 1970, D. 711, 712, die Zusage als eine mit Verpflichtungswillen der Behörde erklärte Auskunft verstanden wird; ebenso *Zeidler* S. 14, 40 f. und 49. Vgl. auch *Baur* S. 20: „Unter Zusage ist eine qualifizierte behördliche Auskunft zu verstehen, die sich durch ihren ausdrücklichen Versprechenscharakter auszeichnet“.

[28] Vgl. *von Voigt* S. 17; *Plath,* AO § 204 Anm. 11.

a) Was die verbindliche Zolltarifauskunft gem. § 23 ZG anbelangt, so steht außer Zweifel, daß diese verbindliche Auskunft über die Tarifstelle des Zolltarifs, zu der eine vom Antragsteller vorgelegte oder beschriebene Ware gehört, eine behördliche Willenserklärung und nicht nur eine Wissenserklärung darstellt. Mit ihr verpflichtet sich die Zollverwaltung, eine bestimmte Tarifstelle auf eine eingeführte Ware anzuwenden, wenn diese mit der in der verbindlichen Auskunft beschriebenen Ware identisch ist[29]. Der Antragsteller erlangt hierauf einen Anspruch gegen die ausdrücklich als gebunden bezeichnete Zollstelle (§ 23 Abs. 2 S. 1 ZG). § 23 ZG regelt deshalb ganz eindeutig einen Zusagetatbestand[30].

b) Schwieriger gestaltet sich die Einordnung der als verbindlich angesehenen Lohnsteuer-Anrufungsauskunft gem. § 42 e EStG. Einige Autoren sehen in dieser Regelung neben den §§ 204 ff. AO und § 23 ZG einen weiteren Fall eines gesetzlich geregelten Zusagetatbestandes im Steuerrecht[31]. Zumeist wird die Lohnsteuer-Anrufungsauskunft jedoch dem Bereich der bloßen Wissenserklärung, die lediglich einen Vertrauensschutz gewährt, zugerechnet und damit nicht als Zusage-, sondern als ein Auskunftstatbestand gewertet[32]. Richtig ist dagegen, daß eine nach § 42 e EStG abgegebene Erklärung darüber, ob und inwieweit im einzelnen Fall die Vorschriften über die Lohnsteuer anzuwenden sind, sowohl eine bloße Auskunft als auch eine Zusage sein kann. Die rechtliche Qualifizierung hängt davon ab, wem gegenüber die Erklärung erteilt wird. Verlangt der Arbeitgeber von der Finanzbehörde eine Lohnsteuer-Anrufungsauskunft, so liegt dem nur das Interesse zugrunde, nach dem Grundsatz von Treu und Glauben nicht mehr im Haftungswege (§ 42 d EStG) in Anspruch genommen werden zu können, wenn er im Lohnsteuerabzugsverfahren entsprechend der Auskunft über die lohnsteuerrechtliche Behandlung des Sachverhalts handelt und sich die Sachbehandlung später als fehlerhaft herausstellt[33]. Deshalb wird auch davon ausgegangen, daß die

---

[29] S. oben S. 27 ff.

[30] Vgl. auch *Kienemund*, DB 1984, 1433, 1434 Fn. 2; *Schick*, in: FS Obermayer, 1986, 135, 137; *Kurr*, ZfZ 1986, 236; *Pfeiffer*, DB 1987, 2380, 2381; *Tipke / Kruse*, AO vor § 204 Rn. 19.

[31] Vgl. *Fichtelmann*, FR 1980, 236, 237; *Richter*, StBp. 1983, 55, 56; *Kienemund*, DB 1984, 1433, 1434 Fn. 2; *Schick*, in: FS Obermayer, 1986, 135, 137; *Pfeiffer*, DB 1987, 2380, 2381.

[32] Vgl. *Giloy*, BB 1977, 1139, 1140; *Offerhaus*, Inf. 1979, 337, 338; *von Bornhaupt*, DStR 1980, 3, 4; *Flockermann*, in: *Klein / Flockermann / Kühr*, EStG § 42 e Rn. 6; *Altehöfer*, in: *Lademann / Söffig / Brockhoff*, EStG § 42 e Rn. 3; *Grube*, in: *Littmann / Bitz / Meincke*, EStG § 42 e Rn. 2 m.w.N.

[33] Vgl. *Offerhaus*, Inf. 1979, 337.

Finanzbehörden nicht gehindert sind, im Verfahren über den Lohnsteuer-Jahresausgleich und der Einkommensteuerveranlagung dem Arbeitnehmer als dem Steuerschuldner gegenüber einen anderen, ungünstigeren Rechtsstandpunkt zu vertreten, als im Auskunftsverfahren gegenüber dem Arbeitgeber[34]. Insoweit ist die Auskunft der Finanzbehörde also nicht auf die Festlegung eines künftigen Verhaltens gerichtet, sondern es soll allein unter dem Aspekt des Vertrauensschutzes dem Arbeitgeber sein Haftungsrisiko abgenommen werden. Deshalb ist es gerechtfertigt, in einer dem Arbeitgeber erteilten Lohnsteuer-Anrufungsauskunft nur eine Wissenserklärung und keine Willenserklärung zu sehen.

Anders stellt sich dagegen die Situation dar, wenn die Lohnsteuer-Anrufungsauskunft dem Arbeitnehmer[35] erteilt wird. Für diesen ist eine „Auskunft", die nur für das Lohnsteuerabzugsverfahren eine Bedeutung erlangt, ohne Interesse. Deshalb hat der Bundesfinanzhof in einem Urteil vom 9. März 1979 entschieden, daß die dem Arbeitnehmer erteilte Anrufungsauskunft auch beim Lohnsteuer-Jahresausgleich und bei der Einkommensteuerveranlagung Geltung erlangen muß[36], d.h. die Finanzverwaltung ist auch im Rahmen dieser abschließenden Verfahren an die „Auskunft" gebunden. Wenn aber die Finanzbehörde die Lohnsteuer-Anrufungsauskunft dem Arbeitnehmer im Bewußtsein dieser weitreichenden Bindung abgibt, dann liegt damit eine Zusage im hier verstandenen Sinne vor. Im Gegensatz zum Arbeitgeber erstrebt der Arbeitnehmer eine Erklärung über die lohnsteuerrechtliche Behandlung eines Sachverhalts mit dem Ziel, daß die Finanzverwaltung daran auch später bei einer endgültigen Steuerfestsetzung ihm als dem Steuerschuldner gegenüber festhält. Wenn man, wie es der Bundesfinanzhof zu Recht getan hat, diese Interessenlage anerkennt, dann kann aber die Erklärung der Finanzbehörde, ob und inwieweit im einzelnen Fall die Vorschriften über die Lohnsteuer anzuwenden sind, folgerichtig nur als eine Willenserklärung über die lohnsteuerrechtliche Behandlung des vorgetragenen Sachverhalts und damit als Zusage gewertet werden[37].

---

[34] Vgl. BFH BStBl. 1960 III, 108, 109.

[35] Auch der Arbeitnehmer ist „Beteiligter" i.S.v. § 42 e EStG, s. oben S. 29 f.

[36] BFHE 127, 376, 380. Der Bundesminister der Finanzen, der dem Verfahren beigetreten war, hat diese Ansicht ebenfalls vertreten.

[37] In BFHE 127, 376 ff. ist die Qualifizierung der dem Arbeitnehmer erteilten Lohnsteuer-Anrufungsauskunft unklar geblieben. Einerseits wird nur von einer Wissenserklärung gesprochen (S. 379), andererseits wird sie als lex specialis gegenüber der Rechtsprechung des Bundesfinanzhofs zur verbindlichen Zusage bezeichnet (S. 380).

Wenn also im folgenden auf § 42 e EStG Bezug genommen wird, so ist stets zu beachten, daß nur die dem Arbeitnehmer erteilte Lohnsteuer-Anrufungsauskunft themabezogen ist.

c) Was schließlich das BMF-Schreiben über die „verbindliche Auskunft“[38] anbelangt, so vertritt Krabbe[39] die Ansicht, daß dort nur der Fall einer Wissenserklärung angesprochen sei und beruft sich dazu auf die einschlägige Rechtsprechung, nach deren Maßgabe die Finanzämter verbindliche Auskünfte sollen erteilen dürfen. Die hierzu im BMF-Schreiben als Beispiele zitierten Entscheidungen des Bundesfinanzhofs belegen jedoch genau das Gegenteil. So handelt es sich bei dem BFH-Urteil vom 4. August 1961, BStBl. III S. 562, um die Grundsatzentscheidung über die Voraussetzungen und Rechtswirkungen der allgemeinen steuerrechtlichen Zusicherung / Zusage, die der Bundesfinanzhof zweifelsfrei als eine Willenserklärung und nicht nur als eine Wissenserklärung versteht[40]. Auch das zitierte BFH-Urteil vom 16. März 1983, BStBl. II S. 459, befaßt sich ausschließlich mit der Zusage in diesem Sinne. Dagegen erweist sich das genannte BFH-Urteil vom 19. März 1981, BStBl. II S. 538, als ein Fehlgriff, denn es betrifft einen Sachverhalt, der sich nur schwerlich in den Problembereich der Auskünfte und Zusagen durch die Finanzbehörden einordnen läßt[41].

Angesichts der in Bezug genommenen Rechtsprechung kann deshalb hier die Verwendung des Begriffs „verbindliche Auskunft“ nur als Zusagesynonym verstanden werden[42]. Dem steht auch nicht entgegen, daß im BMF-Schreiben von einer Bindungswirkung nach Treu und Glauben die Rede ist, denn auch die Rechtswirkungen der auf eine willentliche Selbstbindung gerichteten Zusageerklärung der Finanzverwaltung hat der Bundesfinanzhof stets unter dem Gesichtspunkt von Treu und Glauben beurteilt. Hierauf wird später noch ausführlich eingegangen.

---

[38] S. oben S. 26 ff.

[39] DB 1987, 2067, 2068.

[40] S. oben S. 35 f.

[41] Ähnlich *Richter* Rn. 8, wonach das Urteil, das sich mit der Frage befaßt, ob die Finanzbehörden und Finanzgerichte an die Bescheinigung des Kohlebeauftragten nach § 32 Abs. 2 KohleG gebunden sind, soweit darin spezifisch steuerrechtliche Fragen beurteilt werden oder eine bestimmte Beurteilung solcher Fragen vorausgesetzt wird, nur bedingt einschlägig sein soll.

[42] So auch *Neufang / Horn*, Inf. 1988, 337; *DAI* (Fachinstitut für Steuerrecht), in: BRAK-Mitteilungen 3 / 1988, 196, 197; *Richter* Rn. 8. Auch in den Erlassen der Länder Bayern und Saarland (s. oben S. 26 Fn. 36), die dem BMF-Schreiben vorausgegangen sind und sich mit diesem inhaltlich weithin gedeckt haben, war nicht von „verbindlicher Auskunft“ die Rede, sondern von „verbindlicher Zusage“.

III. Die Zusage und andere Formen der Selbstbindung

1. Die vertragliche Bindung – „tatsächliche Verständigung“

Die Zusage ist durch ihre Einseitigkeit in der Erklärung gekennzeichnet. Nur die zusagende Behörde gibt eine Willenserklärung über ihr künftiges Verhalten ab, d.h. die Zusage begründet ein einseitiges Rechtsverhältnis zwischen Bürger und Verwaltung. Davon zu unterscheiden ist die vertragliche Bindung, bei der durch Abgabe übereinstimmender Willenserklärungen ein zweiseitiges Rechtsverhältnis zwischen Bürger und Verwaltung zustande kommt[43]. Im Verwaltungsrecht ist spätestens seit der Normierung des öffentlich-rechtlichen Vertrags in den §§ 54 ff. VwVfG den Verwaltungsbehörden auch diese Form der Selbstbindung eröffnet[44]. Da die Rechtsinstitute der Zusage (Zusicherung) und des öffentlich-rechtlichen Vertrags jedoch jeweils spezifischen Regelungen unterliegen, ist immer klar zu trennen, ob eine erfolgte Selbstbindung durch einseitige Willenserklärung oder durch eine vertragliche Regelung eingetreten ist.

Im Steuerrecht stellt sich dieses Abgrenzungsproblem nicht in gleicher Weise, denn die Abgabenordnung beinhaltet keine den §§ 54 ff. VwVfG entsprechende Regelung über einen öffentlich-rechtlichen Vertrag[45]. Unter Berufung auf die Prinzipien der Gesetzmäßigkeit und der Gleichmäßigkeit der Besteuerung wurden auch vom Bundesfinanzhof in ständiger Rechtsprechung Vereinbarungen über Steueransprüche als unzulässig angesehen[46]. In der Praxis sind allerdings „Absprachen“, „Vereinbarungen“, „Einigungen“ oder „Vergleiche“ zwischen dem Steuerpflichtigen und der Finanzbehörde ein vielfach anzutreffendes Mittel, um unklare und schwierig zu ermittelnde

---

[43] Zur Trennung von Zusage und Vertrag s. *Zeidler* S. 47; *Tipke*, StuW 1962, Sp. 697, 705; *Plössl* S. 55 ff. sowie die Begründung zu § 34 VwVfGE, BT-Drs. 7/910 S. 59.

[44] Ebenso im Sozialrecht, vgl. §§ 53 ff. SGB X.

[45] Angesichts der parallelen Entwicklung von VwVfG und AO darf von einer bewußten Nichtregelung ausgegangen werden (ebenso *Martens*, StuW 1986, 97, 98). Deshalb verbietet sich auch ein Rückgriff auf die Regelung im allgemeinen Verwaltungsrecht. Etwas anderes ergibt sich auch nicht aus § 78 Nr. 3 AO. Nach ganz überwiegender Ansicht in der Literatur ist diese Vorschrift unreflektiert in die AO übernommen worden und wird deshalb als ein Redaktionsversehen gewertet, vgl. *Große*, StBp. 1986, 58, 59 m.w.N. in Fn. 15, 17, 18.

[46] Vgl. BFH BStBl. 1964 III, 88, 89 m.w.N. S.a. BVerwG BStBl. 1975 II, 679, 681. Ebenso die h.M. in der Literatur, vgl. *Kühn/Kutter/Hofmann*, AO § 38 Rn. 1; *Paulick* Rn. 347; *Tipke* S. 30 m.w.N. in Fn. 19.

Sachverhalte abzuklären[47]. In einem vielbeachteten Urteil vom 11. Dezember 1984 hat der Bundesfinanzhof über eine solche Vereinbarung entschieden und sie für generell zulässig und bindend erklärt[48]. Dabei hat er jedoch an seiner Rechtsprechung, wonach Vereinbarungen über Steueransprüche unzulässig sind, ausdrücklich festgehalten und zur Begründung ausgeführt, daß zwischen Vereinbarungen über Steueransprüche und solchen über tatsächliche Fragen im Rahmen einer erschwerten Sachverhaltsermittlung („tatsächliche Verständigung") zu unterscheiden sei. Solche Verständigungen im tatsächlichen Bereich würden der Verfahrensbeschleunigung und dem Rechtsfrieden dienen und seien deshalb anzuerkennen. Sie fänden jedoch ihre Begrenzung im Einverständnis über tatsächliche, schwer zu ermittelnde Umstände, während Verständigungen über Rechtsfragen nach wie vor unzulässig seien.

Die rechtliche Qualifizierung einer solchen „tatsächlichen Verständigung" hat der Bundesfinanzhof allerdings offengelassen. Nach Ansicht von Baur[49] und Sangmeister[50] kann es sich bei der im Rahmen der „tatsächlichen Verständigung" abgegebenen Erklärung der Finanzbehörde nur um eine im Einvernehmen mit dem Steuerpflichtigen ergangene Zusage handeln. Dies folge daraus, daß nach der derzeitigen Rechtslage im Steuerrecht eine wechselseitig bindende Einigung zwischen dem Steuerpflichtigen und der Finanzbehörde generell unzulässig sei, so daß eine dennoch getroffene „Einigung" nur als ein Verwaltungsakt, der im Einvernehmen mit dem Steuerpflichtigen unter dessen Mitwirkung ergangen ist, gewertet werden könne[51]. Diese Qualifizierung der behördlichen Einigungserklärung vermag jedoch nicht zu überzeugen, denn zwischen einer Zusage und der „tatsächlichen Verständigung" besteht eine klare sachliche Trennungslinie. Die Zusage auf der einen Seite betrifft, wie sich anhand der gesetzlich geregelten Fälle zeigt, die Frage nach der rechtlichen Behandlung eines unstreitigen Sachverhalts. Dabei hat die Zusage mit einer Vereinbarung oder Absprache zwischen dem Steuerpflichtigen und der Finanzbehörde nichts zu tun. Im Verfahren über die Zusageerteilung hat die Finanzbehörde den Sachverhalt in der gleichen unabhängigen Weise zu beurteilen wie im Rahmen der späteren Steuerveranlagung. Der Steuerpflichtige hat hier keinerlei Möglichkeiten, seine Vorstellungen im

---

[47] Insbes. im Rahmen der Außenprüfung, vgl. *Kraushaar*, StbKRep. 1986, 153, 154.

[48] BStBl. 1985 II, 354 ff.

[49] BB 1988, 602, 605 ff.

[50] BB 1988, 609, 613.

[51] So auch schon *Mattern* S. 33. *Baur*, a.a.O., und *Sangmeister*, a.a.O., unterstellen, daß es sich bei der Zusage um einen Verwaltungsakt handelt. Ob dies zutreffend ist, wird noch zu prüfen sein.

Wege einer Vereinbarung in die Entscheidung der Finanzbehörde mit einzubringen.

Auf der anderen Seite bezieht sich dagegen die „tatsächliche Verständigung“, wie sie der Bundesfinanzhof in seinem oben genannten Urteil verstanden wissen will, nur auf den Bereich der Sachverhaltsermittlung und zwar begrenzt auf streitige, schwer zu ermittelnde Tatsachen[52]. Bei solchen Aufklärungsschwierigkeiten verbleibt an sich nur der Weg der Schätzung, wobei der Steuerpflichtige den nicht oder nur schwer aufzuklärenden Sachverhalt zumeist für sich selbst günstiger einschätzt, als dies die Finanzbehörde tun wird. Um den Konflikt abzumildern, der dadurch entsteht, daß die Finanzbehörde ihr Schätzergebnis über § 162 AO einseitig durchsetzen kann, hat der Bundesfinanzhof insoweit ein Bedürfnis und eine Berechtigung für eine entsprechende Verständigung anerkannt. Eine solche einverständliche Regelung zwischen dem Steuerpflichtigen und der Finanzbehörde läßt sich aber mit dem hier zugrunde gelegten Zusageverständnis nicht in Einklang bringen, denn es handelt sich dabei um einen Prozeß des gegenseitigen Nachgebens zur Beseitigung einer Ungewißheit in bezug auf den Sachverhalt[53]. Das bedeutet aber, daß die „tatsächliche Verständigung“ nichts anderes ist als ein Vergleich (§§ 55 VwVfG, 779 BGB)[54]. Wenn man einen solchen im Steuerrecht mangels Rechtsgrundlage in jedem Fall als unzulässig ansieht, so ist es nicht statthaft, das dennoch erwünschte Ergebnis dieses Vergleichs dadurch aufrechterhalten zu wollen, daß man die tatsächlich vorhandene Wechselwirkung der Erklärungen leugnet und einseitig die Erklärung der Finanzbehörde in die hierfür überhaupt nicht passende Form der Zusage zwängt. Vielmehr sollte man dann so konsequent sein und der tatsächlich durch gegenseitiges Nachgeben erfolgten Sachverhaltsfeststellung eine rechtliche Wirkung versagen[55].

Somit steht fest, daß sich im Bereich der steuerlichen Sachverhaltsaufklärung das Rechtsinstitut der Zusage nicht einsetzen läßt und daß sich ein

---

[52] A.A. *Kraushaar,* StbKRep. 1986, 153, 154, der auch eine einverständliche Regelung zur Auslegung unbestimmter Rechtsbegriffe oder bei zweifelhafter Rechtslage für zulässig hält. Kritisch gegenüber der Begrenzung auf die Sachverhaltsermittlung auch *Sangmeister,* DStZ 1987, 235, 236.

[53] Vgl. *Martens,* StuW 1986, 97, 98.

[54] Ebenso *Knepper,* BB 1986, 168, 169; *Rößler,* DB 1985, 1861, 1863. Vgl. auch FG des Saarlandes EFG 1986, 214, 215: „Bei einer tatsächlichen Verständigung handelt es sich um die Abgabe übereinstimmender Willenserklärungen ...“.

[55] So etwa *Große,* StBp. 1986, 59, 60 f., der einer „tatsächlichen Verständigung“ nur eine reale, faktische Wirkung beimessen will.

Entgegenkommen der Finanzbehörde in bezug auf die Festlegung eines schwer zu ermittelnden Sachverhalts nur mit der „tatsächlichen Verständigung" im Sinne eines Vergleichs in rechtlich sinnvoller Weise erfassen läßt.

2. Die Bindung durch ein früheres Verhalten

Das Steuerrecht wird vom sog. Abschnittsprinzip beherrscht. Das bedeutet, daß bei vielen Steuerarten die Grundlagen der Besteuerung periodisch geprüft und die Steuern für einen bestimmten Zeitabschnitt, dem sog. Veranlagungszeitraum, festgesetzt werden[56]. Dabei hat die Finanzbehörde für jeden Veranlagungszeitraum die Besteuerungsgrundlagen neu zu prüfen und rechtlich zu würdigen. Das hat aber die Konsequenz, daß bei Dauersachverhalten und Sachverhalten, die sich wiederholen, die Finanzbehörde grundsätzlich nicht an die in früheren Veranlagungszeiträumen getroffene rechtliche Bewertung des fortdauernden oder sich wiederholenden Sachverhalts gebunden ist. Sie muß vielmehr eine als falsch erkannte Rechtsauffassung auch dann aufgeben, wenn der Steuerpflichtige auf eine weitere kontinuierliche Sachbehandlung vertraut haben sollte[57]. Diese für den Steuerpflichtigen wenig erfreuliche Situation hat der Gesetzgeber zumindest für den Fall, daß ein Sachverhalt aufgrund einer Außenprüfung umfassend geprüft und rechtlich bewertet wurde, dadurch auszugleichen versucht, daß er über die §§ 204 ff. AO die Möglichkeit zur Erteilung einer Zusage über die kontinuierliche Behandlung eines Dauersachverhalts oder eines sich wiederholenden Sachverhalts eröffnet hat. Die Zusage bedeutet insoweit eine Durchbrechung des Abschnittsprinzips.

Eine solche Durchbrechung des Prinzips der Abschnittsbesteuerung kann aber auch dann geboten sein, wenn die Finanzbehörde durch ihr früheres Verhalten außerhalb einer Zusage einen Vertrauenstatbestand geschaffen hat. So ist in der Rechtsprechung und Literatur schon seit langem anerkannt, daß nach dem Grundsatz von Treu und Glauben eine langjährig geübte und zumindest als rechtlich vertretbar anzusehende Sachbehandlung durch die Finanzbehörde nicht mehr ohne rechtfertigenden Grund geändert werden darf[58]. Man spricht in diesem Fall auch von einer Selbstbindung durch nachhaltiges Verhalten[59]. An ein sonstiges früheres Verhalten ist die Finanz-

---

[56] Zu den periodischen Steuern in diesem Sinn gehören etwa die Einkommensteuer, Körperschaftsteuer, Umsatzsteuer, Vermögensteuer und Gewerbesteuer.

[57] Vgl. *Hildebrandt,* StBp. 1983, 86, 87, mit Rechtsprechungsnachweisen.

[58] So BFH BStBl. 1961 III, 252, 253 unter Hinweis auf entsprechende RFH-Rechtsprechung. Vgl. auch *Mihatsch,* NWB Fach 17, 887, 888; *Klauser,* BB 1983, 829.

[59] Vgl. BFH BStBl. 1978 II, 274, 276; *Steinberg* S. 84 ff.

behörde darüber hinaus in eng begrenzten Ausnahmefällen nach Treu und Glauben gebunden, wenn im Einzelfall auf Grund besonderer Umstände beim Steuerpflichtigen eine bestimmte Vorstellung über eine rechtliche Beurteilung durch die Finanzbehörde begründet wurde, und er darauf vertraut hat[60].

Der Bundesfinanzhof behandelt diese Form der Selbstbindung durch früheres Verhalten gegenüber der Zusage zu Recht als eine eigenständige Fallgruppe[61], denn Anknüpfungspunkt für die Bindung ist hier nicht eine entsprechende Willensäußerung der Finanzbehörde, sondern lediglich ein sonstiges, einen Vertrauenstatbestand begründendes Verhalten. Die Bindung durch früheres Verhalten gehört genaugenommen in die Kategorie der Verwirkung, die als Ausfluß des die gesamte Rechtsordnung beherrschenden Grundsatzes von Treu und Glauben auch im Steuerrecht gilt und sich gegenüber der Zusage als ein „schwächerer Fall" der Selbstbindung erweist[62].

IV. Die Zusage und die vorweggenommenen Teilentscheidungen

Sowohl das Verwaltungs- als auch das Steuerrecht kennt neben der Zusage auch noch andere gesetzlich geregelte Fälle eines zeitlich vorgezogenen Verwaltungshandelns. Aus dem Bereich des Verwaltungsrechts sind dies etwa die Teilgenehmigungen[63] und die Vorbescheide[64]. Bei einer Teilgenehmigung wird die Errichtung bzw. der Betrieb eines Teils einer Anlage vorab genehmigt, während mit einem Vorbescheid einzelne Fragen, von denen die Erteilung einer Genehmigung abhängig ist, vorweg entschieden werden. Besonders das Institut des Vorbescheids zwingt als eine der Zusage sehr ähnliche Handlungsform zur Frage nach der Abgrenzung. Dabei wird zum Teil eine klare rechtliche Unterscheidbarkeit in Frage gestellt[65] und Zusage und Vorbescheid unter dem Oberbegriff der Vorabentscheidung zusammengefaßt[66].

Im Steuerrecht sind es die sog. Grundlagenbescheide (§ 171 Abs. 10 AO), mit denen einzelne Fragen oder auch Teilbereiche aus dem Besteuerungsver-

---

[60] Vgl. BFH BStBl. 1966 III, 519, 520; 1967 III, 616, 617; 1979 II, 405, 406.

[61] Vgl. BFH BStBl. 1986 II, 520, 522 f.

[62] Vgl. BFH BStBl. 1979 II, 121, 124 f.

[63] S. z.B. § 8 BImSchG, § 61 LBO Ba.-Wü.

[64] S. z.B. § 9 BImSchG, § 7 AtG, § 54 LBO Ba.-Wü.

[65] Vgl. *Pieper* S. 38; *Püttner,* JA 1975, 389, 390; *Fiedler* S. 194 ff.

[66] Vgl. *Martens,* NVwZ 1983, 717, 718. S.a. *Achterberg* S. 444 ff., wo Zusage und Vorbescheid unter dem Begriff des Verwaltungsvorakts abgehandelt werden.

fahren vorab einer Entscheidung, die für die spätere Steuerfestsetzung bindend ist, zugeführt werden können[67]. Obwohl die Zusage im Hinblick auf die mit ihr beabsichtigte Bindung in ähnlicher Weise wirken kann wie ein Grundlagenbescheid, darf sie mit diesen jedoch nicht in eine Reihe gestellt oder gar als ein solcher bezeichnet werden[68]. Zwischen beiden Handlungsformen besteht ein wesentlicher Unterschied. Bei den steuerrechtlichen Grundlagenbescheiden handelt es sich ebenso wie bei den verwaltungsrechtlichen Vorbescheiden um vorweggenommene Teilregelungen, mit denen Teilaspekte einer Angelegenheit bereits einer endgültigen Entscheidung unterworfen werden[69]. Das bedeutet, daß durch die Erteilung eines Grundlagenbescheids das an sich einheitliche Besteuerungsverfahren in selbständige Abschnitte zerlegt wird[70]. Mit der Zusage legt die Behörde dagegen nur ihr künftiges Verhalten fest, d.h. es handelt sich hierbei lediglich um eine verbindliche Ankündigung in bezug auf eine einheitliche Endentscheidung[71]. Daß dieser Differenzierung, die zunächst als sehr theoretisch erscheinen mag, auch eine praktische Relevanz zukommt, wird sich im weiteren Verlauf der Arbeit noch zeigen.

---

[67] Gemeint sind damit insbes. die Bescheide über die gesonderte Feststellung von Besteuerungsgrundlagen gem. §§ 179 ff. AO sowie über die Festsetzung von Steuermeßbeträgen gem. § 184 AO.

[68] So aber *Schick,* in: FS Obermayer, 1986, 135, 139; *Mönius,* Inf. 1987, 217, 218; *Thiel,* DB 1988, 1343, 1345.

[69] Vgl. BVerwG NJW 1969, 73; BVerwGE 48, 242, 245; *Mayer / Kopp* S. 195; *Bull* Rn. 711; *Schwarze,* in: *Knack,* VwVfG § 38 Rn. 3.1; a.A. *Scheuing,* VVDStRL 40 (1982), 153, 169 f. S.a. BVerwG DÖV 1984, 589 f. zum Unterschied zwischen der Zusage eines (künftigen) Abgabenverzichts und einem bereits erfolgenden Abgaben(voraus)verzicht.

[70] So *Tipke* S. 620.

[71] Zur Notwendigkeit der Trennung von Zusage und Grundlagenbescheid s.a. *Hein,* StB 1978, 285; *Frotscher,* in: *Schwarz,* AO § 204 Rn. 1; *Müller,* ZfZ 1977, 162 ff.

Drittes Kapitel: Die Rechtsnatur der Zusage

I. Die Rechtsnatur der Zusage und die „Treu und Glauben"-Rechtsprechung des Bundesfinanzhofs

Ein zentrales Problem bei der Beurteilung der steuerrechtlichen Zusage bildete in der Literatur stets die Streitfrage nach deren Rechtsnatur und zwar dahingehend, ob es sich bei ihr um einen Verwaltungsakt handelt oder nicht. Demgegenüber hat sich die höchstrichterliche Finanzrechtsprechung zu dieser Frage bis heute noch nicht eindeutig geäußert[1]. In einem Urteil vom 29. Oktober 1987, mit dem die Bindung an eine allgemeine Zusage zu klären war, hat der Bundesfinanzhof hierzu lediglich festgestellt[2]:

> „Der Senat kann offenlassen, ob die Auffassung, eine bindende Zusage könne als Regelung eines Einzelfalls und daher als Verwaltungsakt angesehen werden, zutrifft. Jedenfalls ist das FA an sein Verhalten durch Treu und Glauben gebunden."

Mit dieser Aussage hat der Bundesfinanzhof auf seine ständige Rechtsprechung Bezug genommen, nach der auch die Zusage als eine auf Selbstbindung gerichtete Willenserklärung der Finanzbehörde ihre Bindungswirkung letztlich aus dem Grundsatz von Treu und Glauben herleitet. Um die Bedeutung dieser Ansicht für die Frage nach der Rechtsnatur der Zusage richtig einordnen zu können, erscheint es angebracht, zunächst die Einzelheiten dieser „Treu und Glauben"-Rechtsprechung näher zu betrachten.

Dabei ist von der in Lehre und Rechtsprechung unbestrittenen Erkenntnis auszugehen, daß der Grundsatz von Treu und Glauben als ein allgemeiner Rechtsgrundsatz unmittelbar im öffentlichen Recht und insbesondere auch im Steuerrecht gilt. Differenzen bestehen lediglich im Hinblick auf die Rechtsquelle der unmittelbaren Geltung dieses Grundsatzes. So wird geäußert, der Grundsatz von Treu und Glauben sei direkt aus der Gerechtigkeitsidee abzuleiten[3], während andere ihn allgemeiner als einen Rechtsgedanken bezeich-

---

[1] In BFH BStBl. 1973 II, 533 ff. wurde lediglich die VA-Qualität der Auskunft ausdrücklich verneint, nicht aber der Zusage, was z.T. verkannt wird. Als Verwaltungsakt gewertet wurde dagegen die Ablehnung der Erteilung einer Auskunft, s. BFHE 126, 358, 359 unter Hinweis auf eine entsprechende BVerwG-Rechtsprechung. Gleiches muß dann natürlich auch für die Ablehnung einer Zusage gelten.

[2] BB 1988, 126,127.

[3] So *Tipke/Kruse,* AO § 4 Rn. 49.

nen, der jeder Rechtsordnung innewohnt[4]. Des weiteren wird der Grundsatz von Treu und Glauben auch als Ausfluß des Rechtsstaatsprinzips angesehen[5] oder, wie etwa in der Rechtsprechung des Bundesfinanzhofs, als ein dem überpositiven Recht angehörender Rechtssatz beschrieben[6]. Wichtiger als die Klärung dieser theoretischen Frage nach der Rechtsquelle ist für das Verständnis der Rechtsprechung des Bundesfinanzhofs jedoch die Antwort auf die Frage, mit welchem konkreten Inhalt dieser Grundsatz im Zusammenhang mit der Zusage zur Anwendung kommt. Es ist dies der Gesichtspunkt des Vertrauensschutzes, der mit den Begriffen „Treue" und „Glauben" verbunden ist, denn „Glauben" meint das Vertrauen auf die „Treue", d.h. die Verläßlichkeit und Loyalität sowie das Worthalten des anderen Teils[7]. Danach gilt, daß der Grundsatz von Treu und Glauben auch im Verhältnis zwischen Steuerpflichtigem und Finanzbehörde gebietet, daß jeder auf die berechtigten Belange des anderen Teils angemessen Rücksicht nimmt und sich mit seinem eigenen Verhalten, auf das der andere vertraut hat, nicht in Widerspruch setzt[8]. Sowohl die Finanzbehörde als auch der Steuerpflichtige ist zu einem konsequenten Verhalten verpflichtet, d.h. auch im Steuerrecht gilt das Verbot des „venire contra factum proprium"[9].

Voraussetzung für die Anwendung des Grundsatzes von Treu und Glauben in diesem Sinne ist, daß zwischen dem Steuerpflichtigen und der Finanzbehörde ein konkretes Verhältnis besteht, aus dem sich allein eine Vertrauenssituation bilden kann[10]. Ein solches Verhältnis ist ohne weiteres dann gegeben, wenn der Steuerpflichtige mit der Bitte um eine Zusage an die Finanzbehörde herantritt und ihm diese dann auch erteilt wird[11]. Der Schutz des dadurch begründeten Vertrauens des Steuerpflichtigen auf Einhaltung der Zusage kann nach Ansicht des Bundesfinanzhofs jedoch nicht uneingeschränkt gelten, da die Anwendung des Grundsatzes von Treu und Glauben im öffentlichen Recht gewissen Besonderheiten unterliegt. Denn „während sich im privaten Rechtsverkehr die einzelnen Staatsbürger auf der Basis der

---

[4] Vgl. *Bunjes,* DStR 1965, 479, 480 f.

[5] Vgl. *Mattern,* in: FS Küchenhoff, 1967, 39, 42; *Klein,* DStR 1985, 391.

[6] Vgl. BFH BStBl. 1954 III, 241; *Hessdörfer* S. 79 ff.; *Kruse,* StuW 1958, Sp. 719, 728 f.; *Oswald,* FR 1966, 344, 345; *Spanner,* in: *Hübschmann / Hepp / Spitaler,* AO § 4 Rn. 207.

[7] Vgl. *Jauernig,* BGB § 242 Anm. I.1.c m.w.N.

[8] Vgl. BFH BStBl. 1959 III, 52, 53.

[9] Vgl. *Tipke / Kruse,* AO § 4 Rn. 57.

[10] Vgl. BFH BStBl. 1964 III, 311, 312; 1973 II, 298, 303; 1983 II, 280, 281.

[11] Vgl. *Strotkamp* S. 103.

Gleichordnung gegenüberstehen und in ihrem Verkehr untereinander Verantwortung nur für ihr eigenes Verhalten tragen, also auch dieses Verhalten kraft des Grundsatzes von Treu und Glauben gegebenenfalls gegen sich gelten lassen müssen und dabei lediglich ihre eigenen Belange beeinträchtigen, über die sie – in der Regel – frei verfügen können, ist im öffentlichen Recht auf der einen Seite die Verwaltung als Wahrerin der Interessen der Allgemeinheit beteiligt, die nach Art. 20 Abs. 3 GG an Gesetz und Recht gebunden ist"[12]. Das damit angesprochene Prinzip der Gesetzmäßigkeit der Verwaltung wird aber dann tangiert, wenn sich die Finanzbehörde mit ihrer Zusage zu einer Sachbehandlung verpflichtet, die zugunsten des Steuerpflichtigen im Widerspruch zum geltenden Recht steht. Wird auch für diesen Fall das Vertrauen auf die Einhaltung der Zusage geschützt und ihr damit bindende Wirkung zugesprochen, so kommt dies einem Verzicht auf die tatbestandsmäßig verwirklichte Steuer gleich. Darin sieht der Bundesfinanzhof einen Verstoß gegen das Gesetzmäßigkeitsprinzip, das die Finanzbehörden verpflichtet, die nach dem Gesetz verwirklichten Steuern tatsächlich zu erheben (§ 85 AO) und eine davon abweichende freie Gestaltungsbefugnis nur auf Grund einer gesetzlichen Ermächtigung gestattet[13]. Darüber hinaus bedeutet für den Bundesfinanzhof die Bindung an eine gesetzwidrige Zusage zugleich ein Verstoß gegen den aus Art. 3 Abs. 1 GG abgeleiteten und auch die Verwaltung verpflichtenden Grundsatz der Gleichmäßigkeit der Besteuerung, weil die damit verbundene Bevorzugung eines Steuerpflichtigen entgegen den gesetzlichen Vorschriften für alle anderen Steuerpflichtigen, die dem Gesetz entsprechend behandelt werden, eine Benachteiligung darstellt[14]. Andererseits erkennt aber auch der Bundesfinanzhof, daß der Vertrauensschutz nach Treu und Glauben letztlich nur dann Wirksamkeit zu erlangen vermag, wenn er in solchen Konfliktsituationen anerkannt wird und dem Steuerpflichtigen damit Rechtssicherheit bietet[15].

Im Hinblick auf dieses Spannungsverhältnis zwischen dem Grundsatz von Treu und Glauben auf der einen Seite und den Grundsätzen der Gesetzmäßigkeit der Verwaltung und der Gleichmäßigkeit der Besteuerung auf der anderen Seite hat der Bundesfinanzhof deshalb Voraussetzungen entwickelt und in seinem Grundsatzurteil vom 4. August 1961[16] zusammenfassend dargestellt,

---

[12] So BFH BStBl. 1964 III, 311. Vgl. auch BFH BStBl. 1959 III, 146, 147 f.; 1961 III, 380, 381.

[13] Vgl. BFH BStBl. 1961 III, 69, 70 sowie BVerfG BStBl. 1969 II, 364, 368.

[14] Vgl. BFH BStBl. 1964 III, 643 f.

[15] Vgl. BFH BStBl. 1967 III, 522, 523.

[16] BStBl. 1961 III, 562 ff.

bei deren Vorliegen sich der Schutz des Vertrauens des Zusageempfängers durchsetzt und es damit zu einer Bindung der Verwaltung an die Zusage nach Treu und Glauben kommt. Wichtig ist dabei zu betonen, daß der Bundesfinanzhof die Anwendung dieser von ihm aufgestellten Voraussetzungen, die im einzelnen noch zur Sprache kommen werden, nicht auf die gesetzwidrige Zusage beschränkt, sondern sie als generelle Wirksamkeitsvoraussetzungen der steuerrechtlichen Zusage verstanden hat[17]. An dieser Rechtsprechung hat der Bundesfinanzhof jedenfalls für den Bereich der allgemeinen Zusage bis heute festgehalten[18].

Was nun die Frage nach der Rechtsnatur anbelangt, so ist offensichtlich, daß sich dieses Verständnis über die Herleitung der Bindungswirkung der Zusage mit der dem obigen BFH-Zitat[19] immanenten Deutungsmöglichkeit, die Zusage könne zugleich ein Verwaltungsakt sein, nicht vereinbaren läßt. Wenn man in der Zusage einen Verwaltungsakt erblickt, dann trägt diese die Verbindlichkeit ihrem Wesen nach „in sich selbst"[20]. Der Verwaltungsakt ist ein Rechtsbegriff, der innerhalb des Rechts eine Funktion zu erfüllen hat, weshalb er nur solche Akte beinhalten kann, von denen unmittelbar, d.h. aus dem Akt selbst, eine rechtliche Wirkung ausgeht[21]. Der Verwaltungsakt ist deshalb unbestreitbar eine auf die Begründung einer Rechtsfolge gerichtete Handlungsform des öffentlichen Rechts[22]. Qualifiziert man die Zusage als einen solchen, so ist der Eintritt der Bindungswirkung als deren angestrebter Rechtsfolge eine unmittelbare Wirkung der Zusageerklärung selbst und bedarf zur Begründung damit keines weiteren Rechtsgrundes, wie dies der Bundesfinanzhof in Form des Rückgriffs auf den Grundsatz von Treu und Glauben für erforderlich hält[23]. Die Verbindlichkeit der Zusage kann sich also entweder aus einer Qualifizierung als Verwaltungsakt oder aber aus dem mit dem Grundsatz von Treu und Glauben verbundenen Vertrauensschutzgedanken ergeben. Eine Verknüpfung beider Gesichtspunkte im Hinblick auf die Begründung der Bindungswirkung der Zusage ist mit dem Verständnis über

---

[17] Vgl. *Fiedler* S. 34 f.

[18] Vgl. auch BFH BStBl. 1987 II, 313, 315; BFH BB 1988, 553, 554; BFH DStR 1990, 206.

[19] S. oben S. 51.

[20] Vgl. *Ossenbühl,* DÖV 1972, 25, 28; *Schmidt,* JuS 1973, 529; *Kisker,* VVDStRL 32 (1974), 149, 152; *Tittel,* DRiZ 1962, 307, 308 f.

[21] So *Forsthoff* S. 198 f.

[22] Vgl. *Krause* S. 137.

[23] Vgl. *Püttner,* VVDStRL 32 (1974), 200, 213.

den Begriff und die Bedeutung des Verwaltungsakts unvereinbar[24]. Folglich ist auch die oben zitierte Behauptung des Bundesfinanzhofs, man könne die Frage nach der Rechtsnatur insoweit offenlassen, ungenau. Mit seinem Rückgriff auf den Grundsatz von Treu und Glauben bringt er vielmehr unausgesprochen zum Ausdruck, daß die Zusage gerade kein Verwaltungsakt ist. Ob dies zutrifft, ist zu überprüfen.

II. Die Zusage – ein Verwaltungsakt?

Der Begriff „Verwaltungsakt" ist erst mit der Abgabenordnung 1977 in das Steuerrecht eingeführt worden. Zur Angleichung an das Verwaltungsrecht ist mit § 118 AO eine dem § 35 VwVfG wortgleiche Definition des Verwaltungsakts übernommen worden. Damit sollte der unter Geltung der Reichsabgabenordnung verwendete Begriff „Verfügung" (§ 91 RAO) ersetzt werden[25]. Eine sachliche Änderung war damit aber nicht verbunden, denn mit dem Begriff der Verfügung i.S.v. § 91 RAO wurden die gleichen öffentlich-rechtlichen Vorgänge erfaßt, die im Verwaltungsrecht als Verwaltungsakt bezeichnet wurden, d.h. die Verfügung i.S.d. Reichsabgabenordnung und der Verwaltungsakt waren synonyme Begriffe[26].

Das Problem, ob sich die Zusage unter die Begriffsmerkmale des Verwaltungsakts subsumieren läßt, ist im Steuerrecht also nicht erst mit der Einführung der Abgabenordnung 1977 aufgetreten, sondern war bereits unter Geltung der Reichsabgabenordnung aktuell. Dabei konzentrierte sich die Entscheidung über die Qualifizierung als Verwaltungsakt schon immer auf die Frage, ob die Behörde mit ihrer Zusage dem Bürger gegenüber eine Regelung trifft[27]. Dieses Begriffsmerkmal des Verwaltungsakts ist dann gegeben, wenn die zu qualifizierende Maßnahme der Behörde ihrem Ausspruch nach darauf gerichtet ist, einseitig und mit dem Anspruch auf Verbindlichkeit eine unmittelbare Rechtswirkung zu erzeugen, also eine Rechtsfolge herbeizufüh-

---

[24] Dies verkennt FG Berlin EFG 1984, 154 ff., wo eine „verbindliche Auskunft" als VA gewertet, die Bindungswirkung jedoch aus Treu und Glauben hergeleitet wird. Ähnlich *Strotkamp* S. 87 ff., der zwischen Zusagen, die auf Vornahme oder Unterlassung eines VA gerichtet sind, und sonstigen Zusagen unterscheidet. Beide seien zwar VAe (S. 40), doch nur die erste Art leite ihre Bindungswirkung aus der VA-Qualität ab, während bei sonstigen Zusagen ein Rückgriff auf Treu und Glauben erforderlich sei. Diese Differenzierung ist durch nichts gerechtfertigt.

[25] Vgl. Einführungserlaß zur AO 1977, BStBl. 1976, 576, 597.

[26] Vgl. *Tipke/Kruse,* RAO, § 91 Rn. 1.

[27] Die sonstigen Merkmale des VA-Begriffs sind unstreitig erfüllt.

ren[28]. Der Verwaltungsakt gehört damit in die Kategorie der Willenserklärungen[29], was aber nicht bedeutet, daß man im Umkehrschluß die Zusage bereits deshalb als einen Verwaltungsakt werten kann, weil auch sie eine behördliche Willenserklärung darstellt[30]. Nicht jede einseitige Willenserklärung einer Behörde ist ein Verwaltungsakt. Das öffentliche Recht kennt auch rechtserhebliche Willenserklärungen der Verwaltung, die keinen regelnden Charakter haben. Es sind dies die rechtsgeschäftlichen Willenserklärungen, die zu den schlichten Verwaltungshandlungen zählen[31].

Dementsprechend wird auch die Ansicht vertreten, die Zusage sei diesem Bereich der Willenserklärungen ohne Regelungscharakter zuzurechnen und zwar mit der Begründung, daß mit der Zusage dem Adressaten erst eine künftige Entscheidung angekündigt werde, während eine Regelung eine Entscheidung in der Sache selbst voraussetze[32]. Richtig an dieser Aussage ist, daß die Zusage nur einen ankündigenden Charakter besitzt und sich dadurch von den vorweggenommenen Teilregelungen unterscheidet[33]. Das bedeutet, daß im Hinblick auf den konkreten Gegenstand der Zusage in keinem Fall eine Regelung getroffen wird. Dies rechtfertigt aber noch nicht, auch den Regelungscharakter der Zusage selbst zu verneinen. Es stellt sich vielmehr die Frage, ob nicht in der Selbstbindungserklärung als solcher, d.h. in der als verbindlich gewollten Erklärung der Behörde, sie werde eine spätere Entscheidung in einem bestimmten Sinne treffen, eine Regelung zu sehen ist. Anders ausgedrückt: Wird mit einem behördlichen Versprechen, wie es die Zusage darstellt, etwas geregelt? Die Antwort hierauf läßt sich am einfachsten in der Weise finden, indem man prüft, ob die Zusage unter diesem Gesichtspunkt einer der typischen Regelungsarten entspricht. Als solche sind allgemein anerkannt: Verbote und Gebote, Rechtsgewährungen und deren Versagung, Rechtsgestaltungen im Sinne einer Änderung einer konkreten Rechtsstellung, Feststellungen sowie dingliche Regelungen[34]. Von diesen Regelungsarten erscheint hier die der Rechtsgewährung als einschlägig. Mit

---

[28] Vgl. BVerwGE 28, 145, 146; 36, 192, 194 ff.; *Brandt,* in: *Schweickhardt* Rn. 307.

[29] Vgl. *Erichsen,* in: *Erichsen/Martens* S. 183.

[30] So auch *Müller* S. 27.

[31] Vgl. *Brandt,* in: *Schweickhardt* Rn. 308; *Maurer* S. 149.

[32] So insbes. *Wolff/Bachof* S. 367. Vgl. auch *Monreal* S. 53; *Haueisen,* NJW 1961, 1901; *Langkeit* S. D 40 ff.; *Jakobs,* JURA 1985, 234, 235; *Ling,* DStZ 1989, 424, 425.

[33] S. oben S. 49 ff.

[34] Vgl. *Schmalz* S. 88 f.

dem in der Zusage liegenden Versprechen begründet die Finanzbehörde in rechtserheblicher Weise eine ihr obliegende Verpflichtung zu einem bestimmten, künftigen Verhalten. Dabei handelt es sich aber nicht um eine abstrakte Verpflichtung, sondern um eine solche, die gegenüber einem bestimmten Erklärungsempfänger eingegangen wird. Mit einer solchen Verpflichtung korrespondiert aber in der Regel ein Anspruch des Versprechensempfängers dahingehend, daß die Verpflichtung vom Versprechenden auch erfüllt wird. Daß dies auch hier der Fall ist, und es sich bei der mit der Zusage eingegangenen Verpflichtung der Behörde nicht nur um eine Obliegenheit handeln soll, deren Erfüllung nicht erzwingbar ist, folgt aus der Zielsetzung der Zusage. Wenn die Behörde mit Bindungswillen erklärt, sie werde bei einer künftigen Entscheidung so und nicht anders handeln, so will sie damit dem Erklärungsempfänger Rechtssicherheit in bezug auf seine Dispositionen gewähren. Der angestrebte Vertrauensschutz wird aber nur dann effektiv gewährleistet, wenn der Bürger auch das Recht hat, von der Behörde zu fordern, daß sie sich an das Zugesagte hält. Die Zusageerklärung der Behörde muß deshalb so ausgelegt werden, daß sie dem Erklärungsempfänger eine entsprechende Rechtsposition, die auf dem Rechtsbehelfsweg durchgesetzt werden kann, einräumt und damit eine unmittelbare Rechtswirkung im Verhältnis zwischen Verwaltung und Bürger begründet[35]. So gesehen läßt sich die Zusage ohne weiteres als ein Fall der Rechtsgewährung und folglich als eine Regelung i.S.d. Verwaltungsaktbegriffs verstehen. Es bleibt zu klären, ob dieses Ergebnis durch die rechtliche Einordnung der gesetzlich geregelten Zusagefälle bestätigt wird.

III. Die Qualifizierung der gesetzlich geregelten Zusagefälle

a) § 38 VwVfG, als die weitreichendste Zusageregelung, sagt über die Rechtsnatur der Zusicherung nichts aus. In der Begründung zum Entwurf des Verwaltungsverfahrensgesetzes wurde zur Frage, ob die Zusicherung ein Verwaltungsakt ist, ausgeführt, daß im Hinblick auf die unterschiedlichen Meinungen in der Verwaltungslehre mit dem vorliegenden Entwurf hierzu keine Aussage getroffen werde[36]. Die Klärung der Rechtsnatur der Zusicherung war somit der Rechtsprechung und Lehre überlassen. Dabei hat sich eine überwiegende Meinung dahingehend gebildet, daß die Zusicherung als

---

[35] Ebenso *Tipke,* StuW 1962, Sp. 697, 704 f.; *Hugo Kellner* S. D 53; *Krebs,* VerwArch. 69 (1978), 85, 89; *Obermayer,* VwVfG § 35 Rn. 79; *Schwarze,* in: *Knack,* VwVfG § 38 Rn. 3.3.

[36] BT-Drs. 7/910 S. 59.

ein Verwaltungsakt anzusehen ist[37]. Obwohl auch die Gegenmeinung nicht leugnen kann, daß die Zusicherung auf die Begründung einer Rechtsfolge in Form der Selbstverpflichtung der Verwaltung gerichtet ist, verneint sie dennoch deren Qualität als Verwaltungsakt mit dem formalistischen Argument, § 38 VwVfG gehe gleichwohl, indem er in Abs. 2 mehrere Vorschriften des Verwaltungsverfahrensgesetzes über den Verwaltungsakt für „entsprechend" anwendbar erklärt, offenbar davon aus, daß es sich bei der Zusicherung nicht um einen Verwaltungsakt handelt[38]. Dieser Schluß ist jedoch nicht zwingend. Da nach der Begründung zum Entwurf des Verwaltungsverfahrensgesetzes mit der gesetzlichen Regelung der Zusicherung die Streitfrage nach deren Rechtsnatur gerade nicht entschieden werden sollte, läßt sich diese „entsprechende" Anwendung bestimmter Vorschriften über den Verwaltungsakt auch mit dem Bemühen des Gesetzgebers begründen, insoweit eine möglichst neutrale Regelung zu formulieren, um weder positiv noch negativ eine Aussage über die Rechtsnatur der Zusicherung zu treffen[39]. Die Frage, ob die Zusicherung gem. § 38 VwVfG ein Verwaltungsakt ist, bestimmt sich deshalb, wie bei jedem anderen Verwaltungshandeln auch, allein danach, ob sie die Begriffsmerkmale der Legaldefinition des § 35 VwVfG erfüllt, was nach dem bisher Gesagten zu bejahen ist.

b) Anders als bei § 38 VwVfG hat der Gesetzgeber bei den steuerrechtlichen Zusagen gem. § 23 ZG und §§ 204 ff. AO keine Zurückhaltung bezüglich der Entscheidung über deren Rechtsnatur geübt. Mit § 348 Abs. 1 Nr. 5 und 6 AO hat er diese beiden Zusageformen in die Reihe der Verwaltungsakte, gegen die als Rechtsbehelf der Einspruch gegeben ist, aufgenommen und hat damit deren Qualität als Verwaltungsakt ausdrücklich bejaht. Daß demgegenüber nicht auch § 42 e EStG in § 348 Abs. 1 AO aufgezählt ist, entspricht der Tatsache, daß die dem Arbeitgeber erteilte Lohnsteuer-Anrufungsauskunft, die mit ihrer auf das Lohnsteuerabzugsverfahren begrenzten Bedeutung die eigentliche Intention dieser Vorschrift ausmacht, nur eine

---

[37] Vgl. z.B. *Kopp*, VwVfG § 38 Rn. 6; *Stelkens*, in: *Stelkens/Bonk/Leonhardt*, VwVfG § 38 Rn. 4; *Meyer*, in: *Meyer/Borgs*, VwVfG § 38 Rn. 9; *Schwarze*, in: *Knack*, VwVfG § 38 Rn. 3.3; *Obermayer*, VwVfG § 38 Rn. 34; *Bull* Rn. 709; *Lange*, WiVerw. 1979, 15, 29; *Schick*, in: FS Obermayer, 1986, 135, 136 Fn. 7; *Engelmann*, in: *Schroeder-Printzen*, SGB X § 34 Anm. 1.1.

[38] So insbes. *Erichsen*, in: *Erichsen/Martens* S. 187. Vgl. auch *Maiwald*, BayVBl. 1977, 449, 452; *Lotz*, WiVerw. 1979, 1, 9; *Ule/Laubinger* S. 359.

[39] So auch *Krebs*, VerwArch. 69 (1978), 85, 89 f.; *Obermayer*, in: FS Maunz, 1981, 247, 256; *Meyer*, in: *Meyer/Borgs*, VwVfG § 38 Rn. 9.

Wissenserklärung und keine Willenserklärung darstellt[40] und deshalb von vornherein nicht als Verwaltungsakt eingestuft werden kann.

Etwas anderes gilt dagegen für die dem Arbeitnehmer erteilte Lohnsteuer-Anrufungsauskunft, die kraft richterlicher Rechtsfortbildung mit einer Bindungswirkung auch für die Einkommensteuerveranlagung und den Lohnsteuer-Jahresausgleich versehen worden ist und die sich damit, wie oben[41] festgestellt, zu einer Willenserklärung entwickelt hat. Diese Fallvariante des § 42 e EStG steht als weiterer gesetzlich geregelter Zusagefall im Steuerrecht neben den Zusagen gem. § 23 ZG und §§ 204 ff. AO und ist ebenso wie diese als Verwaltungsakt zu werten.

c) Ist somit die Verwaltungsaktqualität der gesetzlich geregelten Zusagen, insbesondere im Steuerrecht, als gesichert anzusehen, so muß gleiches auch für die gesetzlich nicht geregelte allgemeine steuerrechtliche Zusage gelten. Die Frage nach der Rechtsnatur der öffentlich-rechtlichen Zusage kann nicht unterschiedlich beantwortet werden, da die gesetzlich geregelten Fälle nur verschiedene Erscheinungsformen des in seinen Grundlagen einheitlich zu beurteilenden Verwaltungsinstruments der Zusage darstellen[42]. Zu Recht geht deshalb die ganz überwiegende Meinung im steuerrechtlichen Schrifttum davon aus, daß es sich auch bei der allgemeinen Zusage um einen Verwaltungsakt handelt[43]. Auch in Urteilen verschiedener Finanzgerichte ist inzwischen von der „Treu und Glauben"-Rechtsprechung des Bundesfinanzhofs Abstand genommen und die allgemeine Zusage unter Berufung auf die herrschende Meinung in der Literatur als Verwaltungsakt gewertet worden[44].

---

[40] S. oben S. 42 ff.

[41] S. 43 f.

[42] Dazu bereits oben S. 34.

[43] Vgl. *Rieckmann*, DStZ 1988, 396, 398 f.; *Baur*, BB 1988, 602, 607; *Pfeiffer*, DB 1987, 2380, 2382; *Sangmeister*, DStZ 1987, 235, 237; *Kienemund*, DB 1984, 1433, 1434; *Faut*, RWP, 14 D AO II B 27 a S. 37; *Rottmann/Wannemacher*, NSt „Auskünfte", Darstellung 1 S. 15; *Tipke/Kruse*, AO vor § 204 Rn. 13; *Schick*, in: *Hübschmann/Hepp/Spitaler*, AO vor § 204 Rn. 36; *Blumers/Frick/Müller* F Rn. 122. S.a. die umfangreichen Nachweise bei *Müller* S. 26 Fn. 25 für die Zeit vor Inkrafttreten der AO 1977. Besondere Beachtung verdient auch die Begründung zum Entwurf eines AOÄG 1966, wo darauf hingewiesen wurde, daß es sich bei den Entscheidungen im vorgesehenen Auskunftsverfahren („verbindliche Auskunft") um Verwaltungsakte handelt, vgl. BT-Drs. V/885 S. 10. Ausdrücklich gegen eine Qualifizierung der allgemeinen Zusage als VA sprechen sich aus: *Blencke*, NWB Fach 2, 4587, 4588; *Birkholz*, RWP, 14 D AO II B 27 S. 1221 f.

[44] Vgl. FG Köln EFG 1984, 426, 427; Niedersächsiches FG EFG 1987, 160; Hessi-

Sollte sich diese Entwicklung fortsetzen, wird auch der Bundesfinanzhof nicht umhinkommen, eine klare Aussage über die Rechtsnatur der allgemeinen Zusage zu treffen.

---

sches FG DStZ 1987, 257, 259; Urt. des FG Baden-Württemberg vom 4.2.1988 – X-K 216/85 (n.v.); FG Münster EFG 1989, 546, 547.

Viertes Kapitel: Die Zusageberechtigung und -verpflichtung sowie der Anwendungsbereich der steuerrechtlichen Zusage

I. Die allgemeine Zusageberechtigung der Finanzbehörden

1. Eine ausdrückliche gesetzliche Ermächtigung erforderlich?

In der Rechtsprechung und dem nahezu einhelligen Schrifttum ist stets davon ausgegangen worden, daß im Steuerrecht eine Selbstbindung der Verwaltung durch die Erteilung von Zusagen allgemein zulässig ist[1]. Dem lasse sich auch nicht entgegenhalten, daß im Rahmen der Reform der Abgabenordnung mit den §§ 204 ff. AO lediglich eine gesetzliche Regelung für einen sehr begrenzten Teilbereich geschaffen worden ist, denn nach dem Willen des Gesetzgebers sollte damit die seit langem anerkannte Möglichkeit, darüberhinaus ganz allgemein steuerrechtliche Zusagen zu erteilen, nicht ausgeschlossen werden[2]. Damit wird aber zum Ausdruck gebracht, daß generell die Frage nach der Zulässigkeit der steuerrechtlichen Zusage nicht vom Vorhandensein einer ausdrücklichen gesetzlichen Ermächtigungsgrundlage abhängig ist. Der Gesetzgeber wäre demnach auch nicht gezwungen, für die Erteilung von allgemeinen Zusagen im Steuerrecht eine gesetzliche Regelung zu schaffen[3].

Ob diese Feststellung im Hinblick auf den Grundsatz vom Vorbehalt des Gesetzes Bestand haben kann, hängt entscheidend davon ab, ob man die Zusage nur als eine bloße Begünstigung oder auch als eine Belastung des

---

[1] Vgl. dazu *Müller* S. 36 mit zahlreichen Nachweisen in Fn. 2.

[2] S. bereits oben S. 25. Vgl. auch *Zwank,* DStZ/A 1976, 471, 474; *Dziadkowski,* BB 1976, 1359, 1363; *Ruppel,* DStR 1985, 684; FG Düsseldorf EFG 1981, 166, 167; FG Berlin EFG 1984, 154; FG Köln EFG 1984, 426, 427. Zu Unrecht unterstellen *Tipke/Kruse,* AO vor § 204 Rn. 7, dem hessischen FG, es sei in einem Urteil vom 26.5.1977 (EFG 1977, 615) über eine Argumentation e contrario zur Unzulässigkeit der allgemeinen Zusage gelangt.

[3] A.A. die *Deutsche Steuer-Gewerkschaft* in einer Eingabe an die Finanzminister und -senatoren im Bund und in den Ländern vom 10.12.1986, DStG Januar/Februar 1987, S. 10, und zwar unter Hinweis auf die Entschließung des Deutschen Bundestages vom 12.12.1985 (s. oben S. 25 f.).

Steuerpflichtigen begreift. Denn während Belastungen des Bürgers, insbesondere in Form von Eingriffen in dessen Freiheit und Eigentum, uneingeschränkt dem Gesetzesvorbehalt unterliegen[4], gilt dies nicht in gleichem Maße für bloße Begünstigungen des Bürgers. Losgelöst vom Merkmal des „Eingriffs" ist der Gesetzgeber nach ständiger Rechtsprechung des Bundesverfassungsgerichts nur verpflichtet, in den grundlegenden normativen Bereichen alle wesentlichen Entscheidungen selbst zu treffen[5].

a) Die Zusage als eine bloße Begünstigung des Steuerpflichtigen

Die Frage, ob der Steuerpflichtige durch die Erteilung einer Zusage auch belastet werden kann, könnte danach zu beurteilen sein, was von der Finanzbehörde jeweils konkret zugesagt wird. So hat das Finanzgericht Köln in einem Urteil vom 31. Januar 1984 die Qualifizierung der dort beurteilten Zusage als einen begünstigenden Verwaltungsakt mit der Begründung abgelehnt, daß mit ihr der Steuerpflichtige keinen sachlichen Vorteil erlangen sollte, sondern daß vielmehr die gesetzmäßige Besteuerung auf verwaltungsökonomischem Weg durch eine vorweggenommene Subsumtion vorbereitet werden sollte[6]. Danach wäre die Zusage einer bestimmten rechtlichen Behandlung eines Sachverhalts immer dann als eine belastende Maßnahme anzusehen, wenn diese Sachbehandlung eine Steuerbelastung zur Folge hat[7]. Diese Betrachtungsweise läßt sich aber mit der Zielsetzung, die der Steuerpflichtige verfolgt, wenn er von der Finanzbehörde eine Zusage begehrt, nicht vereinbaren. Dieser will sich doch gerade Gewißheit über die von ihm künftig zu erwartende steuerliche Belastung verschaffen, um insoweit eine gesicherte Kalkulationsgrundlage zu besitzen. Folglich kann die erteilte Zusage, mit der die Finanzbehörde diesem Begehren nachkommt, in keinem Fall als eine belastende Maßnahme gegenüber dem Steuerpflichtigen verstanden werden. Sie ist unabhängig von ihrem Inhalt stets als eine bloße Begünstigung zu werten, da sie dem Steuerpflichtigen bereits zu einem frühen Zeitpunkt die gewünschte rechtliche Klarheit und Sicherheit verschaffen soll und sich ihre Funktion darin auch erschöpft[8].

---

[4] Vgl. *Herzog*, in: *Maunz / Dürig*, Grundgesetz Art. 20, VI Rn. 64.

[5] Vgl. etwa BVerfGE 49, 89, 126 f. Vgl. auch die zahlreichen weiteren Nachweise bei *Kopp*, VwGO, § 42 Rn. 46.

[6] EFG 1984, 426, 427.

[7] So auch *Tipke*, StuW 1962, Sp. 697, 709.

[8] Im Ergebnis ebenso *Pieper*, VerwArch. 59 (1968), 217, 225; *Obermayer*, NJW 1962, 1465, 1468 Fn. 32; *Tittel*, DRiZ 1962, 307, 308 f.; *Kimminich*, JuS 1963, 268,

Etwas anderes gilt auch dann nicht, wenn der Zusageinhalt wesentlich von dem abweicht, was der Steuerpflichtige erwartet hat oder gar zu dessen Ungunsten gegen geltendes Recht verstößt, denn der Steuerpflichtige selbst wird durch die Zusage in keiner Weise gebunden. Die gegenteilige Auffassung von Plath, wonach die einmal wirksame Zusage auch zu Lasten des Steuerpflichtigen in Kauf genommen werden müsse[9], ist mit deren Regelungsinhalt unvereinbar. Wie oben[10] ausgeführt, wird mit der Zusage noch keine abschließende Entscheidung in der Sache selbst getroffen, sondern die Finanzverwaltung verpflichtet sich nur zu einer künftigen Entscheidung in einem bestimmten Sinne. Dabei wird diese Verpflichtung aber ausschließlich im Interesse des Steuerpflichtigen übernommen, d.h. durch die Erteilung der Zusage sollen keinesfalls dessen Rechte beschnitten werden[11]. Das bedeutet, der Steuerpflichtige kann jederzeit eine von der Zusage abweichende Behandlung des Sachverhalts geltend machen, ohne daß er gezwungen wäre, zuvor die Zusage im Rechtsbehelfswege anzugreifen[12]. Angesichts des auf die Bindung der Finanzverwaltung beschränkten Regelungsgehalts der Zusage, hindert deren Bestandskraft den Steuerpflichtigen auch nicht, eine bereits unter Beachtung der Zusage ergangene Endentscheidung mit der Begründung anzufechten, die Zusage sei falsch gewesen[13]. Eine dem Gesetz oder auch nur den Vorstellungen des Steuerpflichtigen widersprechende Zusage bewirkt deshalb keinerlei rechtliche Nachteile für den Zusageempfänger.

Diesen aus dem Wesen der Zusage abgeleiteten und damit allgemein gültigen Erkenntnissen steht nicht entgegen, daß es der Gesetzgeber bei der Zusage auf Grund einer Außenprüfung für notwendig befunden hat, in § 206 Abs.

272; *von Voigt* S. 34; *Müller* S. 34 f.; *Strotkamp* S. 46; *Plössl* S. 91; *Birkholz*, RWP, 14 D AO II B 27 S. 1221, 1224. Ablehnend bzw. kritisch gegenüber der hier geführten Argumentation *Zeidler* S. 50 Fn. 153 und *Fiedler* S. 84.

[9] AO § 206 Anm. 2.

[10] S. 49 ff.

[11] Vgl. *Latsch/Honemann*, in: *Schröder/Muuss*, 4410, S. 29; *Kötter* S. 76; *Frotscher* S. 125.

[12] Der Stpfl. verstößt auch nicht gegen Treu und Glauben, wenn er eine von der Zusage abweichende Sachbehandlung geltend macht, vgl. *Krabbe*, DB 1987, 2067, 2069.

[13] Vgl. *Blumers/Frick/Müller* F Rn. 155; *Frotscher*, in: *Schwarz*, AO § 206 Rn. 6; *Kurr*, ZfZ 1986, 236, 238. Dadurch unterscheidet sich die Zusage von einem Grundlagenbescheid, der selbst mit Rechtsbehelfen angegriffen werden muß, da er sonst als abschließende Teilentscheidung auch zu Lasten des Stpfl. in Bestandskraft erwächst. *Pfander* (S. 256) spricht in diesem Zusammenhang deshalb von einer besonderen formellen Begünstigung durch die Zusage, die jedem anderen VA fremd ist.

2 AO ausdrücklich zu bestimmen, daß eine zuungunsten des Antragstellers dem geltenden Recht widersprechende Zusage keine Bindungswirkung entfaltet. Diese Vorschrift besitzt nur insoweit eine eigenständige Bedeutung, als sie die Finanzverwaltung verpflichtet, es bei der Endentscheidung von Amts wegen zu berücksichtigen, wenn das Gesetz eine für den Steuerpflichtigen günstigere Sachbehandlung als die zugesagte ermöglicht[14].

b) Die Zusage und der Grundsatz der Gleichmäßigkeit der Besteuerung

Nachdem feststeht, daß die Zusage für ihren Adressaten einen ausschließlich begünstigenden Charakter hat, bleibt noch zu klären, ob die Frage nach der Zulässigkeit dieser Begünstigung nicht von so wesentlicher Bedeutung ist, daß eine Entscheidung hierüber durch ein förmliches Gesetz erfolgen muß. Von wesentlicher Bedeutung in diesem Sinne sind vor allem Entscheidungen, die den Grundrechtsbereich tangieren[15]. Dabei kann im Rahmen von Begünstigungen dann von einer Grundrechtsrelevanz gesprochen werden, wenn die Begünstigung des einzelnen Bürgers zugleich zu einer Grundrechtsbeeinträchtigung bei Dritten führt[16]. In bezug auf die steuerrechtliche Zusage stellt sich die Frage, ob sich eine solche grundrechtsrelevante Drittbelastung unter dem Gesichtspunkt der Gleichmäßigkeit der Besteuerung ergibt. Als ein Ausfluß des allgemeinen Gleichheitssatzes (Art. 3 Abs. 1 GG) besagt dieser Grundsatz, daß die Finanzbehörden verpflichtet sind, die Steuergesetze allen Steuerpflichtigen gegenüber gleichmäßig anzuwenden[17]. Wie bereits oben[18] angesprochen, wird dieses verfassungsmäßige Gebot dann verletzt, wenn dem Steuerpflichtigen mit der Zusage eine günstigere Sachbehandlung versprochen wird, als ihm nach dem Gesetz zusteht[19]. Immesberger[20] zieht u.a. daraus den Schluß, daß die Zusageerteilung in jedem Fall eine einwandfreie gesetzliche Regelung voraussetzt. Dem ist entgegenzuhalten, daß die Finanzbehörde ihr künftiges Verhalten selbstverständlich nur nach Maßgabe der gesetzlichen Vorschriften zusagen darf und daß sie sich insoweit auch keinerlei Dispositionsbefugnis anmaßen will. Auch dem Steuerpflichtigen

---

[14] Vgl. *Tipke/Kruse,* AO, § 206 Rn. 13.

[15] Vgl. BVerfGE 47, 46, 78 ff.

[16] Ein anschauliches Beispiel hierfür ist die Gewährung von Pressesubventionen; vgl. OVG Berlin NJW 1975, 1938 ff.; *Püttner* S. 49 m.w.N.

[17] Vgl. *Tipke* S. 39.

[18] S. 53.

[19] Vgl. auch *Hessdörfer* S. 84 f.

[20] NJW 1970, 1116, 1117.

geht es nicht darum, mit der Zusage eine ihm nicht zustehende günstigere Besteuerung zu erzielen[21]. Daraus folgt, daß das Rechtsinstitut der Zusage als solches den Grundsatz der Gleichmäßigkeit der Besteuerung nicht beeinträchtigt. Bedeutung erlangt dieser Grundsatz erst bei der Frage nach der Behandlung derjenigen Einzelfälle, bei denen die Finanzbehörde auf Grund einer fehlerhaften Subsumtion oder auch Ermessensbetätigung ein rechtswidriges, sich zu Gunsten des Zusageempfängers auswirkendes Verhalten zugesagt hat. Eine solche Zusage tangiert zwar den Gleichheitsgrundsatz, sie bewirkt aber keine reflexartige Drittbelastung, denn wenn der Zusageempfänger auf Grund der Bindung an die rechtswidrige Zusage im Einzelfall weniger Steuern zu zahlen braucht, so bedeutet das ja nicht, daß dafür andere Steuerpflichtige mit höheren Steuern belastet werden. Die Situation Dritter stellt sich insoweit nicht anders dar als bei anderen Steuerverwaltungsakten, die sich zugunsten ihres Adressaten als rechtswidrig erweisen. Deshalb kann der Grundsatz der Gleichmäßigkeit der Besteuerung keinesfalls dazu zwingen, die Frage nach der Zulässigkeit der Zusage als eine wesentliche Entscheidung i.S.d. Gesetzesvorbehalts zu werten. Als Ergebnis ist somit festzuhalten, daß für die Erteilung steuerrechtlicher Zusagen eine ausdrückliche gesetzliche Ermächtigungsgrundlage nicht erforderlich ist.

2. Die Legitimation für die Bejahung einer allgemeinen Zusageberechtigung

Auch wenn die Berechtigung zur Erteilung steuerrechtlicher Zusagen nicht vom Vorhandensein einer ausdrücklichen gesetzlichen Regelung abhängig ist, so dürfte doch erforderlich sein, daß sich zur Legitimation der Zusageerteilung wenigstens eine positive Begründung für deren Zulässigkeit finden läßt.

Der Bundesfinanzhof scheint diesbezüglich allerdings anderer Ansicht zu sein, wenn er die Frage nach der Zusageberechtigung damit beantwortet, daß die Finanzbehörden zwar nicht verpflichtet sind, auf Wunsch des Steuerpflichtigen einen Teilkomplex der künftigen Veranlagung vorweg zu prüfen und zu entscheiden, daß sie aber auch andererseits durch keine gesetzliche Bestimmung gehindert sind, so zu verfahren[22]. Eine solche Argumentation, wonach möglich sein soll, was nicht ausdrücklich gesetzlich verboten ist, vermag selbstverständlich nicht zu überzeugen. Der darin liegende Verzicht auf eine positive Begründung der Zusageberechtigung läßt sich auch nicht damit rechtfertigen, daß der Bundesfinanzhof die Bindung an das Zugesagte

[21] Vgl. *Müller* S. 34.

[22] So BFH BStBl. 1959 III, 52, 53; 1964 III, 634.

nur aus Vertrauensschutzgesichtspunkten über Treu und Glauben herleitet. Auch in diesem Fall muß sich die Finanzbehörde dafür rechtfertigen, daß sie bewußt eine Handlung vorgenommen hat, die in Verbindung mit dem Vertrauensschutzprinzip zu einer Selbstbindung führen kann[23].

Demgegenüber sind die Versuche in der Literatur, einen positiven Ansatz für die Zusageberechtigung zu finden, sehr vielgestaltig. So wird etwa die Zulässigkeit von Zusagen allgemein aus dem Rechts- und Sozialstaatsprinzip hergeleitet[24] oder mit Teilaspekten dieser Prinzipien, wie etwa dem Grundsatz der Vorhersehbarkeit[25] oder der Fürsorgepflicht des Staates[26] begründet. Andere wiederum schließen aus der Einräumung eines Ermessens zugleich auf die Zulässigkeit von Zusagen als einer Form der Ermessensausübung[27] oder es wird von den gesetzlich geregelten Einzelfällen der Analogieschluß zu einer allgemeinen Zusageberechtigung gezogen[28]. Selbst eine gewohnheitsrechtliche Begründung der Zulässigkeit der Zusageerteilung wird angedeutet[29]. Als die überzeugendste Lösung stellt sich aber diejenige dar, die die allgemeine Berechtigung zur Erteilung steuerrechtlicher Zusagen als Annex zur Regelungsbefugnis der Finanzverwaltung begreift[30]. Ist eine Behörde befugt, eine bestimmte hoheitliche Maßnahme zu treffen, so ist sie auch berechtigt, vorab eine Zusage zu erteilen, die sich auf diese Maßnahme

---

[23] So zutreffend *Krause* S. 295. Vgl. aber auch *Fiedler* S. 35, wonach aus der Tatsache, daß der BFH generell die Bindungswirkung aus Treu und Glauben herleitet, der Schluß zu ziehen sei, daß das Prinzip von Treu und Glauben in einer im einzelnen nicht klärbaren Weise als ein die Zusage mitkonstituierender Grundsatz verstanden werde. Die Ungeeignetheit des Grundsatzes von Treu und Glauben zur Begründung einer Selbstbindungsbefugnis der Verwaltung hat jedoch bereits *Pieper*, VerwArch. 59 (1968), 217, 223 f. aufgezeigt.

[24] Vgl. *Rohwer-Kahlmann*, DVBl. 1962, 622, 625.

[25] Vgl. *von Voigt* S. 36.

[26] Vgl. *Spitaler*, BB 1961, 1333 f.

[27] Vgl. *Bank*, ZBR 1964, 38, 39 m.w.N.

[28] Vgl. *Pieper*, VerwArch. 59 (1968), 217, 228 ff.

[29] Vgl. *Tipke*, StuW 1962, Sp. 697, 701.

[30] Vgl. *Rottmann/Wannemacher*, NSt „Auskünfte", Darstellung 1 S. 13; *Kienemund*, DB 1984, 1433, 1434; *Sangmeister*, DStZ 1987, 235, 241 Fn. 10; *Krabbe*, DB 1987, 2067; *Tipke/Kruse*, AO vor § 204 Rn. 7, sowie aus der Rechtsprechung: FG Nürnberg EFG 1982, 594; FG Köln EFG 1984, 426, 427. Ähnlich auch *Hugo Kellner* S. D 58 und *Achterberg*, DÖV 1971, 397, 404, die in der Zusage ein Minus gegenüber der späteren Regelung sehen und damit über die Argumentation a maiore ad minus zu einer allgemeinen Zusageberechtigung gelangen.

bezieht[31]. Mit dieser Anknüpfung an die der Behörde eingeräumte Regelungsbefugnis wird zugleich eine klare Aussage über die Rechtmäßigkeit der erteilten Zusage getroffen. Eine Behörde darf danach nur ein rechtmäßiges Verhalten zusagen. Eine Zusage, die auf die künftige Verwirklichung einer rechtswidrigen Maßnahme gerichtet ist, ist mangels Zusagebefugnis unzulässig und damit ihrerseits rechtswidrig[32].

II. Die Zusageverpflichtung der Finanzbehörden

Die gesetzlich geregelten Zusagefälle im Verwaltungs- und Steuerrecht geben auf die Frage, inwieweit der Berechtigung auch eine Verpflichtung der Behörden zur Zusageerteilung folgt, keine einheitliche Antwort. So gewähren § 42 e EStG und § 23 ZG angesichts des eindeutigen Wortlauts dieser Bestimmungen unzweifelhaft einen Rechtsanspruch auf die Erteilung einer „verbindlichen Auskunft“[33]. Dagegen sagt § 38 VwVfG nichts darüber aus, ob dem Bürger ein Anspruch auf die Erteilung einer Zusicherung zusteht. Hier wird regelmäßig die Ansicht vertreten, daß deren Erteilung in das Ermessen der Behörde gestellt ist[34]. Allerdings hat der Bürger einen Anspruch auf fehlerfreie Ermessensausübung, da die Möglichkeit zur Erteilung von Zusicherungen gem. § 38 VwVfG dazu bestimmt ist, dessen Interessen zu dienen[35]. Im Einzelfall kann sich dieser Anspruch auf fehlerfreie Ermessensausübung auf Grund einer Ermessensreduzierung auf Null zu einem Anspruch auf Erteilung der Zusicherung verdichten[36].

Eine weitere Variante bezüglich der Frage nach der Verpflichtung zur Zusageerteilung ergibt sich neuerdings aus der hier zu behandelnden Zusageregelung gem. §§ 204 ff. AO.

---

[31] So auch schon der Beschluß des 44. DJT, Verhandlungen S. D 106 f. unter C.III.1. Kritisch gegenüber dieser Argumentation äußert sich *Sangmeister*, BB 1988, 2289, 2291.

[32] Vgl. *Schick*, in: *Hübschmann / Hepp / Spitaler*, AO vor § 204 Rn. 32.

[33] Für § 42 e EStG vgl. *Grube*, in: *Littmann / Bitz / Meincke*, EStG § 42 e Rn. 3 a m.w.N.; für § 23 ZG vgl. z.B. *Kurr*, ZfZ 1986, 236.

[34] Vgl. *Kopp*, VwVfG § 38 Rn. 10; *Stelkens*, in: *Stelkens / Bonk / Leonhardt*, VwVfG § 38 Rn. 17.

[35] Vgl. *Obermayer*, in: FS Maunz, 1981, 247, 255.

[36] Vgl. hierzu *Kopp*, VwVfG § 38 Rn. 10.

1. Die Umwandlung des § 204 AO von einer Kann- in eine Soll-Vorschrift

Durch das Steuerbereinigungsgesetz 1986 hat der § 204 AO mit Wirkung ab 1. Januar 1987 dahingehend eine Änderung erfahren, daß die Formulierung: „... kann die Finanzbehörde dem Steuerpflichtigen auf Antrag verbindlich zusagen, ...“, durch ein „soll“ abgeändert wurde[37]. Ob und inwieweit dadurch eine Verstärkung der Rechtsposition des Steuerpflichtigen, der eine Zusage auf Grund einer Außenprüfung begehrt, eingetreten ist, hängt davon ab, wie die jetzige Soll-Regelung zu interpretieren ist. Hierfür gibt es zwei Möglichkeiten. So wird vereinzelt gerade bei Verfahrensvorschriften ein „soll“ in dem Sinne ausgelegt, daß damit zwar ein in jedem Fall strikt zu beachtendes Gebot zum Ausdruck gebracht wird, daß aber im Gegensatz zu Vorschriften, in denen das imperative „muß“ verwendet wird, die Rechtsfolgen einer Verletzung des zwingenden Gebots deshalb weniger schwer wiegen, weil die Beteiligten keinen Anspruch auf dessen Einhaltung haben und gegen eine Abweichung auch keinen Rechtsbehelf erheben können[38]. Eine solche Auslegung kommt hier aber offensichtlich nicht in Betracht, denn mit § 348 Abs. 1 Nr. 6, Abs. 2 AO wird dem Steuerpflichtigen ausdrücklich ein Rechtsbehelf in Form des Einspruchs gegen die Ablehnung einer gem. § 204 AO begehrten Zusage eingeräumt. Folglich kann hier nur die zweite Auslegungsmöglichkeit relevant sein. Wie in der Mehrzahl aller Fälle, ist danach auch in § 204 AO das „soll“ dahingehend zu verstehen, daß die Finanzbehörde grundsätzlich so zu verfahren hat, wie es in der Rechtsnorm bestimmt ist, daß sie aber dann von der für den Regelfall vorgesehenen Rechtsfolge abweichen darf, wenn Umstände vorliegen, die den Fall als atypisch erscheinen lassen[39]. Gegenüber der ursprünglichen Kann-Regelung ist also eine stärkere Bindung der Finanzbehörde eingetreten, ohne daß jedoch dem Steuerpflichtigen damit schon ein Rechtsanspruch auf die Erteilung der Zusage zustünde[40]. Vielmehr ist das Ermessen der Verwaltung lediglich eingeengt worden, d.h. eine solche Soll-Regelung stellt die schwächste Form des Ermessensspielraums dar[41].

---

[37] BGBl. 1985 I, 2436, 2440.

[38] Vgl. BVerwG DVBl. 1965, 26, 28 f.; VGH Kassel NVwZ 1984, 802 sowie *Mayer / Kopp* S. 156.

[39] Vgl. zur grundsätzlichen Auslegung von Soll-Vorschriften in diesem Sinne: BFH BStBl. 1984 II, 815; BVerwGE 62, 230, 242; 56, 220, 223; 42, 26, 28 m.w.N.

[40] Vgl. *Frotscher,* in: *Schwarz,* AO § 204 Rn. 8.

[41] Vgl. auch *Zwank,* in: *Koch,* AO § 204 Rn. 8; *Blumers / Frick / Müller* F Rn. 140; *Driesen,* GmbH-Report 1986, R 33.

Damit decken die gesetzlich geregelten Zusagefälle im Hinblick auf die Frage nach der Zusageverpflichtung der Verwaltung ein ganzes Spektrum möglicher Antworten ab. Das bedeutet, daß sich aus ihnen kein Rückschluß für die hier besonders interessierende Frage ziehen läßt, inwieweit die Finanzbehörden zur Erteilung allgemeiner Zusagen verpflichtet sind bzw. verpflichtet werden sollten.

2. Die Verpflichtung zur Erteilung allgemeiner steuerrechtlicher Zusagen

a) De lege lata

Hier ist zunächst der Ansicht zu widersprechen, daß eine allgemeine Verpflichtung zur Zusageerteilung mangels ausdrücklicher gesetzlicher Regelung allenfalls in Form eines „officium nobile", also einer bloßen moralischen Verpflichtung ohne rechtliche Relevanz bestehen könne[42]. Die allgemeine Zusage ist mehr als nur ein Entgegenkommen einer Finanzbehörde[43]. Sie ist ein Instrument, dessen sich die Finanzverwaltung angesichts der Kompliziertheit des modernen Steuerrechts im Rahmen der ihr gebotenen Fürsorgepflicht gegenüber dem Steuerpflichtigen zur Wahrung der Grundsätze der Rechtssicherheit und Rechtsklarheit zu bedienen hat[44]. Deshalb besteht im Verhältnis zum Steuerpflichtigen auch ohne eine ausdrückliche gesetzliche Regelung eine hinreichende rechtliche Basis, die die Zusageerteilung über eine bloße moralische Verpflichtung der Finanzverwaltung hinaushebt[45]. Es würde allerdings zu weit gehen, wollte man unter Berufung auf die Fürsorgepflicht der Finanzbehörde dem Steuerpflichtigen einen Rechtsanspruch auf die Erteilung allgemeiner Zusagen einräumen[46]. Man darf nicht außer acht lassen, daß nach den geltenden Regeln der Abgabenordnung die Finanzverwaltung über einen Steuerfall grundsätzlich erst bei der Veranlagung, also nach Prüfung und Würdigung der Besteuerungsgrundlagen, zu entscheiden hat. Das bedeutet, daß sich hier verschiedene Grundsätze in einer Weise gegenüber-

---

[42] So aber *Kampmann* S. 23 f.; *von Voigt* S. 38; *Reifenrath* S. 100.

[43] A.A. ist offenbar der Bundesfinanzhof, wenn er davon spricht, daß die Finanzbehörden die Erteilung von Zusagen ablehnen können, ohne gegen Treu und Glauben zu verstoßen, vgl. BFH BStBl. 1961 III, 562, 565. S.a. *Wassermeyer*, Inf. 1984, 69, 72, der diesbezüglich von einer „Kulanzauskunft" spricht.

[44] Die Fürsorge- oder auch Betreuungspflicht ist in erster Linie ein Ausfluß des Rechts- und Sozialstaatsprinzips; vgl. *Lohmeyer*, DStZ/A 1979, 190, 191.

[45] Ebenso *Monreal* S. 153 und *Müller* S. 45.

[46] So aber *Bachmayr*, BB 1966, 886, 887.

stehen, die nach einem Ausgleich verlangt. Dieser muß darin bestehen, zwischen dem Steuerpflichtigen und der Finanzverwaltung eine angemessene Risikoverteilung im Hinblick auf die Unwägbarkeiten des Steuerrechts herbeizuführen[47]. Hierbei darf von vornherein weder davon ausgegangen werden, daß die Zusageerteilung als die bloße Ausnahme zu gelten habe[48], noch daß umgekehrt die Erteilung der Zusage der Regelfall sein müsse[49]. Vielmehr hat die Finanzbehörde jeweils anhand der Umstände des Einzelfalles nach pflichtgemäßem Ermessen darüber zu entscheiden, welchem der widerstreitenden Grundsätze der Vorzug zu geben ist. Dabei ist sie jedenfalls kraft objektiven Rechts verpflichtet, ihr Ermessen auch fehlerfrei auszuüben.

Für den Steuerpflichtigen ist allerdings entscheidend, ob ihm auch ein entsprechendes subjektives Recht auf fehlerfreie Ermessensausübung zusteht. Dies wäre zu verneinen, wenn man der Ansicht folgen würde, daß ein mit Rechtsbehelfen durchsetzbarer Anspruch auf fehlerfreie Ermessensausübung nur dann angenommen werden kann, wenn auf Grund einer spezialgesetzlichen Ermächtigung, die zumindest auch dem Interesse des Bürgers zu dienen bestimmt ist, der Verwaltung ein Ermessen eingeräumt wird[50]. D.h. in Fällen, in denen wie hier die Erteilung einer Begünstigung auch ohne eine ausdrückliche gesetzliche Regelung zulässig ist, wäre die gerichtliche Überprüfung einer ablehnenden Entscheidung unmöglich. Dies ist ein Ergebnis, das bedenklich stimmt. Es wird vermieden, wenn man mit der Gegenmeinung davon ausgeht, daß für Begünstigungen auch aus dem Hauptgleichheitsrecht des Art. 3 Abs. 1 GG ein Anspruch auf fehlerfreie Ermessensausübung herleitbar ist[51]. In einem Urteil vom 7. Januar 1972 hat jedoch das Bundesverwaltungsgericht einen solchen Rückgriff auf Art. 3 Abs. 1 GG mit der Begründung abgelehnt, die Verwaltungsbehörden seien dem einzelnen gegenüber nur insoweit zur Beachtung des Gleichheitssatzes verpflichtet, als sie ihm gegenüber überhaupt eine Verpflichtung zur fehlerfreien Ermessensausübung hätten[52]. Damit wird aber das Rangverhältnis zwischen dem Grund-

---

[47] Vgl. *Rottmann/Wannemacher*, NSt „Auskünfte", Darstellung 1 S. 15.

[48] In diesem Sinne aber Hessisches FG EFG 1977, 615. Vgl. auch *Giesberts* Rn. 289, und *Tipke/Kruse*, AO vor § 204 Rn. 7.

[49] So aber *Pfeiffer*, DB 1987, 2380, 2382 f.

[50] Vgl. *Bachof*, DVBl. 1961, 128, 129, sowie speziell für die steuerrechtliche Zusage *Haver*, BB 1967, 1201, 1202, und *Zwank*, DStZ/A 1976, 471, 474.

[51] So insbes. *Dürig*, in: *Maunz/Dürig*, Grundgesetz, Art. 3 Abs. 1 Rn. 55. Vgl. auch *Martens*, JuS 1962, 245, 248.

[52] BVerwGE 39, 235, 238 f. Ebenso *Schmidt-Aßmann*, in: *Maunz/Dürig*, Grundgesetz, Art. 19 Abs. 4 Rn. 135.

gesetz und dem einfachen Recht auf den Kopf gestellt, denn Art. 3 Abs. 1 GG enthält nicht nur ein Gebot des objektiven Rechts, sondern gewährt aus sich heraus ein subjektives Recht auf Gleichbehandlung, das gem. Art. 19 Abs. 4 GG gerichtlich durchsetzbar ist[53].

Wenn demnach die Erteilung einer gesetzlich nicht geregelten Begünstigung des Bürgers von der Verwaltung tatsächlich nach pflichtgemäßem Ermessen praktiziert wird, wie dies bei der allgemeinen steuerrechtlichen Zusage spätestens seit dem Erlaß des BMF-Schreibens über die „verbindliche Auskunft“[54] nicht mehr in Zweifel gezogen werden kann, so löst dies über Art. 3 Abs. 1 GG jedenfalls einen derivativen Anspruch des einzelnen auf Gleichbehandlung, d.h. also auf gleichfalls pflichtgemäße Ermessensausübung, und damit einen Anspruch auf fehlerfreie Ermessensausübung aus[55].

b) De lege ferenda

Nachdem sich also bereits gegenwärtig ein klagbarer Anspruch auf fehlerfreie Ermessensausübung begründen läßt, stellt sich die Frage, ob eine künftige gesetzliche Regelung der allgemeinen Zusage dem Steuerpflichtigen nicht doch einen Rechtsanspruch auf deren Erteilung gewähren sollte. Es ist unbestreitbar, daß das Bedürfnis der Steuerpflichtigen nach einer verbindlichen Vorwegerklärung über die zu erwartende steuerliche Sachbehandlung in gleichem Maße gestiegen ist, wie das Steuerrecht komplizierter wurde. Allein dies rechtfertigt es aber nicht, einen unmittelbaren Rechtsanspruch auf die Erteilung von allgemeinen Zusagen zu fordern[56]. Die richtige Antwort auf den unbefriedigenden Zustand des geltenden Steuerrechts kann nicht darin bestehen, daß man die Finanzverwaltung in jedem Fall verpflichtet, ihre Entscheidungsprozesse mittels Zusagen zeitlich vorzuverlagern, denn damit würde nur an den Symptomen, nicht aber am Grund des Übels angesetzt. Das anzustrebende gesetzgeberische Ziel muß vielmehr in einer konsequenten Vereinfachung und systematischen Vereinheitlichung des Steuerrechts bestehen.

---

[53] So die zutreffende Urteilskritik von *Hoffmann-Becking,* JuS 1973, 615, 617. Zu Art. 3 Abs. 1 GG als subjektivem öffentlichen Recht vgl. auch *Erichsen* S. 73 ff. m.w.N. in Fn. 49, sowie BVerwG NJW 1972, 2325, 2326.

[54] S. oben S. 26 ff.

[55] So *Erichsen,* VerwArch. 64 (1973), 299, 304. Vgl. auch *Hoffmann-Becking,* DVBl. 1970, 850, 856; *Morner,* NJW 1973, 1207, 1208.

[56] A.A. *Steinberg* S. 149.

Für die Notwendigkeit der Gewährung eines Rechtsanspruchs könnte allerdings der Einwand sprechen, daß die Möglichkeit der finanzgerichtlichen Überprüfung einer ablehnenden Entscheidung über die Zusageerteilung auf Ermessensfehler für den Steuerpflichtigen häufig nur von theoretischer Bedeutung ist, da der bei Investitionen und sonstigen geplanten Maßnahmen mitbestimmende Zeitfaktor oft eine sofortige Entscheidung in der Sache verlangt[57], so daß in vielen Fällen von vornherein feststeht, daß nach Ablauf eines langwierigen Rechtsbehelfsverfahrens seitens des Steuerpflichtigen kein Interesse mehr an der Zusage bestehen wird[58]. Dieses Argument ist nicht ohne weiteres von der Hand zu weisen, zumal bei der Zusageerteilung für einen vorläufigen Rechtsschutz gem. § 114 FGO wegen der damit zwangsläufig verbundenen Vorwegnahme der Hauptsache i.d.R. kein Raum ist[59]. Allerdings ist der Steuerpflichtige auch unter Berücksichtigung des Zeitfaktors einer Ermessensentscheidung der Finanzbehörde nicht schutzlos ausgesetzt. So wird er einen Schaden, der ihm infolge der rechtswidrigen Ablehnung einer Zusage erwachsen ist, über die Amtshaftung gem. § 839 BGB i.V.m. Art. 34 GG geltend machen können[60]. Auch aus diesem Grund wird die Finanzverwaltung stets darum bemüht sein, eine fehlerfreie Ermessensentscheidung zu treffen.

Es ist deshalb nicht zwingend geboten, de lege ferenda einen Rechtsanspruch auf die Erteilung allgemeiner Zusagen zu begründen. Um dem eigentlich anzustrebenden Ziel, der Vereinfachung und Vereinheitlichung des Steuerrechts nicht entgegenzuwirken, erscheint es sogar angebracht, die Frage der Erteilung allgemeiner Zusagen im pflichtgemäßen Ermessen der Finanzbehörde zu belassen. Eine künftige gesetzliche Regelung, der insoweit nur eine klarstellende Funktion zukommen könnte, sollte daher als Kann-Vorschrift erlassen werden. Die Differenzierung gegenüber der jetzt als Soll-Regelung ausgestalteten Zusage gem. §§ 204 ff. AO wäre damit zu begründen, daß sich auf Grund der Verknüpfung mit der Außenprüfung und der damit verbundenen Begrenzung auf fortdauernde bzw. wiederkehrende Sachverhalte die Finanzbehörde bei dieser Zusage auf eine sehr umfassende Sachverhaltsfeststellung stützen kann und es darum geht, die hierauf als zutreffend er-

---

[57] Vgl. in diesem Zusammenhang die Ausführungen über die Zeit als besondere Dimension des Verwaltungsrechts bei *Fiedler* S. 178 ff.

[58] Vgl. *Haver,* BB 1967, 1201, 1202.

[59] Vgl. *Richter* Rn. 52; *Tipke/Kruse,* AO vor § 204 Rn. 35. Nach BFH BStBl. 1988 II, 585 f., fehlt es für den Erlaß einer einstweiligen Anordnung zur Regelung eines Anspruchs auf Erteilung einer verbindlichen Zusage regelmäßig an einem Anordnungsgrund.

[60] Vgl. hierzu die Beurteilung eines Fallbeispiels bei *Kaligin,* DStZ 1988, 426, 427.

kannte Sachbehandlung im Interesse der Kontinuität für die Zukunft festzuschreiben. Dies rechtfertigt es, den Ermessensspielraum zugunsten des Steuerpflichtigen enger zu fassen als bei der allgemeinen Zusage, wo die möglichen Fallgestaltungen sehr vielfältiger sind und sich die Finanzbehörde regelmäßig allein im Hinblick auf den Vortrag des Steuerpflichtigen über den zu beurteilenden Sachverhalt binden soll[61].

III. Der Anwendungsbereich der steuerrechtlichen Zusage

Der Bundesfinanzhof hat in seiner Grundsatzentscheidung vom 4. August 1961 den Eintritt der Bindungswirkung einer Zusage u.a. davon abhängig gemacht, daß diese sich auf Fragen bezieht, bei denen der Finanzbehörde bei der Steuerveranlagung ein Beurteilungsspielraum verbleibt[62]. Schon zuvor hat er in einem Urteil vom 26. Mai 1961 die Ansicht geäußert, daß die Finanzbehörde eine bindende Zusage nur über Fragen treffen könne, bei denen der Gesetzgeber einen Entscheidungsspielraum lasse, nicht aber über Fragen, die er im zwingenden öffentlichen Interesse eindeutig geregelt habe[63]. Welche Bedeutung diesen Aussagen für den möglichen Anwendungsbereich des Rechtsinstituts der Zusage zukommt, hängt davon ab, was unter einem Entscheidungs- bzw. Beurteilungsspielraum verstanden wird.

1. Die Zusage im Ermessensbereich

Ein Spielraum bei der Entscheidung steht einer Behörde zweifellos dann zu, wenn ihr ein Ermessen eingeräumt ist. Denn Ermessen bedeutet, daß die Verwaltung ermächtigt ist, bei Verwirklichung eines bestimmten Tatbestandes auf der Rechtsfolgenseite zwischen verschiedenen rechtlich möglichen Verhaltensweisen nach Zweckmäßigkeitsgesichtspunkten zu wählen[64]. Auch wenn bei dieser Wahl bestimmte berechenbare Ermessensgrenzen zu beach-

---

[61] Begehrt der Steuerpflichtige allerdings die Klärung der künftigen Behandlung eines Dauer- oder Wiederkehrsachverhalts, der für die Vergangenheit im Rahmen der periodischen Steuerfestsetzung bereits beurteilt worden ist, dann liegt eine ähnliche Konstellation wie bei der Zusage gem. §§ 204 ff. AO vor, weshalb für diesen Fall eine Ermessensreduzierung in Betracht zu ziehen ist.

[62] BStBl. 1961 III, 562, 564. Vgl. auch BFH BStBl. 1970 II, 352, 353.

[63] BStBl. 1961 III, 380, 382.

[64] Vgl. *Erichsen,* in: *Erichsen/Martens* S. 208 ff.

ten sind[65], ist die konkrete Verwaltungsentscheidung für den Bürger nie eindeutig vorhersehbar. Das bedeutet, daß eine Entscheidung, die im Ermessen der Behörde steht, im Hinblick auf die Zukunftsplanung des Bürgers stets eine Ungewißheit bewirkt. Da eine Ermessensentscheidung in der Eigenverantwortung der Verwaltung liegt und deshalb auch nur einer begrenzten gerichtlichen Kontrolle unterworfen ist[66], bestehen andererseits aber keine Bedenken, wenn eine Behörde diese Ungewißheit dadurch beseitigt, daß sie sich bezüglich des ihr zustehenden Ermessens vorab durch eine Zusage bindet[67]. Die Ermessensverwaltung wird deshalb auch als deren Hauptanwendungsbereich bezeichnet[68].

Bezogen auf das Verwaltungsrecht ist diese Feststellung sicher richtig, da dort den Behörden vielfach das Recht eingeräumt ist, nach ihrem Ermessen zu handeln. Für das Steuerrecht ist mit dieser Erkenntnis jedoch wenig gewonnen. Es kennt zwar auch Ermessensermächtigungen, diese sind aber fast ausschließlich nur in den Vorschriften über das Besteuerungs-, Erhebungs- und Vollstreckungsverfahren zu finden[69]. Dem materiellen Steuerrecht im Sinne der steuererzeugenden Rechtsgrundlagen sind dagegen Ermessensvorschriften grundsätzlich fremd[70]. Allein unter dem Gesichtspunkt der Ermessensverwaltung betrachtet, käme der Zusage im Steuerrecht daher nur eine geringe Bedeutung zu, denn in der Regel geht es dem Steuerpflichtigen gerade darum, zu erfahren, wie ein steuerlich relevanter Sachverhalt materiellrechtlich beurteilt werden wird. Der Bundesfinanzhof kann deshalb keinesfalls nur Ermessensentscheidungen gemeint haben, wenn er verlangt, daß hinsichtlich der mit der Zusage zu klärenden Frage der Finanzbehörde ein Entscheidungsspielraum zustehen müsse[71].

---

[65] Vgl. BVerfGE 9, 137, 146 ff.

[66] Vgl. §§ 114 VwGO, 102 FGO.

[67] A.A. *Pfander* S. 230 ff., dem die Zusage gerade im Ermessensbereich als suspekt erscheint, da die Verwaltung aus verfassungsrechtlichen Gründen auf die ihr eingeräumte Entscheidungshoheit nicht verzichten könne. Er verkennt, daß die Verwaltung mit der Zusage nicht auf ihr Recht zur Ermessensbetätigung verzichtet, sondern dieses nur zeitlich vorgezogen ausübt.

[68] So *Hugo Kellner* S. D 62. Vgl. auch Beschluß des 44. DJT, Verhandlungen S. D 106 f. unter C.III.1.

[69] Z.B. §§ 152, 163, 222, 223, 227, 328 AO.

[70] Eine Ausnahme bilden etwa die Pauschalbesteuerungs- und Pauschalierungsfälle gem. §§ 31, 34 c Abs. 5, 50 Abs. 7 EStG; 13 VStG.

[71] Beachte, daß sich die Aussage in BFH BStBl. 1980 II, 441, 447, wonach der Grundsatz der Selbstbindung nur im Bereich einer der Verwaltung durch das objektive Recht eingeräumten Ermächtigung, beim Vorliegen bestimmter Tatbestandsmerk-

2. Die Zusage im Bereich unbestimmter Rechtsbegriffe mit Beurteilungsspielraum

Als bedeutsamer für das Steuerrecht könnte sich dagegen die häufig geäußerte Ansicht erweisen, daß neben der Ermessensverwaltung als weiterer Anwendungsbereich der Zusage die Ausfüllung unbestimmter Rechtsbegriffe, bei der der Verwaltung ein „Beurteilungsspielraum" zustehe, in Betracht kommt[72]. Unbestimmte Rechtsbegriffe sind vornehmlich auf der Tatbestandsseite eines Rechtssatzes zu findende vage Begriffe mit fließenden Merkmalen, deren Sinngehalt in der Regel nicht offensichtlich ist[73]. Gerade das Steuerrecht bedient sich vielfach solcher Begriffe[74]. Durch die Verwendung von unbestimmten Rechtsbegriffen wird der Verwaltung aber kein Ermessen im soeben beschriebenen Sinne eingeräumt. Deren Auslegung, d.h. die abstrakte Ermittlung ihres Sinngehalts, ist ausschließlich eine Rechtsfrage[75]. Zwar können sich insbesondere bei normativen unbestimmten Rechtsbegriffen, denen der Wirklichkeitsbezug fehlt und die sich dem Interpreten erst durch eine wertende Stellungnahme erschließen[76], Auslegungsschwierigkeiten ergeben, was aber nicht bedeutet, daß deshalb ein Wahlrecht zwischen verschiedenen Auslegungsmöglichkeiten bestünde. Es kann immer nur eine richtige Auslegung geben, weshalb insoweit auch eine volle gerichtliche Nachprüfbarkeit besteht[77].

---

male letztverbindlich nach ihrem Ermessen zu entscheiden, in Betracht kommen soll, sich offenkundig nur auf die Selbstbindung durch Verwaltungsvorschriften bezieht und nicht auf die Selbstbindung durch Zusagen übertragen werden kann.

[72] Vgl. *Zeidler* S. 44 ff.; *Tittel,* DRiZ 1962, 307, 309; *Strotkamp* S. 55; *Hubert Kellner* S. 90 ff.; *Behrle,* NJW 1970, 1634. S.a. die Begründungen zu den Entwürfen eines AOÄG, BT-Drs. IV/2442 S. 14, und eines VwVfG, BT-Drs. 7/910 S. 60.

[73] Vgl. *Tipke/Kruse,* AO § 5 Rn. 10 m.w.N.

[74] Was verfassungsrechtlich unbedenklich ist, vgl. BVerfGE 48, 210, 222.

[75] Vgl. *Wolff/Bachof* S. 188. Zur historischen Entwicklung der Trennung von „Ermessen" und „unbestimmtem Rechtsbegriff" vgl. *Rupp,* in: FS Zeidler, 1987, 455, 458 ff.

[76] Im Gegensatz dazu beziehen sich die empirischen unbestimmten Rechtsbegriffe auf Gegenstände und Ereignisse der Wirklichkeit, auf wahrnehmbare und sonst erfahrbare Objekte, vgl. *Erichsen,* in: *Erichsen/Martens* S. 203. Im Steuerrecht überwiegen jedoch eindeutig die normativen Begriffe, vgl. *Tipke/Kruse,* AO § 5 Rn. 11 mit Beispielen.

[77] Vgl. *Papier,* DÖV 1986, 621, 624; *Bühler,* in: *Schweickhardt* Rn. 270; *Forsthoff* S. 85 f.; BFH BStBl. 1965 III, 714, 717; a.A. *Schmidt-Eichstaedt,* DVBl. 1985, 645, 648.

Von der abstrakten Auslegung der unbestimmten Rechtsbegriffe ist allerdings deren Anwendung auf den konkreten Einzelfall zu unterscheiden. Da diese Begriffe ihrem Gegenstand nach nicht eindeutig bestimmt sind, kann es bei der Subsumtion in Grenzfällen zu Zweifeln darüber kommen, was richtig ist. Die Entscheidung fällt in diesen Fällen nicht lediglich auf Grund eines logischen Urteils, sondern bedarf einer Wertung und oft auch einer Zukunftsprognose in bezug auf den zu beurteilenden Sachverhalt[78]. In der Verwaltungsrechtslehre wird deshalb die Ansicht vertreten, daß den Verwaltungsbehörden bei der Anwendung der unbestimmten Rechtsbegriffe eine der vollen gerichtlichen Nachprüfbarkeit entzogene Subsumtionsfreiheit zustehen müsse[79]. Hierfür hat sich, in Abgrenzung zum Ermessen bezüglich der Rechtsfolge, der Begriff „Beurteilungsspielraum" eingebürgert[80].

Die h.M. in der verwaltungsrechtlichen Rechtsprechung und Literatur weigert sich jedoch unter Hinweis auf Art. 19 Abs. 4 GG, der Verwaltung generell einen Beurteilungsspielraum bei der Anwendung unbestimmter Rechtsbegriffe zuzugestehen[81]. So hat das Bundesverwaltungsgericht nur bei einzelnen Fallgruppen, bei denen die gerichtliche Überprüfung der Verwaltungsentscheidung auf sach- und rechtslogische Grenzen stößt, einen Beurteilungsspielraum der Verwaltung anerkannt, so namentlich bei Prüfungsentscheidungen[82], beamtenrechtlichen Beurteilungen[83], unvertretbaren Entscheidungen pluralistischer Gremien[84] sowie Entscheidungen bezüglich einzelner, für den unbestimmten Rechtsbegriff relevanter Faktoren, insbesondere verwaltungspolitischer Art[85]. In gleichem Sinne wird auch in der finanzgerichtlichen Rechtsprechung davon ausgegangen, daß die Subsumtion unter einen unbestimmten Rechtsbegriff grundsätzlich der vollen gerichtlichen

---

[78] Vgl. *Maurer* S. 106 f.; *Ule* S. 10.

[79] Vgl. die Nachweise bei *Schenke,* in: BK, Art. 19 Abs. 4 Rn. 335.

[80] Grundlegend hierzu *Bachof,* JZ 1955, 97 ff. Beachte auch *Eyermann / Fröhler,* VwGO § 114 Rn. 9 d, wo eine dogmatische Trennung zwischen Ermessen und Beurteilungsspielraum abgelehnt wird.

[81] Vgl. BVerwGE 15, 207, 208; 24, 60, 63 f.; 56, 71, 75; 59, 1, 2; *Redeker / von Oertzen,* VwGO § 114 Rn. 11; *Schmidt-Aßmann,* in: *Maunz / Dürig,* Grundgesetz, Art. 19 Abs. 4 Rn. 183, 191; *Schenke,* in: BK, Art. 19 Abs. 4 Rn. 336; *Kellner,* DÖV 1972, 801, 803; *Maurer* S. 116 ff.

[82] Vgl. BVerwGE 8, 272, 274 f.; 12, 359, 363; 38, 105, 109 ff. m.w.N.; BVerwG DÖV 1980, 380.

[83] Vgl. BVerwGE 21, 127, 129 ff.; 60, 245 ff.

[84] Vgl. BVerwGE 39, 197, 203 ff.

[85] Vgl. BVerwGE 39, 291, 299 m.w.N.

Kontrolle unterliegt[86]. Gemessen an den im Verwaltungsrecht entwickelten Fallgruppen sind unbestimmte Rechtsbegriffe mit Beurteilungsspielraum im Steuerrecht aber auch als Ausnahmen kaum denkbar[87]. So gesehen, ist also auch der Bereich der Ausfüllung unbestimmter Rechtsbegriffe mit Beurteilungsspielraum für die steuerrechtliche Zusage ohne Bedeutung, es sei denn, man vertritt die Meinung, jeder unbestimmte Rechtsbegriff enthalte eine Beurteilungsermächtigung zugunsten der Verwaltung[88].

3. Die Zusage im Bereich strikter Gesetzesbindung

Die bisherigen Überlegungen zum Anwendungsbereich der steuerrechtlichen Zusage führen zwangsläufig zu dem Schluß, daß wenn der Bundesfinanzhof in den genannten Urteilen für eine wirksame Zusageerteilung das Vorhandensein eines Entscheidungs- bzw. Beurteilungsspielraums vorausgesetzt hat, er diese Begriffe nicht technisch, d.h. nicht im Sinne einer Letztentscheidungskompetenz der Verwaltung, verstanden haben kann[89]. Dafür spricht auch, daß in anderen Entscheidungen lediglich davon gesprochen wird, daß sich die Zusage auf einen Sachverhalt beziehen müsse, dessen rechtliche Beurteilung zweifelhaft ist[90]. Zweifel über die rechtliche Beurteilung eines Sachverhalts können aber nicht nur dann bestehen, wenn der Verwaltung eine Letztentscheidungskompetenz eingeräumt ist. Was die Ungewißheit hinsichtlich einer künftigen Verwaltungsentscheidung anbelangt, so macht es z.B. für den Bürger keinerlei Unterschied, ob der Behörde bei der Anwendung eines unbestimmten Rechtsbegriffs ein Beurteilungsspielraum zugestanden wird oder nicht. Maßgebend ist allein, daß die Behörde bei ihrer Entscheidung in jedem Fall eine eigene Beurteilung treffen muß. Schon hieraus ergibt sich die mit der Zusage zu beseitigende Ungewißheit seitens des Bürgers und nicht erst aus der weitergehenden Problematik, ob ein Gericht die Beurteilung der Verwaltung letztlich zu akzeptieren hat oder durch eine eigene Beurteilung ersetzen darf.

---

[86] Vgl. BFH BStBl. 1965 III, 718; 1973 II, 614 sowie FG Berlin EFG 1986, 185.

[87] Vgl. *Klein/Orlopp*, AO, § 5 Anm. 4. Lediglich bei den Entscheidungen im Rahmen der Steuerberaterprüfung ist ein Beurteilungsspielraum anerkannt, vgl. BFH BStBl. 1976 II, 797; 1977 II, 215, 216.

[88] Gerade im Steuerrecht dürfte dies aber nicht zu rechtfertigen sein, vgl. auch *von Voigt* S. 95 m.w.N. in Fn. 371.

[89] Vgl. auch *Kurz*, DStZ 1982, 26, 29.

[90] Vgl. BFH BStBl. 1959 III, 52, 53; 1964 III, 311. S.a. BSG HFR 1971, 241.

Dies zeigt, daß die Zusage auch außerhalb der Bereiche von Ermessen und Beurteilungsspielraum eine Relevanz besitzt. Dabei ist aus der Sicht des Bürgers eine Zusage immer schon dann geboten, wenn im Rahmen der gebundenen Verwaltung eine unklare oder umstrittene Rechtslage die künftige Verwaltungsentscheidung als ungewiß erscheinen läßt[91]. Unter diesem Aspekt betrachtet, kann auch im Bereich der gebundenen Verwaltung für die Behörde ein faktischer Spielraum in der Entscheidung darüber bestehen, wie sie einen Gesetzesbefehl verwirklichen soll[92]. Wenn dennoch in der Literatur eine Beschränkung der Zusageerteilung auf die Bereiche gefordert wurde, in denen der Verwaltung auch eine Letztentscheidungskompetenz zusteht, so dürfte dies aus der Überlegung heraus geschehen sein, im Hinblick auf den Grundsatz der Gesetzmäßigkeit der Verwaltung von vornherein die Möglichkeit der Erteilung sich als rechtswidrig erweisender Zusagen weitestgehend auszuschließen[93]. Dieses Bemühen ist aber mit den inzwischen durch §§ 207 AO, 38 Abs. 2 und 3 VwVfG getroffenen Aussagen des Gesetzgebers über die Bestandskraft von Zusagen (Zusicherungen) nur noch schwerlich zu vereinbaren[94]. Diese Regelungen zeigen, daß auch bei der Zusageerteilung die Wahrung des Gesetzmäßigkeitsprinzips nur eine Frage nach den Rechtsfolgen der fehlerhaften Zusage im Einzelfall und nicht deren genereller Vermeidung durch Einschränkung des Anwendungsbereichs der Zusage sein kann. Zusammenfassend läßt sich deshalb festhalten, daß es weder sachliche noch rechtliche Gründe gibt, die Erteilung von Zusagen auf bestimmte Verwaltungsbereiche zu beschränken.

---

[91] So auch *Obermayer*, in: FS Maunz, 1981, 247, 248.

[92] Verfehlt ist deshalb auch die Argumentation, eine Zusage bezüglich einer rechtlich gebundenen Entscheidung könne für den Bürger nicht von Bedeutung sein, da sie ihm nichts gewähren könnte, was ihm nicht ohnehin schon zustünde, so *Ule / Laubinger* S. 359; *Krause* S. 290. Wie hier *Pipkorn* S. 13.

[93] Vgl. *Zeidler* S. 44 ff.; *Tittel*, DRiZ 1962, 307, 309; *Immesberger*, NJW 1970, 1116, 1117.

[94] Vgl. *Stelkens*, in: *Stelkens / Bonk / Leonhardt*, VwVfG § 38 Rn. 17.

Fünftes Kapitel: Die Zulässigkeitsvoraussetzungen der steuerrechtlichen Zusage

I. Der Antrag des Steuerpflichtigen

1. Die steuerrechtliche Zusage als mitwirkungsbedürftiger Verwaltungsakt

Den im Steuerrecht gesetzlich geregelten Zusagetatbeständen ist gemein, daß sie die Erteilung der Zusage ausdrücklich davon abhängig machen, daß ein entsprechender Antrag gestellt worden ist, während im Gegensatz dazu in § 38 VwVfG zur Frage der Erforderlichkeit eines Antrags keine Aussage getroffen wird. Auch in der Rechtsprechung zur allgemeinen steuerrechtlichen Zusage ist stets darauf hingewiesen worden, daß deren Erteilung die Initiative des Steuerpflichtigen voraussetzt[1], d.h. daß auch insoweit ein auf die Erlangung der Zusage gerichteter Antrag zu fordern ist. Auf Grund dieser strengen Antragsgebundenheit muß die steuerrechtliche Zusage in die Kategorie der sogenannten mitwirkungsbedürftigen Verwaltungsakte eingeordnet werden. Bei diesen hat der Antrag nicht nur die rein formale Funktion, das Verwaltungsverfahren in Gang zu setzen, sondern ihm wird darüber hinaus auch eine materielle Bedeutung in dem Sinne beigemessen, daß der Adressat des Verwaltungsakts mit seinem Antrag vorab die Zustimmung zu der beabsichtigten Regelung zum Ausdruck bringen soll[2]. Bezogen auf die Zusage als einem auf eine Anspruchsbegründung gerichteten Verwaltungsakt rechtfertigt sich dieses Erfordernis der materiellen Zustimmung aus dem Gedanken heraus, daß es entsprechend einem allgemeinen Rechtsprinzip auch der Verwaltung verwehrt ist, dem Bürger eine Bereicherung aufzudrängen, es sei denn, daß dies durch Gesetz atypischerweise gestattet ist[3].

---

[1] Vgl. BFH BStBl. 1961 III, 562, 564, wo von Zusageersuchen die Rede ist. S.a. BFH BStBl. 1981 II, 539, 541 („auf Anfrage zugesagt hat") sowie BFH BStBl. 1986 II, 182, 184 („daß der Steuerpflichtige der Finanzbehörde einen bestimmten Sachverhalt zur Beurteilung unterbreitet und ihm hierauf zugesichert wird").

[2] Vgl. *Badura,* JuS 1964, 103, 105 sowie *F. Kirchhof,* DVBl. 1985, 651, 653, der insoweit von einem VA auf Zustimmung spricht, da der Begriff des mitwirkungsbedürftigen VA zu weit geraten sei, denn er erfasse unterschiedslos alle Arten und Subjekte der Mitwirkung und werde damit zum Allgemeinplatz.

[3] Vgl. hierzu OVG Münster NJW 1976, 688; *F. Kirchhof,* DVBl. 1985, 651, 657.

Das besondere Problem des so gekennzeichneten mitwirkungsbedürftigen Verwaltungsakts liegt in der Frage, welche Rechtsfolge eintritt, wenn dieser trotz fehlendem Antrag erlassen wird. Ein solcher Verwaltungsakt, der ohne die vorgeschriebene Mitwirkung des Adressaten ergeht, ist ohne Zweifel fehlerhaft. Fraglich ist jedoch, ob dieser Fehler die Nichtigkeit des Verwaltungsakts zur Folge hat. Dies wird zum Teil immer schon dann bejaht, wenn das Verwaltungshandeln auf dem einschlägigen Gebiet grundsätzlich von der Mitwirkung des Betroffenen abhängig ist[4]. Das würde bedeuten, daß auch eine steuerrechtliche Zusage, die ohne den erforderlichen Antrag erteilt worden ist, stets unwirksam wäre. Dieser Ansicht steht aber entgegen, daß die Abgabenordnung ebenso wie das Verwaltungsverfahrensgesetz vom Grundsatz der bloßen Anfechtbarkeit fehlerhafter Verwaltungsakte ausgeht[5]. § 44 Abs. 1 VwVfG und der wortgleiche § 125 Abs. 1 AO erklären die Nichtigkeit zur eng begrenzten Ausnahme, die nur eintritt, wenn zur Rechtswidrigkeit des Verwaltungsakts noch eine besondere Schwere des Fehlers sowie eine diesbezügliche Offenkundigkeit hinzukommt.

Diese Voraussetzungen können aber nicht schon dann als zwingend erfüllt gelten, wenn ein grundsätzliches Antragserfordernis besteht und die Verwaltung dennoch ohne Mitwirkung des betroffenen handelt. Vielmehr ist im Einzelfall anhand des negativen Gewichts für das in Frage stehende öffentlich-rechtliche Verhältnis zu beurteilen, ob die geforderte Mitwirkung des Betroffenen am Zustandekommen des Verwaltungsakts so bedeutsam ist, daß dessen Ergehen ohne diese Beteiligung mit der Rechtsordnung unter keinen Umständen vereinbar ist und sich deshalb evidenterweise als ein besonders schwerwiegender Fehler erweist[6]. Eine solche herausragende Bedeutung dürfte dem Antragserfordernis jedoch nur dort zukommen, wo der erlassene Verwaltungsakt zumindest auch belastende Auswirkungen für den Bürger hat[7]. Dies ist aber bei der Zusage, wie oben[8] ausgeführt, gerade nicht der Fall. Sie hat für ihren Adressaten einen ausschließlich begünstigenden Charakter. Es besteht deshalb keine Veranlassung, den für die Erteilung der steuerrechtlichen Zusage geforderten Antrag als so unabdingbar anzusehen, daß dessen Fehlen zur Nichtigkeit einer dennoch erteilten Zusage führen

---

[4] Vgl. *Badura*, JuS 1964, 103, 104 m.w.N. in Fn. 19; *Forsthoff* S. 213 f.; *Ule/Laubinger* S. 399.

[5] Vgl. *F. Kirchhof*, DVBl. 1985, 651, 659 ff. m.w.N.

[6] So BVerwG DÖV 1966, 351.

[7] Vgl. *Stelkens*, in: *Stelkens/Bonk/Leonhardt*, VwVfG § 35 Rn. 119, der darauf abstellt, ob durch den VA der persönliche Status des Bürgers betroffen wird, z.B. bei der Einbürgerung oder der Ernennung eines Beamten.

[8] S. 62 ff.

müßte. Das bedeutet zugleich, daß der Steuerpflichtige gem. § 126 Abs. 1 Nr. 1 AO den Mangel der fehlenden Mitwirkung bei der Zusageerteilung durch eine Antragsnachholung heilen kann. In diesem Zusammenhang fällt allerdings auf, daß in § 38 Abs. 2 VwVfG auf die entsprechende Heilungsvorschrift des § 45 Abs. 1 Nr. 1 VwVfG gerade nicht verwiesen wird. Dies bestätigt aber nur, worauf § 38 Abs. 1 VwVfG mangels ausdrücklicher Aufstellung eines Antragserfordernisses bereits hindeutet, daß nämlich die verwaltungsrechtliche Zusicherung anders als die steuerrechtlichen Zusagen nicht als mitwirkungsbedürftiger Verwaltungsakt gedacht ist[9] und deshalb auch von Amts wegen erteilt werden kann[10].

2. Die Antragsberechtigung

Antragsberechtigt ist, wer von der begehrten Zusage unmittelbar betroffen wird[11]. Im Fall der Zusage gem. §§ 204 ff. AO können dies selbstverständlich nur die Personen sein, deren steuerliche Verhältnisse im Rahmen einer Außenprüfung geprüft worden sind[12]. Bei der allgemeinen Zusage ist antragsberechtigt, wer in seiner eigenen Steuerangelegenheit eine Zusage erstrebt[13]. Dritten kann in beiden Fällen kein Antragsrecht zustehen, auch wenn sie ein wirtschaftliches Interesse an einer Zusage bezüglich einer für sie fremden Steuerangelegenheiten haben sollten[14]. Allerdings darf sich die antragsberechtigte Person nach den allgemeinen Verfahrensgrundsätzen durch einen Bevollmächtigten, insbesondere eine zur Steuerberatung berechtigte Person, vertreten lassen (§ 80 AO).

Eine differenziertere Betrachtung erfordert die Frage nach der Antragsbefugnis bei Personenvereinigungen. Hier ist zunächst danach zu unterscheiden, ob die Personenvereinigung hinsichtlich des Gegenstandes der Zusage selbst Steuersubjekt ist, oder ob die einzelnen beteiligten Personen als die

---

[9] So auch *Kurr,* ZfZ 1986, 236.

[10] Nach *Obermayer* (in: FS Maunz, 1981, 247, 254) ist die Zusicherung aber dann mitwirkungsbedürftig, wenn sie den Erlaß eines mitwirkungsbedürftigen VA zum Gegenstand hat.

[11] Vgl. *Zwank,* in: *Koch,* AO § 204 Rn. 10.

[12] Beachte in diesem Zusammenhang § 194 Abs. 1 S. 3 und 4, Abs. 2 und 3 AO.

[13] So die ganz h.M., vgl. BFH BStBl. 1961 III, 562, 564; 1988 II, 585, 586; *Lohmeyer,* StB 1983, 101, 104; *Latsch / Honemann,* in: *Schröder / Muuss,* HBP, 4410 S. 12; *Blencke,* NWB Fach 2, 4598, 4590; *Rottmann / Wannemacher,* NSt „Auskünfte", Darstellung 1 S. 14; *Stache,* RWP, AO SG 2.1., S. 225, 233.

[14] Vgl. *Rieckmann,* DStZ 1987, 396.

jeweiligen Steuersubjekte gemeinsam von dem Zusagegegenstand betroffen werden. Ist ersteres der Fall[15], dann ist die Antragsbefugnis unproblematisch, denn hier kann allein die Personenvereinigung als solche antragsbefugt sein, wobei das Antragsrecht von deren gesetzlichem Vertreter oder durch einen besonders Beauftragten auszuüben ist (§ 79 Abs. 1 Nr. 3 AO).

Sind dagegen die einzelnen beteiligten Personen als die Steuersubjekte anzusehen[16] und muß die mit der Zusage zu klärende Entscheidung diesen gegenüber einheitlich ergehen, dann bereitet die Frage nach der Antragsbefugnis Schwierigkeiten. Nach Ansicht von Frotscher[17] sind diese durch eine analoge Anwendung der Regeln über die Rechtsbehelfsbefugnis bei einheitlichen Feststellungsbescheiden gem. § 352 AO zu lösen[18]. Danach wäre bei Zusagen, die eine Entscheidung im Zusammenhang mit gewerblichen Einkünften betreffen, grundsätzlich die zur Geschäftsführung und damit auch zur Vertretung berufenen Gesellschafter oder Gemeinschafter antragsberechtigt, während in den anderen Fällen jeder einzelne Mitberechtigte befugt wäre, eine Zusage zu beantragen. Gerade letzteres ist aber bedenklich, denn eine Zusage, die ein einzelner Mitberechtigter, der keine Vertretungsbefugnis für die übrigen Beteiligten besitzt, beantragt und auch erhält, vermag nur diesem gegenüber eine Bindungswirkung zu entfalten. Damit würde u.U. aber eine einheitliche Endentscheidung gegenüber allen Mitberechtigten unmöglich gemacht. Im Rahmen des Rechtsbehelfsverfahrens wird die Einheitlichkeit der Entscheidung dadurch gewahrt, daß die übrigen Mitberechtigten gem. § 360 Abs. 3 S. 1 AO zum Verfahren hinzuzuziehen sind und damit ebenfalls zu Verfahrensbeteiligten werden (§ 359 Nr. 2 AO). Im Verfahren über die Erteilung einer Zusage ist dies dagegen nicht möglich. Hier gelten die allgemeinen Vorschriften über die Beteiligung am Verfahren (§§ 78 ff. AO), die eine solche Hinzuziehung nicht kennen. Da es sich bei der steuerrechtlichen Zusage um einen mitwirkungsbedürftigen Verwaltungsakt handelt, ist die Finanzbehörde auch nicht berechtigt, die Zusage von Amts wegen auf die übrigen Mitberechtigten zu erstrecken. Deshalb ist hier zwingend davon auszugehen, daß der Antrag auf Erteilung einer Zusage entweder von allen Mitberechtigten gemeinsam oder aber von einer vertretungsberechtigten Person im Namen aller Mitberechtigten gestellt werden muß[19]. Nur so ist das

---

[15] Wie z.B. bei der Umsatzsteuer, s. § 2 Abs. 1 UStG.

[16] So etwa bei der Mitunternehmerschaft im Einkommensteuerrecht, s. z.B. §§ 1 Abs. 1, 15 Abs. 1 Nr. 2 EStG.

[17] In: *Schwarz,* AO § 204 Rn. 3.

[18] Ebenso *Tipke/Kruse,* AO § 204 Rn. 4.

[19] So auch *Schick,* in: *Hübschmann/Hepp/Spitaler,* AO § 204 Rn. 24, jedoch mit der unzutreffenden Begründung, daß andernfalls einer der Beteiligten auch gegen den

Ziel einer einheitlichen Endentscheidung gegenüber allen Mitberechtigten sichergestellt.

3. Die Form des Antrags

Die Zusageregelung gem. §§ 204 ff. AO sagt über die erforderliche Form des Antrags nichts aus. Im Anwendungserlaß zur Abgabenordnung vom 24. September 1987 wird in den Erläuterungen zu § 204 jedoch ausgeführt, daß ein Antrag auf Erteilung einer Zusage auf Grund einer Außenprüfung schriftlich gestellt werden soll[20]. Das BMF-Schreiben über die „verbindliche Auskunft"[21] ist noch strenger und fordert für den Bereich der allgemeinen Zusage zwingend eine schriftliche Antragstellung. Hieraus folgt aber keine Verpflichtung der Steuerpflichtigen zur Einhaltung der Schriftform, denn diese Regelungen bilden keine hinreichende Rechtsgrundlage für die Annahme eines Formerfordernisses[22]. Es handelt sich hierbei lediglich um Verwaltungsvorschriften im Sinne von verwaltungsinternen Regelungen, die als solche grundsätzlich keine rechtliche Außenwirkung entfalten und deshalb nicht dazu geeignet sind, Pflichten des Bürgers zu begründen[23]. Nach der gegenwärtigen Rechtslage kann der Steuerpflichtige somit den Antrag auf Erteilung der Zusage auf Grund einer Außenprüfung wie auch der allgemeinen Zusage formlos stellen[24].

Willen der anderen Beteiligten für diese eine verbindliche Entscheidung bewirken könnte.

[20] BStBl. 1987 I, 664, 706.

[21] S. oben S. 26 ff.

[22] A.A. wohl *Richter* Rn. 8, wenn er auf das im BMF-Schreiben aufgestellte Schriftformerfordernis kritiklos hinweist. Eine hinreichende Rechtsgrundlage bildet dagegen § 29 AZO i.V.m. § 23 Abs. 4 ZG für die Forderung nach schriftlicher Antragstellung bei der verbindlichen Zolltarifauskunft.

[23] Vgl. BVerfGE 2, 237, 242; BFH BStBl. 1979 II, 54, 55; BVerwG NJW 1979, 280; BVerwG DVBl. 1979, 881; BayVerfGH NVwZ 1983, 150; *Püttner* S. 11 f.; *Koch* S. 64 ff.; *Battis* S. 20. Lediglich zur Aufrechterhaltung der Funktionsfähigkeit staatlicher Einrichtungen können Verwaltungsvorschriften im Anwendungsbereich des Gesetzesvorbehalts ausnahmsweise als Übergangsrecht anerkannt werden, vgl. BVerfGE 41, 251, 267; 48, 29, 37 f.; BVerwGE 51, 235, 242 f.; 64, 308, 317. Eine solche Fallgestaltung liegt hier aber nicht vor. Vgl. aber auch *Ossenbühl,* in: *Erichsen/Martens* S. 99 f., der sich allgemein für eine Qualifizierung der Verwaltungsvorschriften als originäres Administrativrecht mit Außenwirkung ausspricht.

[24] A.A. *Schick,* in: *Hübschmann/Hepp/Spitaler,* AO § 204 Rn. 30, mit der nicht zu rechtfertigenden Behauptung, daß im Besteuerungsverfahren alle wichtigen Anträge und Entscheidungen schriftlich ergehen müßten.

Aus Gründen der Klarheit und des Beweises wäre es aber durchaus gerechtfertigt, wenn de lege ferenda insoweit die Schriftform für den Zusageantrag vorgeschrieben würde[25]. Allerdings wäre dann zu überlegen, ob daneben nicht auch die Möglichkeit einer Erklärung zur Niederschrift eingeräumt werden sollte[26]. Wie die nachfolgenden Ausführungen zeigen werden, sind insbesondere bei der allgemeinen Zusage erhebliche Anforderungen an den Inhalt des Antrags zu stellen, weshalb dessen schriftliche Fixierung bei den Steuerpflichtigen im Einzelfall zu Schwierigkeiten und damit u.U. zu einer unzureichenden Antragstellung führen kann. Bei einer Erklärung zur Niederschrift kann dies dadurch vermieden werden, daß der aufnehmende Beamte den Steuerpflichtigen sofort auf Lücken in seinem Vortrag über das Zusagebegehren hinweist und gegebenenfalls klärende Fragen stellt.

4. Der Antragsinhalt

Die Frage nach dem Inhalt des Zusageantrags soll hier in erster Linie in einer Auseinandersetzung mit den Ausführungen im BMF-Schreiben über die „verbindliche Auskunft"[27] bestehen. Dort sind die Anforderungen, die nach Ansicht der Finanzverwaltung an einen Antrag auf Erteilung einer allgemeinen Zusage zu stellen sind, sehr detailliert dargestellt. Sie bilden die Grundlage für die nachfolgenden Überlegungen zum Antragsinhalt, wobei auch auf die Besonderheiten, die bei der Zusage gem. §§ 204 ff. AO gegebenenfalls zu beachten sind, hinzuweisen sein wird. Unter Außerachtlassung der Formalien läßt sich der Antrag danach in die drei folgenden notwendigen Teilabschnitte untergliedern.

a) Die klare und umfassende Sachverhaltsdarstellung

Als zweckmäßig dürfte es sich erweisen, wenn der Steuerpflichtige in seinem Antrag zunächst den Sachverhalt darlegt, dessen steuerrechtliche Behandlung er geklärt haben möchte. Nach dem BMF-Schreiben muß es sich dabei um einen „ernsthaft geplanten Sachverhalt" handeln, was bedeutet, daß

---

[25] Vgl. auch BFH BStBl. 1961 III, 562, 564, wo die Einhaltung der Schriftform als zweckmäßig und bedeutsam für die Frage des späteren Nachweises, daß ernsthaft eine Zusage ersucht worden ist, bezeichnet wurde.

[26] So wie dies auch gem. § 357 Abs. 1 S. 1 AO bei der Rechtsbehelfseinlegung möglich ist.

[27] S. oben S. 26 ff.

nach Ansicht der Finanzverwaltung eine allgemeine Zusage nur für einen noch nicht verwirklichten Sachverhalt erteilt werden darf[28]. Ob diese Einschränkung berechtigt oder gar zwingend geboten ist, wird an anderer Stelle noch ausdrücklich zu erörtern sein[29]. Unabhängig davon wird aber zu Recht gefordert, daß die Sachverhaltsdarstellung umfassend und in sich abgeschlossen ist[30], denn eine Bindung an die zugesagte steuerrechtliche Behandlung kann nur dann eintreten, wenn sich der tatsächlich verwirklichte Sachverhalt mit dem der Zusage zugrunde gelegten Sachverhalt deckt[31]. Der zu beurteilende Sachverhalt muß deshalb so vollständig und richtig dargestellt sein, daß dessen spätere Identifizierung zweifelsfrei möglich ist[32]. Dabei hat der Steuerpflichtige das Risiko der erschöpfenden Sachverhaltsdarstellung zu tragen. Zwar gilt im Steuerrecht der Untersuchungsgrundsatz (§ 88 AO), doch gem. § 90 AO obliegt dem Steuerpflichtigen zugleich eine weitgehende Mitwirkungspflicht. Da die Zusage ausschließlich im Interesse des Steuerpflichtigen erteilt wird, erlangt hier die gebotene Mitwirkung ein solches Gewicht, daß sich daraus für den Steuerpflichtigen eine umfassende Darlegungspflicht bezüglich des mit der Zusage zu klärenden Sachverhalts ergibt[33]. So gesehen ist es deshalb nicht zu beanstanden, wenn im BMF-Schreiben ausdrücklich betont wird, daß die Finanzbehörden im Zusammenhang mit der Erteilung „verbindlicher Auskünfte" keine Verpflichtung zu einer eigenen Sachverhaltsermittlung trifft. Allerdings dürften die Finanzbehörden gem. § 89 S. 1 AO regelmäßig dazu verpflichtet sein, den Steuerpflichtigen auf einen lückenhaften oder unklaren Sachverhaltsvortrag hinzuweisen und zu dessen Ergänzung bzw. Klarstellung aufzufordern, bevor der Zusageantrag wegen unzureichender Sachverhaltsdarstellung abgewiesen wird[34].

---

[28] Vgl. *Richter* Rn. 37.

[29] S. unten S. 94 ff.

[30] Vgl. auch BFH BStBl. 1965 III, 657, 658; 1968 II, 145, 148.

[31] S. § 206 Abs. 1 AO. Deshalb ist es auch eine Selbstverständlichkeit, daß die Sachverhaltsdarstellung nicht nur auf bloßer Annahme beruhen darf.

[32] Es müssen alle entscheidungserheblichen Merkmale in den Sachverhalt aufgenommen und auch eventuell schädliche Randbedingungen erwähnt werden, so in Steuer und Kapital (ohne Verfasserangabe), Nr. 8 August 1978.

[33] Vgl. *Florig*, S. 83; *Latsch/Honemann*, in: *Schröder/Muuss*, HBP, 4410 S. 12 f. In BFH BStBl. 1989 II, 57, 59, wird eine Verpflichtung der Finanzbehörde zur Sachverhaltsermittlung unter Hinweis auf Beweislastgesichtspunkte und die Tatsache verneint, daß allgemeine Zusagen i.d.R. außerhalb des Steuerfestsetzungsverfahrens erteilt werden.

[34] Vgl. auch *Steinberg* S. 59, der dieses Ergebnis aus der allgemeinen Fürsorgepflicht der Finanzbehörde gegenüber dem Steuerpflichtigen herleitet. § 89 S. 1 AO

Fraglich ist dagegen, ob der im BMF-Schreiben formulierte Ausschluß einer alternativ gestalteten Sachverhaltsdarstellung in jedem Fall gerechtfertigt ist. Der Gedanke, der hinter dieser Restriktion steht, ist der, daß den Finanzbehörden mit der Zusageerteilung nicht die Aufgaben der steuerberatenden Berufe übertragen werden sollen, was der Fall wäre, wenn von ihnen eine Entscheidung darüber verlangt würde, welcher Sachverhalt oder welche Sachverhaltsabwandlung für den Steuerpflichtigen am günstigsten wäre[35]. Unter dieser Zielsetzung betrachtet ist der Ausschluß sicherlich gerechtfertigt, denn das Instrument der Zusage dient ausschließlich dazu, die Vorhersehbarkeit einer künftigen steuerlichen Sachbehandlung dadurch zu gewährleisten, daß eine zweifelhafte Rechtslage vorab verbindlich geklärt wird. Nun ist allerdings der Fall denkbar, daß dem Steuerpflichtigen die Wahl zwischen zwei von ihm ins Auge gefaßten Sachverhalten deshalb unmöglich ist, weil sowohl der eine als auch der andere Sachverhalt solche rechtlichen Zweifelsfragen aufwirft, die je für sich gesehen ein Zusagebegehren rechtfertigen würden[36]. Wenn der Steuerpflichtige hier beide Sachverhalte in einem Zusagebegehren zusammenfaßt, dann erstrebt er keine Entscheidung seitens der Finanzbehörde über die für ihn günstigste Gestaltung seiner steuerlichen Verhältnisse, sondern die Zusage soll lediglich die Voraussetzungen schaffen, damit er diese durchaus legitime Entscheidung selber treffen kann. Deshalb verliert bei einer solchen Fallgestaltung das Verbot der alternativ gestalteten Sachverhaltsdarstellung seine Berechtigung, zumal es vom Steuerpflichtigen in zulässiger Weise dadurch umgangen werden könnte, daß er die beiden Sachverhalte in getrennten Zusageanträgen sukzessive einer Entscheidung durch die Finanzbehörde zuführt[37].

Die bisherigen Ausführungen zur Sachverhaltsdarstellung durch den Steuerpflichtigen gelten in erster Linie für die allgemeine Zusage, während sich bei der Zusage auf Grund einer Außenprüfung insoweit gewisse Besonderheiten ergeben. Da Gegenstand dieser Zusage nur die Frage sein kann, wie ein für die Vergangenheit geprüfter und im Prüfungsbericht dargestellter Sachverhalt bei fortdauernder oder wiederholter Verwirklichung zukünftig steuerrechtlich behandelt wird, genügt für die Sachverhaltsdarstellung eine Verweisung auf die Ausführungen im Prüfungsbericht, wenn der Sachverhalt

---

bringt diese Fürsorgepflicht für den Bereich der Antragstellung und -berichtigung aber gerade zum Ausdruck.

[35] So die Begründung für einen entsprechenden Ausschluß von Sachverhaltsabwandlungen im Entwurf eines AOÄG 1966, BT-Drs. V/885 S. 7.

[36] Vgl. *von Voigt* S. 147.

[37] Vgl. auch *Wilke*, DStR 1986, 426. Bedenken gegen ein „Nacheinanderschalten" von Anträgen äußert dagegen *Rieckmann*, DStZ 1988, 396, 397.

darin bereits ausführlich beschrieben ist[38]. Allerdings kann es auch hier empfehlenswert sein, den Antrag frühzeitig unter eigener Beschreibung des Sachverhalts zu stellen, damit der Prüfer in Kenntnis des Zusagebegehrens seine Prüfungsfeststellungen entsprechend ausrichten und den Sachverhalt im Prüfungsbericht als Grundlage für die Zusageerteilung klar und umfassend darlegen kann[39]. Verweigert der Prüfer eine solche zusagegeeignete Sachverhaltsprüfung und -darstellung oder lehnt er eine notwendige Sachverhaltsänderung oder -ergänzung ab, so ist es Aufgabe des Steuerpflichtigen, mit Hilfe der Leistungsklage (§ 40 Abs. 1, letzte Alt. FGO) und für den Eilfall mit der einstweiligen Anordnung (§ 114 FGO), eine zusagefähige Sachverhaltsdarstellung im Prüfungsbericht herbeizuführen[40].

b) Die Darlegung des Rechtsproblems

Die ausführliche Darlegung eines bestimmten Sachverhalts bzw. die Bezugnahme auf eine umfassende Sachverhaltsdarstellung im Prüfungsbericht, verbunden mit der globalen Frage nach der zu erwartenden steuerrechtlichen Behandlung, kann für die Erteilung einer Zusage allerdings noch nicht ausreichend sein, denn ein einzelner Sachverhalt kann mehrere Steuerarten berühren und die verschiedensten steuerlichen Rechtsfolgen auslösen. Aber weder die allgemeine Zusage noch die Zusage gem. §§ 204 ff. AO ist dazu da, dem Steuerpflichtigen eine umfassende Aufklärung über alle denkbaren steuerrechtlichen Auswirkungen des maßgeblichen Sachverhalts zu erteilen[41]. Auch dies ist und bleibt die Aufgabe der mit der Steuerberatung befaßten Berufsgruppen. Der Sinn und Zweck der hier in Frage stehenden Zusagen besteht vielmehr darin, einzelne rechtliche Probleme, die dazu führen, daß sich eine künftige Verwaltungsentscheidung bezüglich bestimmter steuerlicher Rechtsfolgen als ungewiß darstellt, vorab verbindlich zu klä-

---

[38] Vgl. *Dewein,* Gruppe 8.7. S. 6.

[39] So auch *Martens* S. 80; *Zwank,* StBp. 1977, 12, 14. Beachte, daß beim Verfahren nach § 202 Abs. 1 S. 3 AO, wo ein Prüfungsbericht entbehrlich ist, im Interesse der Verfahrensökonomie die Darstellung des Sachverhalts im Antrag und in der Zusage ausreichen muß, vgl. *Tipke/Kruse,* AO § 204 Rn. 8; *Zwank,* in: *Koch,* AO § 204 Rn. 11. A.A. *Schick,* in: *Hübschmann/Hepp/Spitaler,* AO § 204 Rn. 107 f., wonach allein wegen der beantragten Zusage ein Prüfungsbericht zu erstellen sei.

[40] Vgl. Niedersächsisches FG EFG 1982, 170, 171.

[41] A.A. offensichtlich *Wilke,* DStR 1986, 426, wenn er fordert, daß die steuerlichen Konsequenzen des Sachverhalts darzustellen sind, und zwar umfassend für alle Steuerarten, die von ihm berührt werden.

ren[42]. Folglich muß der Antragsteller zur Präzisierung des Zusagegegenstandes in jedem Fall auch die rechtlichen Zweifel vortragen, die zu einer solchen Ungewißheit im Zusammenhang mit dem zu beurteilenden Sachverhalt führen.

Wenn jedoch für die allgemeine Zusage im BMF-Schreiben hierzu gefordert wird, daß im Zusageantrag konkrete Rechtsfragen unter ausführlicher Darlegung des Rechtsproblems und mit eingehender Begründung des eigenen Rechtsstandpunktes formuliert werden, so ist dies überzogen. Genau betrachtet bedeuten diese Anforderungen, daß der Antragsteller auf Grund eigener Lektüre der entsprechenden Literatur und Rechtsprechung das ihn berührende Rechtsproblem in gutachterlicher Weise darzulegen hat[43]. Damit ist der einzelne Bürger als steuerrechtlicher Laie aber regelmäßig überfordert, so daß ihm eine korrekte Antragstellung nur durch die Einschaltung eines mit dem Steuerrecht vertrauten Fachmannes möglich wäre. Zwar kann es im Interesse einer klaren und eindeutigen Antragstellung durchaus wünschenswert sein, daß sich der Steuerpflichtige eines fachkundigen Bevollmächtigten bedient, die Abgabenordnung zwingt ihn dazu aber nicht (s. § 80 Abs. 1 S. 1 AO). Es kann deshalb auch nicht zulässig sein, durch übermäßige Anforderungen an die rechtlichen Ausführungen im Zusageantrag faktisch einen Vertretungszwang herbeizuführen[44]. Es muß insoweit genügen, wenn der Steuerpflichtige die rechtlichen Zweifel nach Laienart so vorträgt, daß die Finanzbehörde das konkrete Rechtsproblem als solches erkennen und darauf eingehen kann. Das Aufstellen von darüber hinausgehenden Anforderungen, wie etwa die Darlegung der in Literatur und Rechtsprechung zu diesem Rechtsproblem vertretenen Ansichten, ist dagegen nicht gerechtfertigt.

Gleiches gilt auch für die Forderung, der Steuerpflichtige müsse in seinem Antrag darlegen, welche steuerrechtliche Behandlung des in Frage stehenden Sachverhalts er für zutreffend halte, mit der Folge, daß sich die Finanzbehörde auf die Bestätigung dieser Rechtsauffassung bzw. die Ablehnung der Zusage beschränken könne[45]. Wenn die Zusage ihrer Aufgabe, im Interesse

---

[42] S.a. oben S. 77 ff.

[43] Vgl. auch die Interpretation dieser Anforderungen in KÖSDI (ohne Verfasserangabe) 1987, 6862, 6863.

[44] Für die Einführung eines Vertretungszwangs im Rahmen einer gesetzlichen Zusageregelung hat sich allerdings schon früh *Spitaler,* BB 1961, 1333, 1335, ausgesprochen. Ebenso *von Voigt* S. 149 ff. Zu Recht dagegen *Baur* S. 138.

[45] So *Rieckmann,* DStZ 1988, 396, 397. Vgl. auch den im Rahmen der parlamentarischen Beratungen zum Steuerbereinigungsgesetz 1986 gemachten Vorschlag zur Normierung eines allgemeinen Zusagetatbestandes (s. oben S. 25).

des Steuerpflichtigen rechtliche Zweifelsfragen im Hinblick auf eine künftige Verwaltungsentscheidung verbindlich zu klären, tatsächlich gerecht werden soll, so ist stets eine positive Aussage der Finanzbehörde darüber erforderlich, welche der u.U. sehr vielfältigen Rechtsauffassungen von ihr vertreten wird. Allerdings kann es dem Steuerpflichtigen nicht verwehrt sein, der Finanzbehörde mit seinem Antrag einen eigenen Vorschlag über die steuerrechtliche Behandlung des Sachverhalts zu unterbreiten. Dies darf aber regelmäßig nur als eine Anregung verstanden werden, d.h. die Finanzbehörde hat in jedem Fall ihre eigene, gegebenenfalls vom Vorschlag des Antragstellers abweichende Ansicht mit der Zusage darzulegen. Nur wenn der Steuerpflichtige in seinem Antrag klar zum Ausdruck bringt, daß er ausschließlich an einer Zusage im Sinne der von ihm vorgeschlagenen Sachbehandlung interessiert ist, wird sich die Finanzbehörde auf die Bestätigung der Rechtsauffassung des Steuerpflichtigen bzw. die Ablehnung der Zusage beschränken dürfen. Folglich kann der Steuerpflichtige auch umgekehrt auf die Darstellung eine eigenen Subsumtion verzichten und sich mit dem generellen Hinweis auf das ihn berührende Rechtsproblem begnügen[46]. Dabei ist zu betonen, daß dies nicht nur für die allgemeine Zusage gilt, sondern insbesondere auch für die Zusageregelung gem. §§ 204 ff. AO, die ihrem Grundgedanken nach primär auf die Sicherung der Kontinuität und nicht der Durchsetzung einer bestimmten Art und Weise der steuerlichen Sachbehandlung ausgerichtet ist[47].

c) Die Darlegung des besonderen steuerlichen Interesses

Schließlich verlangt die Finanzverwaltung lt. BMF-Schreiben für eine korrekte Antragstellung die Darlegung eines besonderen steuerlichen Interesses. Damit ist ein sehr wichtiger Punkt angesprochen, der sowohl bei der allgemeinen Zusage als auch bei der Zusage gem. §§ 204 ff. AO von besonderer Bedeutung ist, nämlich die Forderung nach einem berechtigten Interesse seitens des Steuerpflichtigen an der Erteilung der von ihm begehrten Zusage. Die vielfältigen Streitfragen, die damit in Zusammenhang stehen und die gegebenenfalls bei der Antragstellung zu beachten sind, sollen nachfolgend als gesonderter Punkt abgehandelt werden.

---

[46] Im Ergebnis ebenso *Steinberg* S. 59; *Frotscher,* in: *Schwarz,* AO vor §§ 204-207 Rn. 3 und § 204 Rn. 3.

[47] Vgl. Begründung zum Entwurf einer Abgabenordnung (AO 1974), BT-Drs. VI/1982 S. 165. Gegenteiliger Ansicht allerdings *Schick,* in: *Hübschmann/Hepp/Spitaler,* AO § 204 Rn. 32. Wie hier dagegen *Giesberts* Rn. 260; *Lohmeyer,* StB 1983, 101, 105.

II. Das Zusageinteresse des Steuerpflichtigen

Gemäß § 204 AO soll der Steuerpflichtige eine Zusage auf Grund einer Außenprüfung nur dann erhalten, wenn die Kenntnis über die künftige steuerrechtliche Sachbehandlung für seine geschäftlichen Maßnahmen von Bedeutung ist. Im BMF-Schreiben über die „verbindliche Auskunft" wird von seiten der Finanzverwaltung für den Bereich der allgemeinen Zusage gefordert, daß an deren Erteilung im Hinblick auf die erheblichen steuerlichen Auswirkungen ein besonderes Interesse bestehen müsse[48]. Mit diesen unterschiedlich formulierten Anforderungen wird jeweils zum Ausdruck gebracht, daß die Erteilung einer Zusage nur dann in Betracht zu ziehen ist, wenn der Steuerpflichtige hieran ein berechtigtes Interesse hat, das von ihm entsprechend darzulegen ist.

Diese Forderung nach einem Zusageinteresse bereitet in mehrfacher Hinsicht Schwierigkeiten. So ist nicht nur die Auslegung der in § 204 AO und im BMF-Schreiben über die „verbindliche Auskunft" verwendeten Umschreibungen des Zusageinteresses unsicher, sondern es stellt sich auch die Frage, ob bei der allgemeinen Zusage ein berechtigtes Interesse an deren Erteilung ausschließlich bei einem noch nicht verwirklichten Sachverhalt bejaht werden kann. Zuvor ist jedoch auf die Funktion und die rechtliche Charakterisierung des Zusageinteresses einzugehen.

1. Die Funktion des Zusageinteresses

Die Funktion des Zusageinteresses wird deutlich, wenn man bedenkt, daß es sich beim Besteuerungsverfahren um ein Massenverfahren handelt, und daß die Möglichkeiten der Finanzverwaltung zur sachgerechten Bewältigung der dabei anfallenden Aufgaben durch die vorhandenen personellen und sächlichen Mittel begrenzt werden[49]. Das bedeutet, die Forderung nach einem berechtigten Interesse an der Zusageerteilung soll verhindern, daß die Finanzverwaltung mit Zusageanträgen überflutet und damit in ihrer eigentlichen Aufgabe, die Steuern nach Maßgabe der Gesetze gleichmäßig festzusetzen und zu erheben (§ 85 S. 1 AO), beeinträchtigt wird[50]. In diesem Sinne

---

[48] S. oben S. 26.

[49] Vgl. hierzu *Tipke* S. 602 f.

[50] Vgl. auch die Begründungen zur Notwendigkeit eines Zusageinteresses in den Entwürfen eines AOÄG von 1964 und 1966, BT-Drs. IV/2442 S. 15 und BT-Drs. V/885 S. 4 sowie die Ausführungen im Zusageerlaß Bayerns vom 24.6.1986 (s. oben S. 26 Fn. 36).

dient das Zusageinteresse also der Erhaltung der Funktionsfähigkeit der Finanzverwaltung und bezieht hieraus seine generelle, d.h. auch für die allgemeine Zusage gültige Rechtfertigung. Denn wenn schon bei der Zusage auf Grund einer Außenprüfung, mit der nur ein sehr begrenzter Teilausschnitt der steuerrechtlichen Zusagethematik gesetzlich geregelt worden ist, der Nachweis eines Zusageinteresses für notwendig befunden wird, so muß dies erst recht für den sehr viel umfassenderen Bereich der allgemeinen Zusage gelten.

2. Das Zusageinteresse – eine Zulässigkeitsvoraussetzung oder nur eine Ermessensrichtlinie?

Wenn als Voraussetzung für das Vorliegen eines berechtigten Interesses an der Zusageerteilung eine „Bedeutung für die geschäftlichen Maßnahmen des Steuerpflichtigen" bzw. ein „besonderes Interesse im Hinblick auf die erheblichen steuerlichen Auswirkungen" verlangt wird, so handelt es sich bei diesen Formulierungen auf Grund ihres vagen Charakters und der bei ihrer Anwendung unerläßlichen Wertung für sich gesehen um unbestimmte Rechtsbegriffe im oben[51] beschriebenen Sinn. Danach müßte das berechtigte Interesse an sich als tatbestandliche Voraussetzung für die Zusageerteilung gewertet werden. Nach Ansicht des gemeinsamen Senats der obersten Gerichtshöfe des Bundes ist eine solche rechtliche Qualifizierung eines unbestimmten Begriffs jedoch dann nicht zwingend, wenn dieser mit einem Ermessen der Behörde verknüpft ist, wie dies auch bei den hier in Frage stehenden Zusagetatbeständen der Fall ist[52]. In einem Beschluß vom 19. Oktober 1971 hat der Gemeinsame Senat zur Frage der Wertung des Begriffs „unbillig" in § 131 Abs. 1 S. 1 RAO (inhaltsgleich mit dem jetzt geltenden § 227 Abs. 1 AO) ausgeführt, daß es sich bei einer solchen Verbindung zum einen um eine Kopplung zwischen dem unbestimmten Rechtsbegriff und einer sich daran anschließenden Ermessensausübung handeln könne, zum anderen aber auch um die Ermächtigung zu einer Ermessensausübung, die sich an dem unbestimmten Begriff zu orientieren hat[53]. D.h. im ersten Fall ist der unbestimmte Begriff als eine Tatbestandsvoraussetzung anzusehen, deren Bejahung auf der Rechtsfolgeseite eine Ermessensausübung erst eröffnet, wohingegen er im zweiten Fall lediglich eine Ermessensrichtlinie im Rahmen eines einheitlichen Ermessenstatbestandes darstellt. Die entscheidende Konsequenz dieser Differenzierung besteht darin, daß als tatbestandliche Voraussetzung der unbe-

---

[51] S. 75 ff.

[52] S. oben S. 68 ff.

[53] BStBl. 1972 II, 603, 606. Vgl. auch BVerwGE 40, 353, 356.

stimmte Begriff nach h.M. grundsätzlich einer vollen gerichtlichen Kontrolle zugänglich ist[54], während bei der Qualifizierung als Ermessensrichtlinie lediglich eine Überprüfung auf Ermessensfehler möglich ist.

Wann nun der eine oder der andere Fall gegeben ist, läßt sich nach Meinung des Gemeinsamen Senats nicht von vornherein auf Grund dogmatischer Überlegungen ermittelt, sondern kann immer nur nach Sinn und Zweck des jeweiligen Tatbestandes bestimmt werden. Für § 131 RAO ist er zu dem Schluß gekommen, daß bei den Besonderheiten der zu beurteilenden und in ihrem textlichen Zusammenhang zu würdigenden Norm der verwendete Begriff „unbillig" in den Ermessensbereich gehört und dort Inhalt und Grenzen der pflichtgemäßen Ermessensausübung bestimmt[55].

Gleiches kann für das „berechtigte Interesse" bezüglich der Zusagen nach der Abgabenordnung nicht gelten. Gegen eine Qualifizierung als Ermessensrichtlinie spricht die Funktion dieses Merkmals, nämlich die Finanzverwaltung vor einer unüberschaubaren Vielzahl von Zusageanträgen zu schützen. Die Finanzbehörde soll sich mit einem Zusagebegehren überhaupt nur dann näher befassen müssen, wenn der Steuerpflichtige ein berechtigtes Interesse nachweist. Eine optimale Filterwirkung in diesem Sinne wird aber nur dann erreicht, wenn man das Zusageinteresse als tatbestandliche Voraussetzung für die Ermessensausübung begreift. Diese rechtliche Qualifizierung ist darüber hinaus aber auch für den Steuerpflichtigen von Vorteil, denn angesichts der starken Arbeitsbelastung der Finanzverwaltung besteht die Gefahr, daß die Finanzbehörden die Anforderungen an das Zusageinteresse zu ihren Gunsten generell zu hoch ansetzen. Es ist deshalb erforderlich, daß dieses einschränkende Merkmal der vollen gerichtlichen Nachprüfbarkeit zugänglich ist, was nicht der Fall wäre, wenn man in ihm nur eine Ermessensrichtlinie sehen würde.

Mit der so gebotenen Einordnung des Zusageinteresses in den Tatbestand wird auch nicht etwa auf der Rechtsfolgeseite der Spielraum für die Ermessensausübung auf nahezu Null reduziert, wie dies vom Gemeinsamen Senat für den Begriff „unbillig" in § 131 RAO angenommen wurde[56]. Zwar enthält das hier geforderte berechtigte Interesse sicherlich auch Kriterien, die bei der Ermessensentscheidung über die Erteilung der Zusage zu berücksichtigen sind, so daß eine gewisse Verflechtung der Tatbestandsseite mit der Rechtsfolgeseite möglich ist. Es würde aber zu weit gehen, wollte man behaupten, daß wenn eine „Bedeutung für die geschäftlichen Maßnahmen des Steuer-

[54] S. oben S. 75 ff.

[55] A.a.O. S. 607.

[56] Vgl. a.a.O. S. 606 f.

pflichtigen" bzw. ein „besonderes Interesse im Hinblick auf die erheblichen steuerlichen Auswirkungen" bejaht worden ist, kein ausreichender Raum mehr für eine Ermessensbetätigung bleibt, bei der andere Erwägungen zugrunde liegen als jene, die bei der Anwendung dieser unbestimmten Begriffe anzustellen sind[57]. Das Zusageinteresse steht daher nicht in einer unauflösbaren Verbindung mit dem der Finanzverwaltung bei der Zusageerteilung zustehenden Ermessen, weshalb hier eine Aufspaltung in einen gerichtlich voll nachprüfbaren Rechtsbegriff und in ein Folgeermessen nicht nur sinnvoll, sondern ohne weiteres möglich ist[58].

3. Die Anforderungen an das Vorliegen eines Zusageinteresses

a) Die rechtliche Unsicherheit nach fachmännischem Urteil

Grundvoraussetzung für die Bejahung des Zusageinteresses ist, daß mit der begehrten Zusage die Klärung einer tatsächlich bestehenden rechtlichen Unsicherheit erreicht werden soll[59]. Dies folgt unmittelbar aus dem Sinn und Zweck der Zusage, nämlich eine sich als ungewiß darstellende künftige Sachbehandlung vorab verbindlich festzulegen. Ob eine solche Ungewißheit gegeben ist, ist dabei nach einem rein objektiven Maßstab zu bestimmen. Das bedeutet, daß die Erteilung einer Zusage nicht schon dann in Betracht kommen kann, wenn die zu erwartende Sachbehandlung für den Steuerpflichtigen nur deshalb unklar ist, weil er die Rechtslage aus Gründen, die allein in seiner Person begründet sind, nicht zu durchschauen vermag. In einem solchen Fall für die notwendige rechtliche Aufklärung zu sorgen, ist die typische Aufgabe der mit der Steuerberatung befaßten Berufsgruppen und nicht Sache der Finanzverwaltung[60]. Die erstrebte Zusage reicht erst dann über

---

[57] So auch BVerwGE 45, 162, 164 f. für die Begriffe „besonderer Einzelfall" und „öffentliche Gesundheitsinteressen" in § 3 Abs. 3 BÄO.

[58] Als bloßes Ermessenskriterium wird das Zusageinteresse dagegen von *Hildebrandt,* StBp. 1983, 86, 88, und *Giesberts* Rn. 283 verstanden. Wie hier *Frotscher* S. 121; *Schick,* in: *Hübschmann / Hepp / Spitaler,* AO § 204 Rn. 76; Niedersächsisches FG EFG 1982, 170, 171.

[59] D.h. wenn eine solche rechtliche Unsicherheit nicht besteht, muß die Zusage abgelehnt werden. Anders *Latsch / Honemann,* in: *Schröder / Muuss,* HBP, 4410, S. 26: „Bei eindeutiger Rechtslage kann die Finanzbehörde eine verbindliche Zusage ermessensfehlerfrei ablehnen". Wie hier dagegen *Schick,* in: *Hübschmann / Hepp / Spitaler,* AO § 204 Rn. 68.

[60] Nur bei verfahrensrechtlichen Fragen ist die Finanzbehörde gem. § 89 AO gehalten, dem Stpfl. durch Anregungen und Auskünfte Hilfestellung zu leisten. Dadurch

den Bereich der bloßen steuerrechtlichen Beratung hinaus, wenn sie die Klärung einer nach fachmännischem Urteil existierenden rechtlichen Unsicherheit zum Gegenstand hat[61]. D.h. erst wenn sich auch für einen mit der Sache befaßten Fachmann die rechtliche Beurteilung unter Beachtung der Verwaltungspraxis und Rechtsprechung als zweifelhaft darstellen würde, ist die für das Zusageinteresse notwendige rechtliche Unsicherheit gegeben.

Diese Forderung gilt selbstverständlich auch für die Zusage gem. §§ 204 ff. AO. Die gegenteilige Auffassung von Birkholz[62], wonach die Erteilung einer Zusage auf Grund einer Außenprüfung insbesondere dann nicht erwartet werden könne, wenn die zutreffende steuerrechtliche Behandlung eines bestimmten Fragenkomplexes für die Vergangenheit nicht problemlos sei[63], ist unhaltbar[64]. Mit der Zusageregelung gem. §§ 204 ff. AO ist dem Steuerpflichtigen die Möglichkeit eröffnet, sich Sicherheit über die kontinuierliche steuerrechtliche Behandlung eines fortdauernden oder wiederkehrenden Sachverhalts zu verschaffen. Die Gefahr, daß ein solcher Sachverhalt in verschiedenen Besteuerungsabschnitten in unterschiedlicher Weise rechtlich beurteilt wird, besteht aber gerade dann, wenn die Finanzbehörde wegen einer tatsächlich bestehenden rechtlichen Unsicherheit ihre Sachbehandlung auf Grund neuer rechtlicher Überlegungen von einem Besteuerungsabschnitt zum anderen ändern könnte. Bei einer zweifelsfreien Rechtslage besteht eine solche Gefahr dagegen ganz offenkundig nicht.

b) Ein berechtigtes Interesse an der Zusageerteilung nur im betrieblichen bzw. unternehmerischen Bereich?

Bei der Zusage auf Grund einer Außenprüfung wird zudem verlangt, daß die mit der Zusage angestrebte Gewißheit über die künftige steuerrechtliche Sachbehandlung für die „geschäftlichen Maßnahmen" des Steuerpflichtigen von Bedeutung ist. Aus dieser Formulierung wird z.T. der Schluß gezogen, daß hier von vornherein nur bei bestimmten Steuerpflichtigen ein Interesse an der Zusageerteilung als berechtigt angesehen werden könne. So interpretiert

---

soll die Finanzbehörde aber keinesfalls in die Rolle des Beraters gedrängt werden, vgl. *Helsper*, in: *Koch*, AO § 89 Rn. 4.

[61] Vgl. *Tipke/Kruse*, AO § 204 Rn. 6 mit Hinweis auf *Spitaler*, BB 1961, 1333, 1335.

[62] RWP, 14 D AO II B 27 S. 1221, 1223.

[63] Ähnlich *Steinberg* S. 118, der eine Ablehnung der Zusage dann für gerechtfertigt hält, wenn die steuerrechtliche Beurteilung stark umstritten ist.

[64] Vgl. auch *Giesberts* Rn. 288; *Könemann/Wendt* Rn. 705.

Zwank den Ausdruck „geschäftlich" als unternehmerisch i.S.v. § 2 UStG[65], mit der Folge, daß ein Steuerpflichtiger, der nicht Unternehmer im Sinne dieser Vorschrift ist, keine Zusage zu erlangen vermag, auch wenn bei ihm eine Außenprüfung durchgeführt wurde. Nach Ansicht von Frotscher[66] bedeutet „geschäftlich" eine Relevanz im Rahmen eines bestimmten Betriebs; Bedeutung für das sonstige Vermögen genüge dagegen nicht. D.h. nur Steuerpflichtige, denen ein Betrieb zuzurechnen ist und die betriebliche Sachverhalte verwirklichen, könnten eine Zusage auf Grund einer Außenprüfung erhalten. Im einzelnen wären dies die Gewerbetreibenden, die Land- und Forstwirte und die Freiberufler, also gerade jene Steuerpflichtigen, bei denen nach § 193 Abs. 1 AO ohne weitere Voraussetzungen eine allgemeine Außenprüfung, die insoweit auch als Betriebsprüfung bezeichnet wird[67], zulässig ist. Nach Frotscher steht die Zusageregelung der §§ 204 ff. AO deshalb in einem engen Zusammenhang mit § 193 Abs. 1 AO und dient als Äquivalent für das dort eröffnete weitreichende Prüfungsrecht gegenüber den genannten Steuerpflichtigen[68].

Ob und inwieweit sich demgegenüber ein umfassenderer Kreis von Privilegierten ergibt, wenn man mit Zwank auf die Unternehmereigenschaft i.S.d. Umsatzsteuergesetzes abstellen würde, kann letztlich offen bleiben, denn für irgendeine Begrenzung der Zusageerteilung auf einzelne Gruppen von Steuerpflichtigen gibt es unter keinem Gesichtspunkt eine Rechtfertigung. Als eine Art Generalklausel eröffnet § 193 Abs. 2 Nr. 2 AO die Möglichkeit, auch bei den anderen Steuerpflichtigen, die keine betriebsbezogenen Einkünfte haben, eine Außenprüfung durchzuführen, wobei allerdings die Prüfungsbedürftigkeit i.S.d. genannten Tatbestandsmerkmale im Einzelfall nachgewiesen sein muß. Ist dies der Fall und es kommt zu einer Außenprüfung, dann ist aber der betroffene Steuerpflichtige im Hinblick auf das Bedürfnis nach einer Zusageerteilung in keiner anderen Situation als ein Steuerpflichtiger, bei dem auf Grund vermuteter Prüfungsbedürftigkeit eine Außenprüfung ohne weitere Voraussetzungen gem. § 193 Abs. 1 AO durchgeführt wird[69]. Folglich wäre es ein Verstoß gegen den Gleichheitsgrundsatz, wenn nicht alle Steuerpflich-

---

[65] DStZ/A 1976, 471, 475 und StBp. 1977, 12, 14. Ihm folgend *Plath,* AO § 204 Anm. 6.

[66] In: *Schwarz,* AO § 204 Rn. 6.

[67] S. oben S. 23 Fn. 17.

[68] A.a.O. (Fn. 66).

[69] So auch *Klein/Orlopp,* AO § 204 Anm. 6. Vgl. auch *Lohmeyer,* StB 1983, 101, 105.

tigen, bei denen eine Außenprüfung durchgeführt wird, in gleichem Maße die Möglichkeit hätten, eine Zusage zu erlangen[70].

Deshalb wird zu Recht angenommen, daß der Begriff „geschäftliche Maßnahmen" weit ausgelegt werden müsse[71]. Bedenklich ist aber, wenn behauptet wird, er sei ganz allgemein i.S.v. wirtschaftlichen Dispositionen zu verstehen[72]. Die Zusage auf Grund einer Außenprüfung ist ohne Zweifel dispositionsbezogen. Dies wird aber bereits dadurch zum Ausdruck gebracht, daß nur zugesagt werden kann, wie ein für die Vergangenheit geprüfter und im Prüfungsbericht dargestellter Sachverhalt bei fortdauernder oder wiederholter Verwirklichung zukünftig steuerrechtlich behandelt wird. Die Bedeutung der Zusageregelung gem. §§ 204 ff. AO für die Dispositionen des Steuerpflichtigen besteht also darin, daß dieser im Vertrauen auf die zugesagte steuerrechtliche Behandlung einen Dauersachverhalt unverändert fortführen oder einen punktuellen Sachverhalt in gleicher Weise wiederholen kann[73]. Wenn aber nun zusätzlich im Rahmen des vom Steuerpflichtigen nachzuweisenden Zusageinteresses von wirtschaftlichen Dispositionen die Rede ist, so entsteht der Eindruck, als müßte die mit der Zusage zu vermittelnde Kenntnis über die steuerrechtliche Sachbehandlung nicht nur für die künftige Sachverhaltsverwirklichung, sondern auch noch für darüber hinausgehende Folgedispositionen von Bedeutung sein. Dafür, daß die Zusage gem. §§ 204 ff. AO in diesem Sinne zu verstehen wäre, gibt es aber keinerlei Anhalt[74]. Bei der Prüfung der Zulässigkeit kann es deshalb allein auf den der Zusage zugrunde gelegten Sachverhalt ankommen, so daß sich auch nur hierauf das Merkmal „geschäftliche Maßnahmen" beziehen kann. D.h. dieser Begriff vermag nur unter dem Gesichtspunkt einen Sinn zu entfalten, als damit zum Ausdruck gebracht werden soll, daß bestimmte Sachverhalte von vornherein als nicht zusagefähig anzusehen sind. Die Abgrenzung zwischen zusagefähigen und nicht zusagefähigen Sachverhalten ist aber selbstverständlich nicht wie von

---

[70] Vgl. *Schick,* in: *Hübschmann / Hepp / Spitaler,* AO § 204 Rn. 59. Unvereinbar mit Art. 3 Abs. 1 GG ist auch der Vorschlag von *Wilke,* DStR 1986, 426, 427, bei einer künftigen gesetzlichen Regelung die Möglichkeit der Erlangung einer allgemeinen Zusage den Steuerpflichtigen mit Einkünften nach § 2 Abs. 1 Nr. 1-3 EStG vorzubehalten.

[71] Vgl. *Martens* S. 81; *Giesberts* Rn. 282; *Latsch / Honemann,* in: *Schröder / Muuss,* HBP, 4410 S. 24.

[72] So *Könemann / Wendt* Rn. 700; *Tipke / Kruse,* AO § 204 Rn. 6; *Schick,* in: *Hübschmann / Hepp / Spitaler,* AO § 204 Rn. 60; *Blumers / Frick / Müller* F Rn. 131.

[73] Vgl. auch *Kühn / Kutter / Hofmann,* AO § 204 Anm. 2 b a.E.

[74] Zur Differenzierung zwischen der Disposition durch Sachverhaltsverwirklichung und den Folgedispositionen vgl. *Sangmeister,* DStZ 1987, 235, 244 Rn. 93.

den eingangs erwähnten Autoren im Hinblick auf die Tätigkeit des Steuerpflichtigen vorzunehmen, sondern hat sich an einkunftsneutralen Kriterien zu orientieren. Danach läßt sich der Begriff „geschäftliche Maßnahmen" in sinnvoller Weise nur so deuten, daß damit alle Vorgänge, die den Bereich der privaten (persönlichen) Lebensführung des Steuerpflichtigen betreffen, von der Zusageerteilung ausgeschlossen sein sollen[75]. Da aber Aufwendungen im Rahmen der privaten Lebensführung im Steuerrecht nur ausnahmsweise beachtlich sein können[76], betrifft dieser Ausschluß nur einen Sachbereich von geringem Umfang. Zudem dürfte hier das Bedürfnis des Steuerpflichtigen nach einer Zusage ohnehin nicht sonderlich stark ausgeprägt sein, da die steuerlich relevanten Aufwendungen der privaten Lebensführung vielfach zwangsläufig anfallen und auch im übrigen die Frage der steuerlichen Auswirkungen nur von untergeordneter Bedeutung für die Sachverhaltsverwirklichung sein dürfte. Damit reduziert sich aber die Bedeutung des Begriffs „geschäftliche Maßnahme" auf ein Minimum, weshalb er im Hinblick auf die Aufgabe des Zusageinteresses, die Finanzbehörden vor einer übermäßigen Zahl von Zusagebegehren zu bewahren, kaum einen Nutzen bringen kann. Deshalb sollte de lege ferenda auf dieses irreführende Merkmal völlig verzichtet werden.

c) Das Maß der steuerlichen Auswirkungen als das entscheidende Merkmal des Zusageinteresses

Das Zusageinteresse kann seiner Filterfunktion nur dann gerecht werden, wenn man für dessen Nachweis auf das Gewicht abstellt, das der Kenntnis über die künftige steuerrechtliche Behandlung eines Sachverhalts im Einzelfall beizumessen ist. D.h. es muß sichergestellt sein, daß sich die erstrebte Zusage nicht auf einen belanglosen Sachverhalt bezieht, sondern Entscheidungsgrundlagen von einigem Gewicht zum Gegenstand hat. In diesem Sinne wird z.T. auch § 204 AO ausgelegt, soweit es dort heißt, daß die Kenntnis der künftigen steuerlichen Sachbehandlung für die geschäftlichen Maßnahmen des Steuerpflichtigen „von Bedeutung" sein muß[77]. Was den Maßstab

---

[75] Ebenso *Steinberg* S. 116. Wohl auch *Richter* Rn. 70.

[76] S. § 12 EStG.

[77] Vgl. *Spindler,* StbJb. 1975/76, 87, 106; *Dziadkowski,* BB 1976, 1359, 1362; *Rottmann/Wannemacher,* NSt „Auskünfte", Darstellung 1 S. 11; *Zwank,* in: *Koch,* AO § 204 Rn. 13; *Blumers/Frick/Müller* F Rn. 131. Lediglich im Sinne von Ursächlichkeit wird die Formulierung „von Bedeutung" dagegen ausgelegt von *Mittelbach,* AO § 204 Anm. 1; *Könemann/Wendt* Rn. 701 und in Steuer und Kapital (ohne Verfasserangabe) Nr. 8 August 1978 unter 2 c).

anbelangt, nach dem sich diese Gewichtigkeit bestimmt, kann es allerdings nicht darauf ankommen, daß der vorgetragene Sachverhalt als solcher einen besonderen Umfang hat oder daß die mit der Zusage zu klärende Rechtsfrage von grundsätzlicher Bedeutung ist[78]. Das entscheidende Maß hierfür ergibt sich vielmehr aus der Zielsetzung der Zusage, nämlich dem Steuerpflichtigen die Möglichkeit zu geben, sich in Zweifelsfällen frühzeitig über die mit einem bestimmten Sachverhalt verbundene Steuerbelastung als einem wichtigen Kalkulationsfaktor Klarheit zu verschaffen. Die Finanzverwaltung hat deshalb im BMF-Schreiben über die „verbindliche Auskunft" zu Recht darauf abgehoben, daß gerade im Hinblick auf die erheblichen steuerlichen Auswirkungen, die mit der zu klärenden Sachbehandlung verknüpft sind, ein besonderes Interesse an der Zusageerteilung bestehen müsse. Diese Formulierung scheint am geeignetsten, das berechtigte Interesse angesichts seiner einheitlichen Funktion sowohl für den Bereich der allgemeinen Zusage als auch für den der Zusage auf Grund einer Außenprüfung sachgerecht zu umschreiben.

Allerdings sind auch mit einem so verstandenen Zusageinteresse gewisse Auslegungs- und Anwendungsschwierigkeiten verbunden. So stellt sich die Frage, ob für die „Erheblichkeit" der steuerlichen Auswirkungen eine betragsmäßige Mindestgröße gilt, oder ob in jedem Fall auf die Verhältnisse des die Zusage begehrenden Steuerpflichtigen abzustellen ist. Nach Meinung von Krabbe[79] kann von einer Erheblichkeit bei steuerlichen Auswirkungen von unter 10.000,– DM in der Regel nicht die Rede sein, während es bei darüberliegenden Beträgen auf die relative Bedeutung des Steuerfaktors ankomme. Bei einer Bejahung dieses absoluten Mindestbetrags würde aber eine Vielzahl von Steuerpflichtigen, bei denen einzelne Sachverhalte mit so hohen steuerlichen Auswirkungen angesichts ihrer Einkommens- und Vermögensverhältnisse generell als unwahrscheinlich gelten können, von vornherein von der Zusageerteilung ausgeschlossen, ohne daß es dafür eine sachliche Rechtfertigung gäbe. Gerade das Gebot der Gleichbehandlung macht es deshalb erforderlich, daß die Erheblichkeit der steuerlichen Auswirkungen in jedem Fall anhand der Umstände des Einzelfalls, d.h. stets unter Berücksichtigung der steuerlichen Verhältnisse des Antragstellers bestimmt wird[80]. Daß mit dieser Auslegung die Gefahr verbunden ist, daß es bei der Beurteilung der

[78] So aber der Entwurf, der als Vorschlag zur Normierung eines allgemeinen Zusagetatbestandes im Rahmen der parlamentarischen Beratungen zum Steuerbereinigungsgesetz 1986 vorgelegt worden ist (s. oben S. 25).

[79] DB 1987, 2067.

[80] Vgl. auch *Neufang / Horn,* Inf. 1988, 337.

Erheblichkeit u.U. häufiger zu Differenzen zwischen dem Steuerpflichtigen und der Finanzbehörde kommt, muß dabei hingenommen werden[81].

d) Ein berechtigtes Interesse an der Zusageerteilung nur bei noch nicht verwirklichten Sachverhalten?

Die bisher diskutierten Entwürfe zur gesetzlichen Regelung eines allgemeinen Zusageverfahrens im Steuerrecht[82] sahen eine Zusageerteilung stets nur für noch nicht verwirklichte Sachverhalte vor. Auch im BMF-Schreiben über die „verbindliche Auskunft" wird verlangt, daß der Steuerpflichtige der Finanzbehörde einen geplanten Sachverhalt zur rechtlichen Beurteilung unterbreitet[83]. Die Erteilung einer allgemeinen Zusage über die steuerrechtliche Behandlung eines bereits abgeschlossenen Sachverhalts wäre danach also generell ausgeschlossen. Diese Einschränkung entspricht auch der seit langem geübten und auf den Grundsatz von Treu und Glauben gestützten höchstrichterlichen Rechtsprechung zur steuerrechtlichen Zusage. Danach soll diese nur dann Verbindlichkeit erlangen können, wenn sie vor Abschluß des Geschäftes gegeben und auch ursächlich für den Abschluß des Geschäftes geworden ist, denn nur in diesem Fall erscheint es nach Ansicht des Bundesfinanzhofs als gerechtfertigt, der Zusage eine umfassende Bindungswirkung beizumessen, weil der Steuerpflichtige im Vertrauen auf die Zusage der Finanzbehörde diese zur Grundlage seiner wirtschaftlichen Dispositionen gemacht hat und bei einem Abweichen von der Zusage seinen Geschäften die Grundlage entzogen würde[84]. Aus diesem Grund müsse die Zusage vor Verwirklichung des von ihr umfaßten Sachverhalts erteilt worden sein[85].

---

[81] Die Finanzbehörden werden gerade auch bei angespannter Personallage in Grenzfällen allerdings eher geneigt sein, die Zusage zu geben, als mit dem Steuerpflichtigen über die Erheblichkeit der steuerlichen Auswirkungen zu streiten, so *Spindler*, StbJb. 1975/76, 87, 106 f.

[82] S. oben S. 24 Fn. 26 f. sowie S. 25.

[83] S. oben S. 26 ff.

[84] So BFH BStBl. 1961 III, 562, 564 f. m.w.N.

[85] Vgl. BFH BStBl. 1964 III, 566, 568; 1986 II, 520, 523; BFH BB 1988, 553, 554; Niedersächsisches FG EFG 1988, 453, 454. S.a. die zahlreichen weiteren Rechtsprechungsnachweise bei *Steinberg* S. 61 f. Bedenken gegen diese Rechtsprechung wurden allerdings in BFH BStBl. 1965 III, 657, 658 geäußert. Beachte auch, daß der Bundesfinanzhof bei einer dem Arbeitnehmer erteilten Lohnsteuer-Anrufungsauskunft auf den Dispositionsnachweis verzichtet, vgl. BFHE 127, 376, 380.

Diese Argumentation kann selbstverständlich nicht gelten, wenn man wie hier die Meinung vertritt, daß die Zusage in jedem Fall einen Verwaltungsakt darstellt. Dann ergibt sich die Verbindlichkeit per se aus der mit Bindungswillen abgegebenen Erklärung der Finanzbehörde und bedarf nicht zusätzlich noch des Nachweises, daß der Steuerpflichtige sein Vertrauen in die Zusage bereits in Dispositionen umgesetzt hat[86]. Damit ist aber die Frage nach der Dispositionsabhängigkeit der allgemeinen Zusage nicht hinfällig, sondern sie stellt sich nur auf einer anderen rechtlichen Ebene, nämlich der der Zulässigkeit der Zusage. Die Frage muß richtigerweise dahingehend lauten, ob der Steuerpflichtige überhaupt nur dann ein berechtigtes Interesse an der Erteilung der Zusage haben kann, wenn diese geeignet ist, seine Dispositionen zu beeinflussen. Dies ist zu bejahen, denn die mit der Zusage begehrte Klärung einer rechtlichen Unsicherheit kann nicht Selbstzweck sein.

Hieraus folgt nun aber keinesfalls zwingend, daß die allgemeine Zusage nur bezüglich eines noch nicht verwirklichten Sachverhalts erteilt werden darf. So vermag etwa bei bereits ins Werk gesetzten Dauersachverhalten auch die potentielle Umgestaltungsmöglichkeit das Zusageinteresse zu rechtfertigen[87]. Problematisch sind allerdings die Fälle, bei denen sich das Zusagebegehren auf einen bereits abgeschlossenen Sachverhalt bezieht, den der Steuerpflichtige nicht zu wiederholen oder fortzusetzen beabsichtigt. Hier wird ein Zusageinteresse vielfach verneint und insbesondere darauf hingewiesen, daß es dem Steuerpflichtigen zumutbar sei, die Entscheidung im normalen Besteuerungsverfahren abzuwarten[88]. Dem wird entgegengehalten, daß sich die Finanzbehörde auch im Hinblick auf die Aufhebung oder Änderung eines Steuerbescheids binden könne[89]. Dieser Einwand ist für sich gesehen zweifellos richtig. Die Finanzverwaltung wird dann Veranlassung haben, dem Steuerpflichtigen die Korrektur eines Steuerbescheids zuzusagen, wenn sie davon überzeugt ist, daß die darin getroffene Steuerfestsetzung fehlerhaft ist. Als „Gegenleistung“ wird der Steuerpflichtige dafür auf die Einlegung eines Rechtsbehelfs verzichten oder ein bereits in Gang gesetztes Verfahren durch die Rücknahme des Rechtsbehelfs beenden[90]. Mit dieser Konstellation ist

---

[86] Vgl. FG Köln EFG 1984, 426, 427; Hessisches FG DStZ 1987, 257, 260; FG Baden-Württemberg vom 4.2.1988 – X K 216/85 (n.v.).

[87] Vgl. *Rieckmann,* DStZ 1988, 396, 397.

[88] Vgl. *Krabbe,* DB 1987, 2067, 2068; *Kienemund,* DB 1984, 1433, 1435; *Schick,* in: *Hübschmann/Hepp/Spitaler,* AO vor § 204 Rn. 31; *von Voigt* S. 142; *Pfander* S. 222 ff.

[89] So *Tipke/Kruse,* AO vor § 204 Rn. 9 m.w.N.

[90] Vgl. BFH BB 1988, 126, 127. Dort hatte die Finanzbehörde im finanzgerichtlichen Verfahren zugesagt, den angefochtenen Steuerbescheid zu ändern, worauf die

aber erkennbar nur ein Sonderfall angesprochen[91], der über die eigentliche Problematik, ob nämlich der Steuerpflichtige bezüglich eines abgeschlossenen Sachverhalts auch für die erstmalige Steuerfestsetzung eine Zusage erlangen kann, überhaupt nichts aussagt. Auch für diesen Fall darf das berechtigte Interesse an der Erteilung einer Zusage nicht generell geleugnet werden. Der Grund hierfür liegt darin, daß wegen des im Steuerrecht geltenden Abschnittsprinzips zwischen der Verwirklichung eines Sachverhalts und dessen steuerrechtlicher Beurteilung im Rahmen der Steuerveranlagung zwangsläufig eine ganz beträchtliche Zeitspanne liegen kann. Wegen dieses Zeitfaktors ist es dem Steuerpflichtigen aber nicht in jedem Fall zumutbar, die Entscheidung im normalen Besteuerungsverfahren abzuwarten[92]. So wird man dem Steuerpflichtigen ein berechtigtes Interesse an einer vorzeitigen Erklärung über die steuerrechtliche Behandlung eines abgeschlossenen Sachverhalts dann nicht absprechen können, wenn er darlegen kann, daß der sofortigen und gesicherten Kenntnis über die mit dem Sachverhalt verbundene Steuerbelastung ein maßgeblicher Einfluß auf die unaufschiebbare Entscheidung über die Durchführung anderer, mit dem Gegenstand der Zusage nicht identischer Maßnahmen zukommt[93]. So gesehen kann sich also auch eine Zusage bezüglich eines einmaligen und bereits abgeschlossenen Sachverhalts als für die Dispositionen des Steuerpflichtigen relevant erweisen und darf deshalb nicht von vornherein als unzulässig ausgeschlossen werden[94].

Beteiligten übereinstimmend die Hauptsache für erledigt erklärt haben. Einen Fall schutzwürdiger Disposition durch Nichteinlegung von Rechtsmitteln betrifft Hessisches FG BB 1987, 2434, 2436.

[91] Vgl. auch *Kienemund,* DB 1984, 1433, 1435.

[92] S.a. oben S. 72 Fn. 57.

[93] Auf diese Fallgestaltung hat bereits *Zeidler* (S. 60) hingewiesen, allerdings unter dem Gesichtspunkt der Verbindlichkeit der Zusage.

[94] Gegen eine Beschränkung auf noch nicht verwirklichte Sachverhalte auch *Woerner/Grube* S. 53; *Sangmeister,* DStZ 1987, 235, 237.

Sechstes Kapitel: Die Ablehnung eines zulässigen Zusagebegehrens

I. Allgemeines

Da die Erteilung der hier abzuhandelnden Zusagen in das Ermessen der Finanzbehörde gestellt ist[1], hat diese auch bei Vorliegen aller tatbestandlichen Voraussetzungen die Möglichkeit, ein Zusagebegehren ablehnend zu bescheiden. Als Verwaltungsakt bedarf eine solche Entscheidung aber der Begründung, in der die maßgeblichen Gesichtspunkte, die zur Ablehnung geführt haben, darzulegen sind (§ 121 Abs. 1 AO)[2]. Dabei ist zu beachten, daß bei der jetzt als Soll-Regelung ausgestalteten Zusage auf Grund einer Außenprüfung sich die Ablehnungsgründe als so schwerwiegend erweisen müssen, daß der Fall als atypisch zu werten und damit das Abweichen vom Regelfall der Zusageerteilung gerechtfertigt ist[3]. Bei der allgemeinen Zusage genügt es dagegen, daß sich die Ablehnung der Zusage als das Ergebnis einer fehlerfreien, d.h. insbesondere sach- und zweckorientierten Abwägung des Für und Wider der Zusageerteilung darstellt[4].

Unter Beachtung dieser Differenzierung hat sich die Finanzbehörde etwa die Frage zu stellen, ob sich der im Prüfungsbericht dargelegte bzw. vom Steuerpflichtigen vorgetragene Sachverhalt für eine Zusageerteilung überhaupt eignet. Dies dürfte regelmäßig dann zu verneinen sein, wenn die Entscheidung über die steuerrechtliche Beurteilung des Sachverhalts maßgeblich vom Zeitpunkt, zu dem diese erfolgt, mitbestimmt wird. So z.B. wenn die steuerrechtliche Beurteilung von einer Prognose abhängig ist, die dem Einfluß sich häufig ändernder Umstände unterliegt, oder wenn sie im Zusammenhang mit einer Wertung steht, die sich an einer wechselhaften Verkehrsauffassung oder anderen Gesichtspunkten, die einem starken Wandel unterworfen sind, zu orientieren hat. Soweit in solchen Fällen die künftige Entwicklung der entscheidungsrelevanten Verhältnisse nicht mit hinreichender

---

[1] S. oben S. 68 ff.

[2] Beachte: § 205 Abs. 2 Nr. 2 AO betrifft die Begründungspflicht im Rahmen der erteilten Zusage.

[3] Die materielle Beweislast für die hierfür maßgebenden Umstände trägt dabei die Behörde, vgl. BVerwGE 56, 220, 223.

[4] S. § 5 AO.

Sicherheit vorhersehbar ist, kann es der Finanzbehörde nicht zugemutet werden, sich auf der Grundlage von bloßen Spekulationen mit einer Zusage dem Steuerpflichtigen gegenüber vorab festzulegen[5].

Des weiteren ist eine auf den Einzelfall bezogene Klärung einer zweifelhaften Rechtslage mittels einer Zusage in der Regel dann nicht als zweckgerecht anzusehen, wenn eine generelle Problemklärung in Form der Herausgabe einer Verwaltungsvorschrift oder des Erlasses eines Grundsatzurteils durch den Bundesfinanzhof nahe bevorsteht[6]. Hier gebietet es der Grundsatz der Gleichbehandlung aller Steuerpflichtigen, daß der erwarteten allgemeinen Klärung der Rechtsfrage nicht durch vorher erteilte Zusagen die Grundlage in Einzelfällen entzogen wird[7]. Allerdings muß gewiß sein, daß die Verwaltungsvorschrift oder das Grundsatzurteil auch tatsächlich in Kürze ergeht, denn nur dann ist dem Steuerpflichtigen im Hinblick auf sein berechtigtes Bedürfnis an einer raschen Klärung der rechtlichen Unsicherheit ein Abwarten zuzumuten[8].

Neben solchen als unbedenklich angesehenen Beispielen berechtigter Ablehnungserwägungen[9] wird in der Literatur diskutiert, ob auch eine übermäßige Arbeitsbelastung der Finanzbehörde die Ablehnung der Zusage rechtfertigen kann. Hierauf sowie auf die Anweisung im BMF-Schreiben, daß „verbindliche Auskünfte" in Angelegenheiten, bei denen die Erzielung eines Steuervorteils im Vordergrund steht, nicht erteilt werden dürfen[10], ist näher einzugehen.

---

[5] Vgl. auch Begründung zum Entwurf eines AOÄG 1966, BT-Drs. V/885 S. 6 sowie den Anwendungserlaß zur AO vom 24.9.1987, BStBl. 1987 I, 664, 706, wo als Beispiel die Entscheidung über die zukünftige Angemessenheit von Verrechnungspreisen bei unübersichtlichen Marktverhältnissen genannt wird.

[6] Vgl. das BMF-Schreiben über die „verbindliche Auskunft" a.E. (s. oben S. 26 ff.). Wird zu dem Rechtsproblem eine gesetzliche Regelung in absehbarer Zeit erwartet, dann rechtfertigt sich eine Ablehnung der Zusage im Hinblick auf die durch § 207 Abs. 1 AO zum Ausdruck gebrachte Unbeständigkeit der Zusage gegenüber Rechtsänderungen. Im einzelnen hierzu unten S. 137 ff.

[7] So zutreffend *Könemann/Wendt* Rn. 707.

[8] Vgl. auch *Spindler,* StbJb. 1975/76, 87, 107; *Krabbe,* DB 1987, 2067, 2068; *Kaligin,* DStZ 1988, 367, 372.

[9] Vgl. *Thiel,* DB 1988, 1343, 1345; *Zwank,* in: *Koch,* AO § 204 Rn. 8; *Mittelbach,* AO § 204 Anm. 2.

[10] S. oben S. 27.

II. Die Arbeitsbelastung der Finanzbehörde als Ablehnungsgrund

Im Einführungserlaß zur AO 1977 vom 1. Oktober 1976 war davon die Rede, daß eine Zusage gem. §§ 204 ff. AO z.B. auch dann abgelehnt werden könne, wenn deren Erteilung einen unverhältnismäßig hohen Verwaltungsaufwand erfordern würde[11]. Auch nach der Umgestaltung des § 204 AO in eine Soll-Vorschrift ist mit dem Anwendungserlaß zur AO vom 24. September 1987 daran festgehalten worden, daß dieser Gesichtspunkt ein Abweichen vom Regelfall der Zusageerteilung rechtfertigt[12]. Unter Hinweis auf diese Ermessensrichtlinie der Finanzverwaltung wird nun von Schick[13] die Ansicht vertreten, daß eine Arbeitsüberlastung der Finanzbehörde zu Recht ein Grund für die Ablehnung einer Zusage sein könne. Damit werden aber zwei verschiedene Aspekte miteinander vermengt, die streng voneinander zu trennen sind.

Wenn in den genannten Erlassen von einem „unverhältnismäßig hohen Verwaltungsaufwand" gesprochen wird, so bezieht sich dies allein auf die mit der Erteilung der beantragten Zusage verbundene Arbeitsbelastung der Finanzbehörde. Beim Stichwort „Arbeitsüberlastung" wird dagegen der Blick, losgelöst von der konkreten Zusage, auf den gesamten Geschäftsanfall der Finanzbehörde gerichtet. Daß dieser angesichts der Normenflut im Steuerrecht in den letzten Jahren überproportional zur Personalentwicklung in der Finanzverwaltung angestiegen ist, soll nicht geleugnet werden[14]. Die dadurch eingetretene allgemeine Belastung der Finanzbehörden darf hier aber keinesfalls zu Lasten der Steuerpflichtigen berücksichtigt werden. Als Ermessensentscheidung setzt die Frage nach der Zusageerteilung eine auf den Einzelfall bezogene Abwägung voraus[15]. Mit der Anerkennung der Arbeitsüberlastung als einem berechtigten Ablehnungsgrund wäre der Finanzbehörde aber die Möglichkeit eröffnet, unabhängig vom Einzelfall die Erteilung von Zusagen zeitweise oder gar auf Dauer generell zu versagen[16]. Der starken Arbeitsbelastung der Finanzbehörden wird zudem bereits dadurch Rechnung

---

[11] BStBl. 1976 I, 576, 616.

[12] BStBl. 1987 I, 664, 706.

[13] In: *Hübschmann / Hepp / Spitaler,* AO § 204 Rn. 82.

[14] Vgl. dazu auch die Eingabe der *Deutschen Steuer-Gewerkschaft* an die Finanzminister und -senatoren im Bund und in den Ländern vom 10.12.1986, DStG Januar / Februar 1987, S. 10.

[15] So *Tipke / Kruse,* AO § 204 Rn. 7.

[16] Ähnlich auch *Frotscher,* in: *Schwarz,* AO § 204 Rn. 8, wonach bei Anerkennung einer Arbeitsüberlastung als Ablehnungsgrund das jetzt bei § 204 AO geltende Regel- / Ausnahmeverhältnis ins Gegenteil verkehrt würde.

getragen, daß die Erteilung einer Zusage auf Grund einer Außenprüfung wie auch einer allgemeinen Zusage von vornherein nur dann in Betracht kommt, wenn der Steuerpflichtige ein berechtigtes Interesse, wie oben[17] beschrieben, nachweist. D.h. im Bereich der Ausgestaltung und Auslegung der Zulässigkeitsvoraussetzungen der Zusage ist die Gefahr der Arbeitsüberlastung der Finanzverwaltung zu berücksichtigen. Bei der einzelnen Ermessensentscheidung über ein zulässiges Zusagebegehren hat dieser Gesichtspunkt dagegen in keinem Fall eine Berechtigung[18].

Anders zu beurteilen ist die Behauptung, daß ein unverhältnismäßig hoher Verwaltungsaufwand die Ablehnung einer Zusage rechtfertigen könne. Hierbei handelt es sich um einen am Einzelfall ausgerichteten Gesichtspunkt, denn die Frage der Verhältnismäßigkeit kann sich sinnvollerweise nur auf die Relation zwischen dem Interesse des Steuerpflichtigen an der beantragten Zusage und dem für die sachgerechte Erledigung dieser Zusage notwendigen Arbeitsaufwand der Finanzbehörde beziehen. D.h. je bedeutsamer die Zusage unter Zugrundelegung objektiver Kriterien für den Steuerpflichtigen ist, desto höher ist der der Finanzbehörde in jedem Fall zumutbare Aufwand für deren Erteilung. Da der Steuerpflichtige aber bereits auf der Ebene der Zulässigkeit in Form des berechtigten Interesses ein bestimmtes Mindestmaß eines Bedürfnisses an der Zusage nachweisen muß, kann umgekehrt eine Unverhältnismäßigkeit nur dann bejaht werden, wenn zwischen dem Interesse an der Zusage und dem erforderlichen Verwaltungsaufwand ein offenkundiges Mißverhältnis besteht[19].

Auf der Basis dieser Überlegungen ist die Frage zu klären, inwieweit der Finanzbehörde bei der Zusageerteilung ein solch übermäßiger Verwaltungsaufwand konkret entstehen kann. Soweit es um die Erteilung einer allgemeinen Zusage geht, scheidet hierbei der Bereich der Sachverhaltsfeststellung von vornherein aus. Wie oben[20] dargelegt, ist es Sache des Steuerpflichtigen, den maßgeblichen Sachverhalt vollständig darzustellen. Auf Grund der besonderen Interessenlage bei der Zusageerteilung ist die Finanzbehörde zu eigenen Sachverhaltsermittlungen nicht verpflichtet. Folglich kann ihr hier auch nicht zwingend ein besonderer Aufwand entstehen. Zum gleichen Ergebnis

---

[17] S. 90 ff.

[18] A.A. *Krabbe,* DB 1987, 2067, 2068, für die allgemeine Zusage. Wie hier dagegen *Dewein,* Gruppe 8.7. S. 8; *Steinberg* S. 118. Gegebenenfalls haben die zuständigen Stellen für Personalverstärkung zu sorgen, vgl. *Tipke / Kruse,* AO § 204 Rn. 7.

[19] Vgl. auch *Blumers / Frick / Müller* F Rn. 139.

[20] S. 84 ff.

kommt Martens[21] für die Zusage auf Grund einer Außenprüfung und zwar mit der Begründung, daß die Grundlage für die Zusage doch nur ein bei der Außenprüfung für die Vergangenheit bereits geprüfter und im Prüfungsbericht dargestellter Sachverhalt bilden könne. Dieses Argument ist aber bei solchen Sachverhalten nicht stichhaltig, die zwar unter den sachlichen Umfang der angeordneten Außenprüfung (§§ 194, 196 AO) fallen, die aber ohne einen Antrag auf Erteilung einer Zusage nicht intensiv geprüft und im Prüfungsbericht entsprechend dargestellt würden[22]. Es steht nämlich im Ermessen des Außenprüfers, ob und mit welcher Intensität er einzelne Sachverhalte der Prüfung unterzieht und in den Prüfungsbericht aufnimmt[23]. Sobald der Steuerpflichtige einen Antrag auf Erteilung einer bestimmten Zusage gestellt hat, kann der Außenprüfer die zusagegeeignete Sachverhaltsprüfung und -darstellung allerdings nur noch unter den Gesichtspunkten ermessensfehlerfrei ablehnen, unter denen auch die Ablehnung der beantragten Zusage als solche gerechtfertigt wäre[24]. Andernfalls könnte die Soll-Regelung in § 204 AO unterlaufen werden. Deshalb hat der Prüfer bei rechtzeitiger Stellung des Zusageantrags[25] im Regelfall den maßgeblichen Sachverhalt so zu prüfen und in seinem Prüfungsbericht darzustellen, wie es für die Erteilung der beantragten Zusage geboten ist[26]. Nur in atypischen Fällen, bei denen ein ganz außergewöhnlicher Arbeitsaufwand für die Sachverhaltsprüfung und -darstellung erforderlich wäre, könnte eine Ablehnung gerechtfertigt sein[27].

Ist somit der Gesichtspunkt des unverhältnismäßig hohen Verwaltungsaufwands, bezogen auf die Sachverhaltsebene, als Ablehnungsgrund nicht bzw. nur untergeordnet von Bedeutung, so stellt sich die weitere Frage, ob nicht

---

[21] S. 80.

[22] So auch *Könemann / Wendt* Rn. 708.

[23] Vgl. *Thiel,* Inf. 1977, 111,113.

[24] Vgl. *Giesberts* Rn. 278.

[25] Zur Frage der Rechtzeitigkeit der Antragstellung s. den Anwendungserlaß zur AO vom 24.9.1987, BStBl. 1987 I, 664, 706: „Zwischen der Außenprüfung und der Stellung des Antrags auf Erteilung einer verbindlichen Zusage muß der zeitliche Zusammenhang gewahrt bleiben. Bei einem nach der Schlußbesprechung gestellten Antrag ist in der Regel keine verbindliche Zusage mehr zu erteilen, wenn nochmalige umfangreiche Prüfungshandlungen erforderlich sind." Kritisch hierzu *Schick,* in: *Hübschmann / Hepp / Spitaler,* AO § 204 Rn. 45.

[26] Vgl. auch § 12 Abs. 1 BpO (s. oben S. 23 Fn. 18), wonach ein Sachverhalt schon dann im Prüfungsbericht umfassend dargestellt werden soll, wenn mit einem Antrag auf Erteilung einer Zusage zu rechnen ist.

[27] Zu den Rechtsbehelfsmöglichkeiten, wenn der Prüfer eine umfassende Sachverhaltsprüfung und -darstellung verweigert, s. oben S. 86 f.

im Zusammenhang mit der rechtlichen Beurteilung des maßgeblichen Sachverhalts der Finanzbehörde ein unangemessener Aufwand entstehen kann. Dabei kann die Finanzbehörde sicher nicht geltend machen, daß angesichts der besonderen Schwierigkeit des zu klärenden Rechtsproblems eingehende rechtliche Überlegungen erforderlich seien. Denn zum einen wird mit zunehmendem Schwierigkeitsgrad das Bedürfnis des Steuerpflichtigen an einer vorzeitigen Klärung des Rechtsproblems verstärkt[28] und zum anderen darf der Steuerpflichtige von der Finanzverwaltung erwarten, daß deren Überlegungen auch in bezug auf eine besonders schwierige Rechtslage in angemessener Zeit zu einer Entscheidung führen[29]. Etwas anderes könnte allenfalls dann gelten, wenn der Prozeß der Entscheidungsfindung die Durchführung eines besonderen Verwaltungsverfahrens erfordern würde, das sehr aufwendig und langwierig ist. So etwa, wenn Fragen des internationalen Steuerrechts zu klären wären und dazu ein Verständigungsverfahren auf Grund eines Doppelbesteuerungsabkommens durchgeführt werden müßte[30]. Wie schon dieses Beispiel zeigt, kann es sich aber auch hier nur um besonders gelagerte Ausnahmefälle handeln, so daß insgesamt festzustellen ist, daß der Gesichtspunkt des unverhältnismäßigen Verwaltungsaufwands als berechtigter Ablehnungsgrund nur einen geringen Stellenwert hat.

III. Die Zusage, bei der die Erzielung eines Steuervorteils im Vordergrund steht

Wenn, wie bereits angesprochen, mit dem BMF-Schreiben die Finanzbehörden angewiesen werden, in Angelegenheiten, bei denen die Erzielung eines Steuervorteils im Vordergrund steht, keine „verbindlichen Auskünfte" zu erteilen[31], so ist der Sinngehalt dieser Aussage nicht ohne weiteres nachvollziehbar. Durch eine Vielzahl von steuerrechtlichen Vorschriften, deren Inanspruchnahme teils einen Steueraufschub, teils eine endgültige Steuerersparnis bewirkt, eröffnet der Gesetzgeber selbst dem Steuerpflichtigen die Möglichkeit zur Erlangung von Steuervergünstigungen[32]. Dabei wird erwartet, daß die Steuerpflichtigen diese steuerlichen Vorteile auch tatsächlich ausnützen, denn die gesetzlich eingeräumten Steuervergünstigungen werden regelmäßig als Instrument zur Erreichung von konjunktur-, wirtschafts-, ver-

---

[28] So auch *Richter* Rn. 73.

[29] Vgl. *Latsch / Honemann*, in: *Schröder / Muuss*, HBP, 4410 S. 25.

[30] Vgl. Begründung zum Entwurf eines AOÄG, BT-Drs. IV / 2442.

[31] S. oben S. 26 ff.

[32] So *Blencke* S. 19 mit zahlreichen Beispielen.

mögens-, arbeitsmarkt- und sozialpolitischen sowie ähnlichen Zielen eingesetzt[33]. Die Verwirklichung eines steuerbegünstigten Sachverhalts ist daher ein durchaus erwünschter Vorgang. Folglich kann es nicht von vornherein als nachteilig empfunden werden, wenn ein Steuerpflichtiger mittels einer Zusage Gewißheit darüber erlangen möchte, ob ein von ihm geplanter Sachverhalt die Voraussetzungen für die Inanspruchnahme einer Steuervergünstigung erfüllt oder nicht und hiervon die Entscheidung über die Sachverhaltsverwirklichung abhängig macht.

Ein Steuervorteil läßt sich allerdings nicht nur dadurch erzielen, daß gesetzlich eingeräumte Vergünstigungen ausgenutzt werden, sondern auch dadurch, daß man die Verwirklichung steuerbegründender Tatbestände zu vermeiden versucht[34]. Aber auch eine solche Steuervermeidung ist in der Regel nicht zu mißbilligen, denn jedem Steuerpflichtigen steht es frei, seine Angelegenheiten so einzurichten, daß er möglichst wenig Steuern zu zahlen braucht[35]. Dabei ist von besonderer Bedeutung, daß die Steuergesetze den Steuergegenstand zumeist nach den Rechtsformen des bürgerlichen Rechts bestimmen. Das bedeutet, daß die zivilrechtliche Gestaltungsfreiheit in das Steuerrecht derart hineinwirkt, daß der Steuerpflichtige grundsätzlich das Recht hat, von mehreren rechtlichen Gestaltungsmöglichkeiten diejenige zu wählen, die die steuerlich günstigsten Auswirkungen für ihn zur Folge hat[36]. Selbst wenn für die Durchführung einer bestimmten bürgerlich-rechtlichen Gestaltung die damit verbundene Steuerersparnis das im wesentlichen allein veranlassende Motiv darstellt, so steht dies ihrer Anerkennung nicht entgegen, wenn sie nur ernsthaft gewollt ist und tatsächlich vollzogen wird[37]. Wenn aber ein Recht zur Steuervermeidung in diesem Sinne besteht, dann ist es ebenso wie im Fall der Inanspruchnahme einer gesetzlich eingeräumten Steuervergünstigung nicht einzusehen, daß eine Zusage nur deshalb nicht erteilt werden soll, weil die Sachverhaltsverwirklichung in erster Linie vom Motiv der Steuerersparnis getragen ist.

---

[33] Vgl. *Danzer* S. 37. Vgl. auch die Darstellung der wichtigsten Vergünstigungsziele bei *Tipke* S. 563.

[34] Vgl. *Kottke* S. 32 ff.

[35] Vgl. BVerfGE 9, 237, 250 sowie *Birk* S. 95.

[36] Diese durch die weitgehende Verknüpfung von Steuer- und Zivilrecht vom Gesetzgeber selbst statuierte Sachgesetzlichkeit, darf im einzelnen nur dann aufgegeben werden, wenn dies durch überzeugende Gründe gerechtfertigt ist, so BVerfG BStBl. 1962 I, 500, 502.

[37] So das Grundsatzurteil zur steuerrechtlichen Anerkennung von Gesellschaftsverträgen zwischen Familienangehörigen, BFH BStBl. 1951 III, 181, 183. Vgl. auch BFH BStBl. 1967 III, 598, 599.

Die Anweisung an die Finanzbehörden, keine Zusagen in Angelegenheiten zu erteilen, bei denen die Erzielung eines Steuervorteils im Vordergrund steht, kann in dieser pauschalen Form deshalb keinesfalls sachlich gerechtfertigt sein. Zu prüfen bleibt, ob sich nicht aus den im BMF-Schreiben aufgezählten Beispielen eine differenziertere Betrachtung dieser allgemeinen Aussage herleiten läßt.

1. Die Prüfung von Steuersparmodellen

Mit dem Begriff des Steuersparmodells sind wohl solche Kapitalanlagen gemeint, für die in der Öffentlichkeit damit geworben wird, daß gut verdienenden Bürgern mit hoher Steuerbelastung durch eine Beteiligung beträchtliche Steuerersparnismöglichkeiten eröffnet werden und daß die Kapitalanlage deshalb ganz oder wenigstens teilweise durch die ersparten Steuern finanziert werden kann[38]. Namentlich handelt es sich dabei um Beteiligungen an Abschreibungsgesellschaften, Bauherren- und Erwerbergemeinschaften und dergleichen[39]. Die Idee dieser Finanzierungsmodelle basiert im wesentlichen darauf, daß im Einkommensteuerrecht bei der Ermittlung der Summe der Einkünfte eines Veranlagungszeitraumes grundsätzlich positive und negative Einkünfte sowohl innerhalb einer Einkunftsart als auch zwischen den verschiedenen Einkunftsarten miteinander saldiert werden (horizontaler und vertikaler Verlustausgleich). Ziel der Steuersparmodelle ist es, durch systematisches Ausnützen der allgemeinen Gewinn- und Einkunftsermittlungsvorschriften sowie der gezielten Inanspruchnahme von Steuervergünstigungen, insbesonderer erhöhter Abschreibungen, buchmäßige Verluste zu „produzieren", die anteilsmäßig den einzelnen Anlegern als negative Einkünfte zugewiesen werden[40]. Auf Grund des Verlustausgleichs mindern diese dann den Steuermaßstab und damit auch die Steuerschuld des Anlegers.

Gesetzgeber und Finanzverwaltung stehen diesen rechtlichen Gestaltungen mit großem Mißtrauen gegenüber und haben deshalb durch verschiedenste Maßnahmen versucht, die Betätigungsmöglichkeiten der Verlustzuweisungsmodelle zu begrenzen[41]. Diesem Ziel dient erkennbar auch der Ausschluß

---

[38] Es wird insoweit auch von „steuerbegünstigten Kapitalanlagen" gesprochen, vgl. *Uelner,* StbJb. 1981/82, 107, 108 f.

[39] Vgl. im einzelnen dazu *Tipke* S. 539 ff.

[40] Daher auch der vielfach verwendete Begriff „Verlustzuweisungsmodell".

[41] So insbesondere durch § 15 a EStG. Hierzu sowie zu den weiteren gesetzgeberischen Maßnahmen und deren Wirkung vgl. die Unterrichtung des Deutschen Bundestages durch die Bundesregierung vom 31.8.1984, BT-Drs. 10/1927. Zu den zahl-

von der Zusageerteilung. Schon vor dem BMF-Schreiben über die „verbindliche Auskunft" ist von der Finanzverwaltung auf dem Erlaßwege bestimmt worden, daß bei Verlustzuweisungsmodellen Rechtsfragen der Initiatoren und der Beteiligten von den Finanzbehörden frühestens im Rahmen eines besonderen Prüfungsverfahrens beantwortet werden dürfen, das zum Zwecke der Herabsetzung der Einkommensteuervorauszahlungen der Anleger durchgeführt werden kann[42]. Dieses einheitliche Prüfungsverfahren beginnt aber erst, wenn nachgewiesen ist, daß das Investitionsvorhaben den Planungszustand überschritten hat und mindestens 75 v.H. des von den Beteiligten selbst aufzubringenden Kapitals rechtsverbindlich gezeichnet sind. Für die Initiatoren ist es im Interesse einer optimalen Gestaltung des Steuersparmodells aber gerade im Planungsstadium, wenn noch keine Anleger beteiligt sind, besonders wichtig, zweifelhafte Rechtsfragen mit Hilfe einer Zusage verbindlich abzuklären. Des weiteren ist auch bei einem potentiellen Anleger, der sich über die steuerlichen Auswirkungen seiner geplanten Beteiligung an einem bereits initiierten Modell vorab Klarheit verschaffen will, das Interesse an einer Zusageerteilung nicht zu leugnen. Andererseits ist es aber verständlich, daß die Finanzverwaltung den im Grunde volkswirtschaftlich unerwünschten Steuersparmodellen nicht dadurch Vorschub leisten möchte, daß sie diesbezüglich auch noch Zusagen erteilt. Wenn jedoch, um dies zu vermeiden, allein auf den Gesichtspunkt des erstrebten Steuervorteils abgehoben wird, so ist dies deshalb fragwürdig, weil auch die Steuersparmodelle letztlich nur auf der zulässigen Ausschöpfung der rechtlichen Möglichkeiten, die das Steuerrecht bietet, beruhen und insofern eine verwaltungsmäßige Sonderbehandlung als nicht gerechtfertigt erscheint[43].

Allerdings kann in den genannten und als problematisch empfundenen Fällen die Erteilung von Zusagen häufig unter einem anderen, neutralen Gesichtspunkt verweigert werden. So wird es vielfach schon an der Antragsbefugnis fehlen, wenn die Initiatoren eines Steuersparmodells im Planungsstadium eine Zusage beantragen. Deren Interesse geht nämlich in erster Linie dahin, zu erfahren, ob und in welcher Höhe Verluste bei der vorgesehenen Gestaltung des Modells den erst noch zu werbenden Kapitalanlegern später auch tatsächlich zugerechnet werden. Eine vorzeitige verbindliche Klärung

reichen Verwaltungsvorschriften, die die Verlustzuweisungsmodelle betreffen, vgl. *Schulze-Osterloh*, S. 245 ff.

[42] BMF-Erlaß vom 14.5.1982, BStBl. 1982 I, 550 ff.

[43] Vgl. *Quast*, DB 1979, 1765, 1766 m.w.N. in Fn. 14. Beachte auch die Aussage der Bundesregierung über die Beurteilung von Bauherrenmodellen in BT-Drs. 9/1708 S. 21: „In steuerrechtlicher Hinsicht sind Bauherrengemeinschaften grundsätzlich nicht anders zu beurteilen als Einzelinvestoren".

der in diesem Zusammenhang auftretenden rechtlichen Zweifelsfragen ist für die Initiatoren deshalb so wichtig, damit sie sichergehen können, daß das Steuersparmodell so gestaltet ist, daß sich ihre Werbeversprechen über die vom angesprochenen Publikum zu erwartenden Steuerersparnisse auch erfüllen[44]. Insoweit wird aber mit der Zusage die Klärung der steuerlichen Auswirkungen in der Person von Dritten, nämlich den künftigen Kapitalanlegern, erstrebt. D.h. der beantragten Zusage liegt keine eigene Steuerangelegenheit der Antragsteller zugrunde. Die Initiatoren können also im Planungsstadium für sich selbst nur ein mittelbares Interesse an einer Zusage, die die Prüfung des Steuersparmodells zum Gegenstand haben soll, geltend machen. Dies reicht aber für die Bejahung der Antragsbefugnis nicht aus[45].

Auch das Zusagebegehren eines potentiellen Anlegers wird zumeist an der fehlenden Antragsbefugnis scheitern. Da sich die Verlustzuweisungsmodelle regelmäßig auf solche Gegenstände beziehen, die einer Mehrzahl von Anlegern gemeinsam zuzurechnen sind, werden die daraus erzielten (negativen) Einkünfte den Beteiligten gegenüber gesondert und einheitlich festgestellt (§ 179 Abs. 2 S. 2 AO)[46]. Nach den oben[47] getroffenen Feststellungen zur Antragsbefugnis bei Personenvereinigungen bedeutet dies aber, daß ein einzelner (potentieller) Anleger nicht antragsberechtigt sein kann, da sonst die Einheitlichkeit der Endentscheidung in Frage gestellt ist.

Als Ergebnis ist somit festzuhalten, daß in bezug auf Steuersparmodelle die Ablehnung einer Zusage häufig gerechtfertigt sein wird, jedoch nicht mit der Begründung, daß hier die Erzielung eines Steuervorteils im Vordergrund steht, sondern aus dem rein formalen Grund der fehlenden Antragsbefugnis.

2. Die Feststellung der Grenzpunkte für einen Gestaltungsmißbrauch

Mit diesem Beispiel ist die Regelung des § 42 AO angesprochen. Nach dieser Vorschrift findet das oben[48] erwähnte Recht des Steuerpflichtigen,

---

[44] Vgl. z.B. den Sachverhalt in FG Berlin EFG 1984, 154 f.

[45] S. oben S. 81. Selbst wenn man dieser formalen Argumentation nicht folgen möchte, so widerspricht doch in jedem Fall die von den Initiatoren beabsichtigte Breitenwirkung (z.B. durch entsprechenden Hinweis im Anlageprospekt) der Natur der Zusage als einer individuellen Erklärung, die allein dem einzelnen Steuerpflichtigen Rechtssicherheit gewähren soll.

[46] Vgl. *Tipke* S. 555 f.

[47] S. 81 ff.

[48] S. 108 f.

seine steuerrechtlich relevanten Verhältnisse so gestalten zu dürfen, daß Steuerbelastungen vermieden oder jedenfalls verringert werden, dort seine Grenze, wo die Gestaltungsmöglichkeiten des Rechts zur Umgehung der Steuergesetze mißbraucht werden[49]. Dabei stellt jedoch die Frage, ob bereits eine unzulässige Steuerumgehung oder noch eine zulässige Steuervermeidung vorliegt, anerkanntermaßen ein besonders schwieriges Abgrenzungsproblem dar, und zwar sowohl im Hinblick auf die Auslegung des § 42 AO[50] als auch dessen Anwendung im Einzelfall[51]. Deshalb wird die Grenzziehung zum Gestaltungsmißbrauch für den Steuerpflichtigen vielfach nicht eindeutig erkennbar sein, so daß es durchaus verständlich ist, wenn er wegen der schwerwiegenden Rechtsfolgen[52] vorab verbindlich erfahren möchte, ob die Finanzbehörde eine bestimmte rechtliche Gestaltung schon als eine Steuerumgehung ansieht oder nicht.

Da man dem Steuerpflichtigen nicht das Recht absprechen kann, die rechtlichen Gestaltungsmöglichkeiten bis an die Grenze des Zulässigen auszunützen, ist die generelle Weigerung der Finanzverwaltung, diese schwierige Rechtsfrage mittels einer Zusage zu klären, mehr als bedenklich. Zumal sich gegen ein solches Zusagebegehren auch nicht einwenden läßt, der Steuerpflichtige würde damit vorab eine verbindliche Feststellung darüber erstreben, daß er mit der vorgetragenen rechtlichen Gestaltung keine unlauteren Absichten verfolgt, was zu Recht als problematisch angesehen werden müßte. Nach in der Literatur häufig geäußerter Ansicht handelt es sich bei § 42 AO um eine wertneutrale Vorschrift, die keine verwerfliche Gesinnung im Sinne einer Umgehungsabsicht seitens des Steuerpflichtigen voraussetzt[53]. Aber auch wenn man der gegenteiligen Meinung folgt[54], wäre dieser zu erwarten-

---

[49] Vgl. auch die bei *Kaligin,* DStZ 1988, 367, 370, aufgeführten Spezialvorschriften zur Verhinderung von Steuerumgehungen.

[50] Vgl. *Birk* S. 96; *Schulze zur Wiesche* S. 5, sowie *P. Kirchhof,* StuW 1983, 173, der in § 42 AO allenfalls ein Problem, nicht aber eine Lösung definiert sieht.

[51] Dies wird deutlich, wenn man die „Konkretisierung" dieser Vorschrift in der Rechtsprechung betrachtet. Danach liegt ein Rechtsmißbrauch dann vor, wenn eine Gestaltung gewählt wird, die, gemessen an dem erstrebten Ziel unangemessen ist, und wenn hierdurch ein steuerlicher Erfolg erstrebt wird, der bei sinnvoller, Zweck und Ziel der Rechtsordnung berücksichtigender Auslegung vom Gesetz mißbilligt wird. So BFH BStBl. 1980 II, 247, 248 m.w.N.

[52] Nach § 42 S. 2 AO wird die tatsächlich gewählte Gestaltung negiert und durch eine fiktive, als angemessen angesehene Gestaltung ersetzt.

[53] So *Offerhaus,* in: *Hübschmann / Hepp / Spitaler,* AO § 42 Rn. 45; *Görlich* S. 134 f.; *Danzer* S. 101 ff.; *Kruse,* StbJb. 1978/79, 443, 452 f. m.w.N. in Fn. 43 f., 46.

[54] Vgl. BFH BStBl. 1971 II, 597, 599 m.w.N.; *Schwarz,* in: *ders.,* AO § 42 Rn. 10.

de Einwand wenig stichhaltig, da sich bei Erfüllung des objektiven Tatbestandes des Gestaltungsmißbrauchs eine Umgehungsabsicht regelmäßig im Wege des Indizien- oder des Anscheinsbeweises[55] feststellen läßt und nur dort von vornherein eindeutig zu verneinen ist, wo erkennbar aus Rechtsunkenntnis, Unerfahrenheit oder Ungeschicklichkeit eine mißbräuchliche Gestaltung gewählt wurde[56]. Abgesehen von diesen Fällen läuft der Steuerpflichtige daher immer Gefahr, daß wenn seine rechtliche Gestaltung objektiv als Steuerumgehung gewertet wird, daß ihm dann auch ohne weiteres eine entsprechende Umgehungsabsicht unterstellt werden kann und er gezwungen ist, diese Annahme zu widerlegen[57]. Deshalb kann es bei der Frage nach der Grenzziehung zwischen der Steuervermeidung und der Steuerumgehung für den Steuerpflichtigen sinnvollerweise immer nur darum gehen, zu erfahren, ob der vorgetragene Sachverhalt den Tatbestand des Gestaltungsmißbrauchs in objektiver Hinsicht erfüllt oder nicht. So verstanden ist die verbindliche Klärung dieser problematischen Abgrenzungsfrage aber ebenso geboten wie jede andere zweifelhafte Rechtsfrage auch, so daß deren Diskriminierung durch den Ausschluß von der Zusageerteilung als ungerechtfertigt anzusehen ist.

Dies gilt allerdings nur, wenn es darum geht, einen ernsthaft geplanten Sachverhalt im Hinblick auf § 42 AO zu beurteilen. Versucht der Steuerpflichtige dagegen mit einem fiktiven oder auch alternativ gestalteten Sachverhalt lediglich die Grenzpunkte des Gestaltungsmißbrauchs „auszuloten", so ist dies schon aus allgemeingültigen Erwägungen als zweckwidrig anzusehen[58] und rechtfertigt insoweit die Versagung einer Zusage.

3. Das Handeln eines ordentlichen Geschäftsleiters

Mit diesem letzten Beispiel hat die Finanzverwaltung offenbar den Fremdvergleich im Rahmen der Ermittlung von verdeckten Gewinnausschüttungen bei Kapitalgesellschaften ins Auge gefaßt[59]. Nach der ständigen Rechtsprechung des Bundesfinanzhofes liegt eine verdeckte Gewinnausschüttung insbesondere dann vor, wenn eine Kapitalgesellschaft einem Gesellschafter oder

---

[55] Vgl. hierzu *Weber-Grellet,* StuW 1981, 48, 59 f.

[56] So zutreffend *Tipke/Kruse,* AO § 42 Rn. 17.

[57] Vgl. auch *Martens,* StuW 1981, 322, 324, zur Beweislast bei subjektiven Tatbestandsmerkmalen im Steuerrecht.

[58] S. oben S. 84 ff.

[59] Vgl. auch *Richter* Rn. 48.

einer ihm nahestehenden Person außerhalb der gesellschaftsrechtlichen Gewinnverteilung einen Vermögensvorteil zuwendet und diese Zuwendung ihre Ursache im Gesellschaftsverhältnis hat; dabei erweist sich die Zuwendung als durch das Gesellschaftsverhältnis verursacht, wenn ein ordentlicher und gewissenhafter Geschäftsleiter (§ 93 Abs. 1 S. 1 AktG, § 43 Abs. 1 GmbHG) den Vermögensvorteil einer Person, die nicht Gesellschafter ist, unter sonst gleichen Umständen nicht gewährt hätte[60]. Gemeint sind damit vornehmlich schuldrechtliche Vereinbarungen zwischen der Gesellschaft und dem Gesellschafter, bei denen sich im Fremdvergleich die Leistung und Gegenleistung zugunsten des Gesellschafters als in einem Mißverhältnis stehend erweisen, ohne daß dies durch betriebliche Gründe gerechtfertigt wäre[61]. Da durch die Anerkennung solcher schuldrechtlicher Beziehungen auf Grund der damit verbundenen Minderung des Gewinns der Gesellschaft (unberechtigte) Steuervorteile erzielt werden[62], bestimmt § 8 Abs. 3 S. 2 KStG, daß verdeckte Gewinnausschüttungen das Einkommen der Kapitalgesellschaft nicht mindern. Das bedeutet, daß alle dem Gesellschafter mit Rücksicht auf das Gesellschaftsverhältnis (societatis causa) zugeführten Vorteile als ausgeschüttete Gewinne der Gesellschaft behandelt werden.

Was nun die Frage nach der Erteilung von Zusagen in diesem Bereich anbelangt, so ist die Situation ähnlich wie bei der Klärung der Grenzziehung zwischen Steuervermeidung und Steuerumgehung[63]. Entscheidend ist, daß zu den Voraussetzungen einer verdeckten Gewinnausschüttung weder die Absicht der Kapitalgesellschaft, den Gewinn verdeckt zu verteilen, noch die

---

[60] So die Definition in Abschnitt 31 Abs. 3 KStR mit zahlreichen Rechtsprechungsnachweisen. Zu den Fällen, in denen nach Ansicht des BFH der Vergleich mit dem Handeln eines ordentlichen und gewissenhaften Geschäftsleiters zur Ermittlung einer verdeckten Gewinnausschüttung ausnahmsweise nicht möglich sein soll, vgl. *Becker,* StbJb. 1985/86, 381, 391 ff.

[61] Der wohl häufigste Fall dürfte die überhöhte Gehaltszahlung an einen geschäftsführenden Gesellschafter sein; s. aber auch die zahlreichen anderen Beispiele in Abschnitt 31 Abs. 3 KStR.

[62] Seitdem die Möglichkeit zur Anrechnung der Körperschaftsteuer auf die Einkommensteuer besteht (s. § 36 Abs. 2 Nr. 3 EStG), ist allerdings der gewichtigste Vorteil, die Vermeidung einer entsprechenden Doppelbelastung, im wesentlichen weggefallen. Nur bei den nicht anrechnungsberechtigten Gesellschaftern, wie z.B. ausländischen Anteilseignern, ist dieser Vorteil erhalten geblieben. Es ist jedoch nach wie vor möglich, durch verdeckte Gewinnausschüttungen Gewerbesteuer, die sich u.a. nach der Höhe des ausgewiesenen Gewinns bestimmt (§ 7 GewStG), einzusparen, vgl. *Woerner,* in: FS von Wallis, 1985, 327, 328.

[63] Die verdeckte Gewinnausschüttung ist aber kein Unterfall des § 42 AO, vgl. *Tipke* S. 348.

Einigung der Parteien darüber, daß die Zuwendung mit Rücksicht auf das Gesellschaftsverhältnis erfolgt, gehört[64]. Es kann demnach auch „fahrlässige" verdeckte Gewinnausschüttungen, also solche, die gar nicht gewollt sind, geben[65]. Deshalb wird beim Abschluß schuldrechtlicher Vereinbarungen zwischen der Gesellschaft und dem Gesellschafter auch von redlichen Parteien immer darauf zu achten sein, daß, gemessen am Handeln eines ordentlichen und gewissenhaften Geschäftsleiters, dem Gesellschafter kein Vorteil gewährt wird, der nicht auch einem Fremden unter gleichen Umständen gewährt würde. Dies zu klären, kann sich jedoch wiederum als äußerst problematisch erweisen, denn der „ordentliche und gewissenhafte Geschäftsleiter" ist eine abstrakte Denkfigur, deren Auslegung und Anwendung im Einzelfall erhebliche Abgrenzungsprobleme aufwerfen kann[66]. Wenn deshalb hierzu von der Finanzverwaltung eine Zusage begehrt wird, so muß dies keinesfalls in einem verwerflichen Zusammenhang mit der Erzielung steuerlicher Vorteile stehen[67]. Gerade die nicht auf einen (unberechtigten) Steuervorteil abzielenden Beteiligten werden darum bemüht sein, in Zweifelsfällen von der Finanzbehörde zu erfahren, wie eine beabsichtigte schuldrechtliche Vereinbarung zwischen der Gesellschaft und dem Gesellschafter zu beurteilen ist, um gegebenenfalls davon Abstand zu nehmen und so eine verdeckte Gewinnausschüttung und die damit verbundenen Rechtsfolgen[68] von vornherein zu vermeiden. Deshalb ist auch hier eine generelle Zusageverweigerung unter dem Gesichtspunkt des erstrebten Steuervorteils nicht zu rechtfertigen[69].

Zusammenfassend ist somit festzustellen, daß auch die im BMF-Schreiben genannten Beispiele nicht dazu geeignet sind, der Aussage, daß in Angelegenheiten, bei denen die Erzielung eines Steuervorteils im Vordergrund steht, keine „verbindlichen Auskünfte" erteilt werden dürfen, eine sachgerechte Bedeutung zu verleihen. Ablehnende Entscheidungen der Finanzbehörden, die sich auf diese pauschale Anweisung stützen, werden daher im Rahmen der gerichtlichen Überprüfung keinen Bestand haben können.

---

[64] So BFH BStBl. 1970 II, 229, 230.

[65] Vgl. *Döllerer,* DStR 1984, 383, 384.

[66] Vgl. *Blumers/Frick/Müller* F Rn. 167.

[67] Im Ergebnis ebenso *Streck,* GmbH-Report 1987, R 73.

[68] Vgl. dazu *Pezzer* S. 112 ff.

[69] Der Vollständigkeit halber sei aber darauf hingewiesen, daß bei der verdeckten Gewinnausschüttung häufig Wertungsfragen eine Rolle spielen, die nur bei einer „Rückschau" sachgerecht beurteilt werden können, da sie von Umständen bestimmt werden, die nicht von vornherein feststehen. Ist dies der Fall, dann eignet sich der Sachverhalt schon aus allgemeinen Erwägungen nicht für die Zusageerteilung, s. oben S. 102 ff.

Siebtes Kapitel: Die Rechtmäßigkeit der erteilten Zusage

Die Bejahung der Rechtmäßigkeit einer erteilten Zusage setzt voraus, daß diese sich in formeller und materieller Hinsicht als rechtsfehlerfrei erweist. D.h. daß sowohl die Zusage als solche als auch das zugesagte Verhalten mit dem geltenden Recht vereinbar sein müssen[1].

I. Die formelle Rechtmäßigkeit der Zusage

Die Zusage als solche ist dann rechtmäßig, wenn sie von der zuständigen Finanzbehörde in der gebotenen Form und mit dem erforderlichen Inhalt erteilt worden ist.

1. Die Zuständigkeit für die Erteilung von Zusagen

a) Die zuständige Behörde

Die Zusage muß, wie jeder andere Verwaltungsakt auch, von der örtlich, sachlich und funktionell zuständigen Behörde erlassen worden sein. Für die gesetzlich nicht geregelte allgemeine steuerrechtliche Zusage kann dabei im Hinblick auf ihren Annexcharakter zwangsläufig nur die Behörde als zuständig gelten, die auch für die Ausführung des zugesagten Verhaltens zuständig ist[2]. Das bedeutet, daß die für die Durchführung des Besteuerungsverfahrens zuständige Behörde die Zusage zu erteilen hat. Gem. § 16 AO i.V.m. § 17 Abs. 2 FVG ist dies, von Ausnahmen abgesehen, das für den jeweiligen Steuerfall örtlich zuständige (s. §§ 17 ff. AO) Finanzamt[3]. Dieses ist grundsätzlich auch für die Erteilung einer Zusage gem. §§ 204 ff. AO zuständig,

---

[1] Vgl. *Obermayer*, in: FS Maunz, 1981, 247, 251.

[2] Vgl. *Müller* S. 59 m.w.N.; *Schick*, in: *Hübschmann/Hepp/Spitaler*, AO vor § 204 Rn. 33.

[3] Wegen der besonderen Sachnähe der Finanzämter sollte an deren Zuständigkeit insoweit auch de lege ferenda festgehalten werden. A.A. *Spitaler*, BB 1961, 1333, 1336, der sich dafür ausgesprochen hat, die Oberfinanzdirektionen mit der Aufgabe der Zusageerteilung zu betrauen.

denn auch die Außenprüfung ist von der für die Besteuerung zuständigen Finanzbehörde durchzuführen (§ 195 S. 1 AO). Allerdings eröffnet § 195 S. 2 AO die Möglichkeit, eine andere Finanzbehörde mit der Außenprüfung zu beauftragen, die dann im Namen der zuständigen Finanzbehörde die Steuerfestsetzung vornehmen und Zusagen gem. §§ 204 ff. AO erteilen kann (§ 195 S. 3 AO)[4]. Nach verwaltungsinterner Regelung soll jedoch vor Erteilung einer Zusage die beauftragte Finanzbehörde die für die Besteuerung insoweit zuständige Finanzbehörde hören[5].

Die Zuständigkeit der Finanzämter für die Erteilung von Zusagen schließt nach Meinung von Rieckmann[6] und Krabbe[7] aber nicht aus, daß sich der Steuerpflichtige auch direkt an die übergeordneten Mittelbehörden und obersten Behörden[8], d.h. an die Oberfinanzdirektionen und die Finanzminister und -senatoren der Länder wenden könne, um eine Zusage zu erlangen. Dem kann jedoch nicht zugestimmt werden, denn es existiert keine gesetzliche Ermächtigung für einen Selbsteintritt dieser Behörden bezüglich der den Finanzämtern übertragenen Aufgaben. Allein durch ihre vorgesetzte Stellung sind sie nicht befugt, die kraft Gesetz den Finanzämtern zugewiesene funktionelle Zuständigkeit an sich zu ziehen[9]. Folglich können die übergeordneten Behörden auch Zusagen, die nach den allgemeinen Zuständigkeitsregeln zum umfassenden Aufgabenbereich der Finanzämter gehören, weder in eigenem Namen noch im Namen des zuständigen Finanzamts erteilen[10]. Sie können nur von ihrem Weisungsrecht Gebrauch machen und das Finanzamt anweisen, eine Zusage bestimmten Inhalts zu erteilen. Entgegen der Meinung von Faut[11] genügt dabei eine solche Weisung noch nicht, um im Verhältnis zum Steuerpflichtigen bereits eine Bindung des angewiesenen Finanzamts zu begründen. Hierfür ist in jedem Fall eine eigene Willensäußerung des Finanzamts als der dem Steuerpflichtigen gegenüber zuständigen Finanzbehörde erforderlich[12].

---

[4] Verfassungsrechtliche Bedenken gegen diese „Zuständigkeitsübertragung“ werden geäußert von *Schick*, in: *Hübschmann / Hepp / Spitaler*, AO § 195 Rn. 150 ff.

[5] So im Anwendungserlaß zur AO vom 24.9.1987, BStBl. 1987 I, 664, 704.

[6] DStZ 1988, 396.

[7] DB 1987, 2067, 2068.

[8] S. § 2 FVG.

[9] Vgl. BFH BStBl. 1968 II, 586, 587; 1969 II, 435, 437; 1974 II, 171.

[10] So auch FG Düsseldorf EFG 1984, 409.

[11] RWP, 14 D AO II B 27 a S. 35, 38.

[12] Vgl. auch *Maaßen* S. 67.

b) Der zuständige Beamte

In der Rechtsprechung des Bundesfinanzhofs ist des weiteren stets gefordert worden, daß die Zusage auch von dem nach Aufgabenbereich und Hierarchie zuständigen Beamten erteilt worden sein muß, um nach Treu und Glauben Bindungswirkung zu entfalten[13]. Welcher Amtsträger in diesem Sinne zur Erteilung der Zusage befugt ist, bestimmt sich allein nach verwaltungsinternen Organisationsregeln[14] und dem Geschäftsverteilungsplan des zuständigen Finanzamts. Zu beachten ist in diesem Zusammenhang, daß nach § 22 Abs. 1 Nr. 2 FAGO[15] Vorgänge von erheblicher Bedeutung oder von rechtlicher oder tatsächlicher Schwierigkeit unter den Zeichnungsvorbehalt des Sachgebietsleiters fallen. Dabei werden in der beispielhaften Aufzählung solcher Vorgänge an erster Stelle „Rechtsauskünfte und verbindliche Zusagen“ genannt. D.h. der Sachbearbeiter/Bearbeiter, der an sich die einzelne Steuerveranlagung oder die Außenprüfung durchzuführen hat und der insoweit für sein Arbeitsgebiet auch grundsätzlich zeichnungsbefugt ist (§ 21 Abs. 1 FAGO), darf eigenständig keine Zusagen erteilen.

Begreift man aber wie hier die Zusage als einen Verwaltungsakt, so hat eine Verletzung dieser behördeninternen Zuständigkeit nach den Regeln der Abgabenordnung weder auf die Wirksamkeit noch auf die Rechtmäßigkeit der Zusage einen Einfluß. Dies wird an § 130 Abs. 2 Nr. 1 AO deutlich, wo für die Frage der Rücknehmbarkeit eines rechtswidrig begünstigenden Verwaltungsakts allein auf die sachliche Unzuständigkeit der Behörde als solcher abgehoben wird[16]. Die Zuständigkeitsregelung innerhalb der Behörde berührt dagegen den Steuerpflichtigen nicht, denn sowohl die abstrakten Organisationsregeln der Finanzverwaltung als auch der konkrete Geschäftsverteilungsplan des jeweiligen Finanzamts besitzen als rein innerdienstliche

---

[13] Vgl. BFH BStBl. 1961 III, 562, 564; 1963 III, 23, 25; 1963 III, 534, 535; 1967 III, 685; 1968 II, 5, 7; 1968 II, 128, 129; 1968 II, 145, 148. Vgl. auch FG des Saarlandes EFG 1987, 188 f.

[14] Vgl. die „Grundsätze zur Neuorganisation der Finanzämter und zur Neuordnung des Besteuerungsverfahrens“ (GNOFÄ) vom 4.3.1981, BStBl. 1981 I, 270 ff. sowie die „Geschäftsordnung für die Finanzämter“ (FAGO) vom 2.12.1985, BStBl. 1985 I, 685 ff., als jeweils gleichlautende Erlasse der obersten Finanzbehörden der Länder.

[15] A.a.O. (Fn. 14).

[16] So auch FG Düsseldorf EFG 1981, 296, 297; *Blencke,* NWB Fach 2, 4587, 4590; *Kienemund,* DB 1984, 1433, 1436; *Neufang/Horn,* Inf. 1988, 337, 339; *Tipke/Kruse,* AO vor § 204 Rn. 11. Vgl. auch *Bettermann,* in: Festgabe für BVerwG, 1978, 61, 65 f. zu § 38 VwVfG.

Maßnahmen keine Außenwirkung[17], weshalb deren Verletzung auch keine Fehlerhaftigkeit des Verwaltungsakts begründen kann[18]. Allerdings muß die Erklärung der zusagenden Person der Behörde überhaupt zurechenbar sein. Dies folgt daraus, daß die Zusage als Verwaltungsakt gem. §§ 122 Abs. 1, 124 Abs. 1 S. 1 AO dem Zusageempfänger oder dessen Bevollmächtigtem bekanntgegeben werden muß, um im Sinne einer äußeren Wirksamkeit überhaupt „existent" zu werden. Bekanntgabe bedeutet dabei, daß die Zusage dem Adressaten mit Willen der Behörde eröffnet wird[19]. Nicht als willentlicher Akt der Behörde zurechenbar (sog. Nichtakt[20]) ist aber nur das Handeln eines Behördenbediensteten, der unter keinem denkbaren Gesichtspunkt zu behördlichem Handeln befugt ist[21]. Ansonsten muß die Behörde Handlungen ihrer Bediensteten als wirksam und folglich als verbindlich gegen sich gelten lassen, auch wenn dem Handelnden für die konkrete Maßnahme die Zuständigkeit fehlt[22]. Eine Zusage ist deshalb auch dann wirksam und damit verbindlich, wenn sie statt vom Sachgebietsleiter, von einem Sachbearbeiter oder einem Außenprüfer erteilt worden ist. Nur wenn eine ganz offensichtlich „unzuständige" Person gehandelt hat[23], fehlt es an der Bekanntgabe und damit an der Wirksamkeit der Zusageerklärung.

2. Form und Inhalt der Zusage

a) Die Form der allgemeinen Zusage

Die Frage nach der erforderlichen Form ist nur für die allgemeine Zusage von Bedeutung, denn für die Zusage auf Grund einer Außenprüfung ist in § 205 Abs. 1 AO die Schriftform vorgeschrieben. Allerdings soll nach An-

---

[17] Vgl. BVerfG BStBl. 1978 II, 616.

[18] A.A. wohl *Offerhaus,* NJW 1979, 630, 631, wenn er dem „Mangel" der amtsinternen Kompetenzüberschreitung lediglich die Offenkundigkeit gem. § 125 Abs. 1 AO abspricht. Wie hier *Hein,* StB 1978, 285, 286 f.

[19] Vgl. BVerwGE 22, 14, 15; BFH BStBl. 1985 II, 42, 43; BayObLG BayVBl. 1986, 186, jeweils m.w.N.

[20] Vgl. *Gmach,* DStZ / A 1976, 299, 302.

[21] Vgl. *Nothnagel* S. 179 ff. sowie BFH BStBl. 1978 II, 575, 576. Strenger dagegen BFH BStBl. 1986 II, 832, 833, wo gefordert wird, daß der handelnde Bedienstete zumindest nach seiner Stellung zum Erlaß von Verwaltungsakten befugt ist.

[22] So BFH BStBl. 1981 II, 404, 405 für den Bereich der Steuerfestsetzung.

[23] Vgl. die Beispiele bei *Kopp,* VwVfG § 41 Rn. 23, und *Tipke / Kruse,* AO § 122 Rn. 5.

sicht von Schick[24] auch die allgemeine Zusage insoweit formgebunden sein, als aus deren Annexcharakter folgt, daß sich die Form der Zusage nach den Formerfordernissen für das zugesagte Verhalten bestimmt[25]. So bedürften Zusagen, die auf den Erlaß oder die Unterlassung förmlicher Steuerbescheide oder auf Fragen bezüglich der den Steuerbescheiden zugrundeliegenden Besteuerungsgrundlagen gerichtet seien, stets der Schriftform (s. § 157 AO)[26]. Dem ist zu widersprechen. Aus dem engen sachlichen Zusammenhang zwischen der Zusage und dem zugesagten Verhalten folgt keinesfalls zwingend eine Parallelität der erforderlichen Form[27]. Ein Schriftformerfordernis könnte höchstens dann auf die Zusage durchgreifen, wenn durch deren formlose Erteilung der Zweck der für das zugesagte Verhalten vorgeschriebenen Form unterlaufen würde[28]. Da aber die Zusage als eine Begünstigung im besonderen Interesse des Steuerpflichtigen liegt, kann dies nur dann der Fall sein, wenn die Formbedürftigkeit dazu dient, die Finanzverwaltung in ihrem eigenen Interesse vor einer übereilten Entscheidung zu schützen[29]. Mit den Formerfordernissen im Rahmen der Steuerveranlagung wird ein solcher Zweck jedoch nicht verfolgt. Daß Steuerbescheide und die ihnen gleichgestellten Bescheide als in der Regel belastende Verwaltungsakte schriftlich zu erteilen sind, soll ganz offenkundig nur die Steuerpflichtigen schützen und der Beweissicherung dienen[30]. Für die allgemeine Zusage gilt deshalb die Grundsatzregelung des § 119 Abs. 2 S. 1 AO, wonach Verwaltungsakte im Steuerrecht schriftlich, mündlich oder in anderer Weise, d.h. durch konkludentes Handeln[31], erlassen werden können.

Ist die behördliche Erklärung, auf die sich der Steuerpflichtige beruft, nicht schriftlich erteilt worden, dann soll allerdings nach Auffassung des Bundesfinanzhofs wegen der Bedeutung der Sache die Vermutung nahe lie-

---

[24] In: *Hübschmann/Hepp/Spitaler,* AO vor § 204 Rn. 34.

[25] Ebenso *Klauser,* BB 1983, 839.

[26] Vgl. auch die Übersicht bei *Woerner/Grube* S. 13 über die den Steuerbescheiden gleichgestellten und damit auch schriftlich zu erteilenden Bescheide.

[27] So auch *Tipke/Kruse,* AO vor § 204 Rn. 12.

[28] Vgl. *Müller* S. 73. Nach *Fiedler* (S. 86 f.) soll eine Umgehung gesetzlicher Formvorschriften angesichts des nur vorbereitenden Charakters der Zusage schon begrifflich ausgeschlossen sein.

[29] Vgl. BVerwG JZ 1964, 687 sowie *Hugo Kellner* S. D 61; *Plössl* S. 134 f.; *Hubert Kellner* S. 117; *Püttner,* JA 1975, 389, 391.

[30] Vgl. auch *Hartz* S. D 22; *Müller* S. 74; *Reifenrath* S. 105.

[31] Vgl. hierzu BFH BStBl. 1970 II, 352, 353. Beachte aber auch BFH BStBl. 1973 II, 540, 542.

gen, daß nur eine unverbindliche Meinungsäußerung eines Beamten des Finanzamts (Auskunft) erstrebt und gegeben wurde[32]. Diese bedenkliche Aussage, die sich auch in der Literatur wieder findet[33], erweckt den Eindruck, als ob nur dort eine Zusage bejaht werden könnte, wo eindeutig nachgewiesen ist, daß der erklärende Beamte tatsächlich mit Bindungswillen gehandelt hat. Eine solche Schlußfolgerung wäre aber unzulässig, denn die Frage, ob die dem Steuerpflichtigen gegenüber abgegebene Behördenerklärung von einem Bindungswillen getragen ist, kann nur durch Auslegung festgestellt werden[34]. Dabei kommt der auch für das öffentliche Recht gültige Grundsatz des bürgerlichen Rechts, wonach der objektive Erklärungswert zu ermitteln ist[35], zur Anwendung[36]. D.h. es ist unter Berücksichtigung der Umstände des Einzelfalls zu prüfen, ob ein verständiger Empfänger die Erklärung der Finanzbehörde als verbindlich verstehen durfte[37]. Der Form der Erklärung kann hierbei keine Bedeutung zukommen, denn der Steuerpflichtige darf in gleichem Maße auf schriftliche, wie auch auf mündliche oder in sonstiger Weise zum Ausdruck gebrachte Erklärungen der Finanzbehörden vertrauen[38].

Nur wenn streitig ist, ob die Finanzbehörde überhaupt oder mit welchem konkreten Inhalt eine als Zusage auslegbare Erklärung abgegeben hat, kann es sich für den Steuerpflichtigen aus Beweisgründen als nachteilig erweisen, wenn er nicht auf eine schriftliche Niederlegung der Behördenerklärung bestanden hat. In dem von der Untersuchungsmaxime bestimmten Steuerrecht gibt es zwar keine subjektive Beweislast (Beweisführungslast), wohl aber

---

[32] So BFH BStBl. 1961 III, 562, 564; 1968 II, 145, 148. Vgl. auch Hessisches FG EFG 1977, 615.

[33] So etwa bei *Faut,* RWP, 14 D AO II B 27 a S. 35, 37, *Latsch / Honemann,* in: *Schröder / Muuss,* HBP, 4410 S. 12; *Herrmann / Heuer / Raupach,* EStG § 2 Rn. 72 g.

[34] Vgl. *Neufang / Horn,* Inf. 1988, 337, sowie *Hoffmann-Becking,* DÖV 1972, 196, 200.

[35] Vgl. *Palandt,* BGB, § 133 Anm. 4 c.

[36] Vgl. BVerwGE 13, 99, 103; 17, 267, 270; 60, 144, 145; *Schwerdtfeger* S. 22 m.w.N. in Fn. 48. Vgl. auch *von Groll,* StuW 1977, 197, 204, der zu Recht die hiervon abweichende Tendenz in der BFH-Rechtsprechung kritisiert.

[37] So auch BVerwG NVwZ 1982, 677,680; FG Hamburg EFG 1986, 59; Hessisches FG EFG 1973, 295, 296; *Kienemund,* DB 1984, 1433, 1435 Fn. 13; *Martens,* NVwZ 1983, 717, 720; *Kurr,* ZfZ 1986, 236. Es kommt auch nicht darauf an, unter welcher Bezeichnung die Finanzbehörde die Erklärung abgegeben hat; vgl. FG Düsseldorf EFG 1981, 296, 297, und Hessisches FG DStZ 1987, 257, 258.

[38] Dies verkennt *Oswald,* DStR 1968, 590, 591. Vgl. aber auch *Monreal* S. 134.

eine objektive Beweislast (Feststellungslast)[39]. Letztere regelt die Folgen, wenn sich eine streitige Tatsachenbehauptung auch nach Einsatz aller Erkenntnismöglichkeiten weder als wahr noch als unwahr feststellen läßt (non liquet). Dabei gilt die Grundregel, daß jede Partei für die ihr günstigen Tatsachenbehauptungen die Feststellungslast trägt[40]. Das bedeutet, daß der Steuerpflichtige, der sich auf eine Zusage der Finanzbehörde beruft, mit dem Risiko der Beweislosigkeit belastet ist, wenn die Erklärung als solche von der Finanzbehörde bestritten wird. Deshalb empfiehlt es sich für den Steuerpflichtigen im eigenen Interesse auf die schriftliche Niederlegung der Zusage zu achten[41]. Folglich bestünden auch keine Bedenken, wenn im Rahmen einer künftigen gesetzlichen Regelung für die allgemeine Zusage ebenfalls die Schriftform vorgeschrieben würde.

b) Die Kennzeichnung der Zusage als verbindlich

Nach § 205 Abs. 1 AO muß die Zusage auf Grund einer Außenprüfung nicht nur schriftlich erteilt, sondern auch als verbindlich gekennzeichnet werden. Diese im Hinblick auf den Begriff der Zusage[42] zunächst unverständliche Forderung hat durchaus ihren Sinn. Er erschließt sich aus der für die formfreie allgemeine Zusage soeben getroffenen Feststellung, daß die Frage, ob die Finanzbehörde mit Bindungswillen gehandelt hat, unter Anwendung der allgemeinen Auslegungsregeln zu klären ist. Durch die Pflicht zur Kennzeichnung als verbindlich hat diese Aussage für die schriftlich zu erteilende Zusage auf Grund einer Außenprüfung insoweit eine Einschränkung erfahren, als damit klargestellt wird, daß hier der Bindungswille der Finanzbehörde aus dem Inhalt der Urkunde selbst erkennbar sein muß. D.h. daß im Interesse der Rechtssicherheit der allgemeine Auslegungsgrundsatz, wonach zur Ermittlung der Bedeutung einer urkundlichen Erklärung auch Umstände herangezogen werden können, die außerhalb des Urkundentextes liegen[43], von der Anwendung ausgeschlossen ist.

---

[39] Hierzu grundlegend BFH BStBl. 1971 II, 220, 223 f.

[40] Vgl. BGH NJW 1983, 2944 m.w.N.; BFH BStBl. 1971 II, 220, 224.

[41] Wird dem Stpfl. nur eine mündliche Zusage erteilt, dann ist ihm zu raten, diese unverzüglich schriftlich zu fixieren und der Finanzbehörde in einem Bestätigungsschreiben zu übersenden, so zutreffend *Pump*, Inf. 1987, 533. Vgl. hierzu auch BFH BStBl. 1962 III, 94 ff.

[42] S. oben S. 35 ff.

[43] Vgl. *Hefermehl*, in: *Soergel*, BGB § 133 Rn. 28 m.w.N.

Aus dieser Zweckbestimmung folgt aber zugleich, daß die Kennzeichnungspflicht nicht im Sinne eines bestimmten Formalismus verstanden werden darf[44]. Dieser Anforderung ist immer schon dann Genüge getan, wenn sich für einen verständigen Erklärungsempfänger die Verbindlichkeit aus dem Text der Urkunde ohne weiteres entnehmen läßt[45]. Ist auf diese Weise ein Bindungswille nicht eindeutig feststellbar, dann geht dies jedoch zu Lasten des Steuerpflichtigen[46]. Dieser wird sich deshalb in Zweifelsfällen darum bemühen müssen, gegebenenfalls mit Hilfe des Rechtsbehelfsverfahrens[47], eine eindeutige Erklärung der Finanzbehörde zu erlangen[48].

c) Zum Inhalt der Zusage

aa) § 205 Abs. 2 AO als die Umschreibung des erforderlichen Mindestinhalts einer Zusage

Was die Frage nach dem gebotenen Inhalt einer allgemeinen Zusage anbelangt, kann auf die Anforderungen verwiesen werden, die § 205 Abs. 2 AO für die Zusage auf Grund einer Außenprüfung nennt. Dies ist damit zu begründen, daß der dort als notwendig dargestellte Inhalt nur die Mindestanforderungen umfaßt, die im Hinblick auf das Gebot der Bestimmtheit (§ 119 Abs. 1 AO) erforderlich sind und die so gesehen auch an den Inhalt einer allgemeinen Zusage gestellt werden müssen[49]. Dabei bedarf § 205 Abs. 2 AO allerdings in zwei Punkten einer Klarstellung.

So ist zunächst die mit der Nr. 2 aufgestellte Forderung, die Zusage müsse die Entscheidung über den Antrag und die dafür maßgebenden Gründe enthalten, mißverständlich formuliert. Die Entscheidung, daß dem Steuerpflichtigen auf seinen Antrag eine Zusage gegeben wird, folgt per se aus der Tatsa-

---

[44] So aber *Steinberg* S. 120, wenn er fordert, daß das Wort „verbindlich" im Text oder in der Überschrift der Urkunde enthalten sein muß.

[45] So auch die h.M. in der Literatur, vgl. z.B. *Kühn / Kutter / Hofmann,* AO § 205 Anm. 2; *Latsch / Honemann,* in: *Schröder / Muuss,* HBP, 4410 S. 26. Schon die Bezeichnung der Erklärung als Zusage ist ausreichend, *Tipke / Kruse,* AO § 205 Rn. 2.

[46] A.A. *Schick,* in: *Hübschmann / Hepp / Spitaler,* AO § 205 Rn. 11.

[47] D.h. mittels Einspruch gem. § 348 Abs. 2 i.V.m. Abs. 1 Nr. 6 AO und anschließender Verpflichtungsklage gem. § 40 Abs. 1 FGO.

[48] Vgl. *Giesberts* Rn. 294.

[49] Vgl. *Kühn / Kutter / Hofmann,* AO § 205 Anm. 1; *Tipke / Kruse,* AO vor § 204 Rn. 12. Die schriftlich erteilte Zusage muß selbstverständlich darüber hinaus auch die in § 119 Abs. 3 AO genannten inhaltlichen Anforderungen erfüllen.

che ihrer Erteilung und bedarf selbstverständlich keiner gesonderten Bestätigung. Mit der „Entscheidung über den Antrag" kann nach dem Sinngehalt der Vorschrift vielmehr nur die rechtliche Beurteilung des der Zusage zugrunde gelegten Sachverhalts gemeint sein[50]. Folglich ist auch die Begründungspflicht des § 205 Abs. 2 Nr. 2 AO allein auf diese materielle Aussage zu beziehen[51]. Bezüglich der Gründe, die für die Entscheidung zugunsten der Erteilung der Zusage als solcher maßgebend waren, also die positiven Feststellungen über das Vorliegen des Zusageinteresses und der für die Zusageerteilung sprechenden Ermessenserwägungen, bleibt es dagegen bei der allgemeinen Regelung des § 121 Abs. 2 Nr. 1 AO[52]. Danach kann auf deren Darstellung verzichtet werden, da mit der Erteilung der Zusage dem Antrag des Steuerpflichtigen entsprochen worden ist[53].

Des weiteren bereitet auch § 205 Abs. 2 Nr. 3 AO insoweit Auslegungsschwierigkeiten, als es dort heißt, daß die Zusage Angaben darüber enthalten müsse, für welchen Zeitraum sie gilt. Steinberg[54] schließt daraus, daß eine unbefristete Zusage nicht erteilt werden dürfe. Wie aber die Gesetzesmaterialien belegen, sollte mit § 205 Abs. 2 Nr. 3 AO nur zum Ausdruck gebracht werden, daß die Zusage zeitlich beschränkt werden kann, wenn dies nach den Umständen des Einzelfalles als geboten erscheint[55]. § 205 Abs. 2 Nr. 3 AO eröffnet somit keine umfassendere Befristungsmöglichkeit, als sie durch § 120 Abs. 2 Nr. 1 AO ohnehin schon gegeben ist. Die Frage, ob die Geltung der Zusage auf einen bestimmten Zeitraum zu beschränken ist, ist also eine Ermessensentscheidung. Diese wird in der Regel zugunsten einer unbefristeten Zusage ausfallen müssen, da dem allgemeinen Risiko der Verwaltung, längere Zeit an eine rechtswidrige Zusage gebunden zu sein, durch

---

[50] So zutreffend *Zwank,* in: *Koch,* AO § 205 Rn. 5.

[51] Die Notwendigkeit für diesen Begründungszwang folgt aus der Regelung des § 207 Abs. 1 AO. S. dazu unten S. 139 ff.

[52] A.A. *Tipke/Kruse,* AO § 205 Rn. 4, sowie *Schick,* in: *Hübschmann/Hepp/Spitaler,* AO § 205 Rn. 36 ff. Deren Behauptung, die Entscheidung zugunsten der Zusageerteilung unterliege im Interesse der Finanzbehörde einer gesteigerten Rechenschaftspflicht und bedürfe deshalb auch insoweit zwingend einer Begründung, ist durch nichts gerechtfertigt.

[53] Soweit der Antrag auf Erteilung einer Zusage ganz oder auch nur teilweise abgelehnt wird, ergibt sich die Begründungspflicht aus § 121 Abs. 1 AO (s. dazu bereits oben S. 102).

[54] S. 122.

[55] Vgl. *Arbeitskreis für die AO-Reform,* Bericht S. 315 sowie die Begründung zum Entwurf einer Abgabenordnung (AO 1974), BT-Drs. VI/1982, S. 165.

weitgehende Aufhebungs- und Abänderungsmöglichkeiten – auf die noch einzugehen ist – Rechnung getragen wird bzw. Rechnung zu tragen ist[56].

bb) Die Zusage mit Nebenbestimmungen

Nachdem die Möglichkeit der Befristung der Zusage unter Verweisung auf § 120 Abs. 2 Nr. 1 AO bereits zur Sprache gekommen ist, drängt sich natürlich die Frage auf, ob die Zusage auf Grund einer Außenprüfung und die allgemeine steuerrechtliche Zusage als Ermessensverwaltungsakte auch mit den weiteren in § 120 Abs. 2 AO aufgezählten Nebenbestimmungen nach pflichtgemäßem Ermessen erteilt werden dürfen[57]. Dagegen könnte die seit langem in der Rechtsprechung des Bundesfinanzhofs und auch im Schrifttum vertretene Ansicht sprechen, daß nur eine vorbehaltlos erteilte Zusage in der Lage sei, eine Bindungswirkung zu entfalten[58]. Diese Aussage bedarf jedoch der Differenzierung. Vorbehalte können die Bindungswirkung nur dann ausschließen, wenn sie den Inhalt der Erklärung derart bestimmen, daß für den Erklärungsempfänger ein Bindungswille der Finanzbehörde überhaupt nicht mehr erkennbar ist. Die Erklärung stellt dann keine Zusage, sondern nur noch eine unverbindliche Auskunft dar. Davon streng zu trennen sind solche Vorbehalte, durch die die Verbindlichkeit des Erklärten nicht beseitigt, sondern lediglich gewissen Einschränkungen unterworfen wird[59]. Dies ist der Fall, wenn die Zusage mit einer belastenden Nebenbestimmung erlassen oder verbunden wird[60]. Die Beifügung einer Bedingung, eines Widerrufsvorbehalts, einer Auflage oder eines Auflagenvorbehalts steht deshalb dem Wesen der Zusage als einer auf eine Selbstbindung gerichteten Erklärung keinesfalls entgegen[61]. Fraglich ist jedoch, ob nicht einzelne dieser Nebenbestimmungsarten dem Zweck der Zusage, dem Steuerpflichtigen für seine Zukunftspla-

---

[56] So auch *Frotscher*, in: *Schwarz*, AO § 205 Rn. 2.

[57] Ebenfalls um Nebenbestimmungen handelt es sich bei den Regelungen in §§ 164, 165 AO (vgl. BFH BStBl. 1981 II, 150, 151), die jedoch bei der Zusage von vornherein ausscheiden, da sie nach ihrem Sinn und Zweck nur mit Steuerbescheiden und diesen gleichgestellten Bescheiden verknüpft werden können, vgl. *Förster*, in: *Koch*, AO § 164 Rn. 4.

[58] Vgl. BFH BStBl. 1959 III, 52, 53; 1961 III, 562, 564 m.w.N.; *Zwank*, StBp. 1977, 12, 15; *Lohmeyer*, DStZ/A 1978, 26, 29; *Fischer*, DÖV 1979, 773, 775.

[59] So die zutreffende Differenzierung in Hessisches FG EFG 1973, 295, 296.

[60] Vgl. auch *Pettenkofer* S. 116.

[61] Vgl. *Lohmeyer*, StB 1983, 101, 106; *Plath*, AO § 205 Anm. 2 d, sowie *Meyer*, in: *Meyer/Borgs*, VwVfG § 38 Rn. 5.

nung rechtliche Sicherheit zu gewähren, generell zuwiderlaufen (s.a. § 120 Abs. 3 AO). Bezüglich der Auflage bzw. deren Vorbehalt ergeben sich solche grundsätzlichen Bedenken nicht, denn als selbständig erzwingbares Gebot oder Verbot hat die Auflage keine unmittelbare Auswirkung auf die Wirksamkeit und den Bestand der Zusage.

Als problematischer erweist es sich dagegen, wenn die Frage der Wirksamkeit der Zusage von einer Bedingung, also dem ungewissen Eintritt eines zukünftigen Ereignisses abhängig gemacht wird. Allerdings geht die Ansicht, daß Bedingungen in jedem Fall mit dem Zweck der Zusage unvereinbar seien[62], angesichts der unterschiedlichen Bedingungsmöglichkeiten zu weit[63]. Insbesondere solche Bedingungen, die der Einflußnahme des Steuerpflichtigen unterliegen (sog. „unechte" Bedingungen)[64], können nicht von vornherein als zweckwidrig angesehen werden. Deren Einsatz kann sich im Einzelfall durchaus als milderes Mittel gegenüber einer ansonsten unausweichlichen Ablehnung der Zusage erweisen. Dies gilt schließlich auch für den Fall, daß eine Zusage unter genau bestimmten Umständen für widerrufbar erklärt wird[65]. Somit kann für keine der in § 120 Abs. 2 AO genannten Nebenbestimmungsarten eine generelle Unvereinbarkeit mit der Zwecksetzung der Zusage bejaht werden. Ob eine Nebenbestimmung die ZuSage als Dispositionsgrundlage für den Steuerpflichtigen entwertet und sich damit als unzulässig erweist, kann vielmehr immer nur im konkreten Einzelfall entschieden werden[66].

3. Die Rechtsfolgen der formell fehlerhaften Zusage

Die Frage, welche Rechtsfolgen eine formell fehlerhafte Zusage bewirkt, gewinnt durch den Vergleich zwischen der verwaltungsrechtlichen Zusicherung gem. § 38 VwVfG und der Zusageregelung gem. §§ 204 ff. AO an besonderer Bedeutung. So folgt aus der Formulierung des § 38 Abs. 1 S. 1

---

[62] So *Schick,* in: *Hübschmann / Hepp / Spitaler,* AO § 205 Rn. 45.

[63] Gegen eine generelle Bindungsfeindlichkeit der Zusage auch *Plössl* S. 167.

[64] Vgl. *Kopp,* VwVfG § 36 Rn. 21.

[65] Ebenso *Rieckmann,* DStZ 1988, 396, 398.

[66] Auf die weitere Frage nach den Rechtsschutzmöglichkeiten gegenüber unberechtigten Nebenstimmungen und insbesondere auf das Problem deren gesonderter Aufhebbarkeit, kann im Rahmen der hier zu behandelnden Thematik nicht eingegangen werden. S. aber hierzu etwa BFH BStBl. 1982 II, 34 ff.; BVerwG NVwZ 1984, 366 f. und die umfassende Problemdarstellung bei *Eyermann / Fröhler,* VwGO Anhang zu § 42 Rn. 1 ff.

VwVfG, daß nicht nur die Schriftform, sondern auch die Zuständigkeit der zusichernden Behörde abweichend von den allgemeinen Regeln in jedem Fall eine Wirksamkeitsbedingung der Zusicherung darstellt[67]. Für die Zusage auf Grund einer Außenprüfung läßt sich Gleiches nicht feststellen. § 207 Abs. 3 AO i.V.m. § 130 Abs. 2 Nr. 1 AO zeigt vielmehr, daß hier Zuständigkeitsfehler letztlich nicht anders zu beurteilen sind als bei anderen Steuerverwaltungsakten auch. So ist die Zusage einer sachlich unzuständigen Behörde grundsätzlich wirksam, solange sie nicht aufgehoben wird. Nur in krassen Fällen sachlicher Unzuständigkeit wird man einen zur Nichtigkeit führenden Fehler i.S.v. § 125 Abs. 1 AO[68] bejahen können[69]. Bei bloßer Verletzung der örtlichen Zuständigkeit ist die Rechtsfolge der Nichtigkeit sogar generell ausgeschlossen (§ 125 Abs. 3 Nr. 1 AO)[70]. Diese unterschiedliche Behandlung von Zuständigkeitsfehlern drängt besonders im Hinblick auf die Behandlung der allgemeinen steuerrechtlichen Zusage die Frage auf, welche der beiden Rechtsfolgeregelungen die angemessenere ist. Die Entscheidung muß dabei eindeutig zugunsten der §§ 204 ff. AO ausfallen, denn es ist kein Grund ersichtlich, der es rechtfertigen könnte, daß die Empfänger einer Zusage/Zusicherung bei Zuständigkeitsfehlern schlechter gestellt werden als die Empfänger anderer begünstigender Verwaltungsentscheidungen[71].

Als im Ergebnis unproblematisch erweist es sich dagegen, daß in § 38 VwVfG anders als in den §§ 204 ff. AO ausdrücklich betont wird, daß die Einhaltung der Schriftform Voraussetzung für die Wirksamkeit der Zusicherung ist. Daraus darf keinesfalls der Schluß gezogen werden, daß umgekehrt bei der Zusage auf Grund einer Außenprüfung die Verletzung des Schriftformerfordernisses keinen Einfluß auf deren Wirksamkeit haben soll. Ob die Mißachtung der in § 205 Abs. 1 AO angeordneten Schriftform die Unwirksamkeit der Zusage zur Folge hat, bestimmt sich nach der allgemeinen Regelung über die Nichtigkeit von Verwaltungsakten gem. § 125 Abs. 1 AO. Dabei ist mit der ganz überwiegenden Meinung davon auszugehen, daß die Verletzung des Formzwanges sich immer dann als ein besonders schwerwiegender und offenkundiger Fehler erweist, wenn die Schriftform nicht nur eine Ordnungsfunktion erfüllen soll, sondern aus Gründen der Rechtsklarheit und

---

[67] So die ganz h.M., vgl. z.B. *Stelkens*, in: *Stelkens/Bonk/Leonhardt*, VwVfG § 38 Rn. 20; *Kopp*, VwVfG § 38 Rn. 13; *Meyer*, in: *Meyer/Borgs*, VwVfG § 38 Rn. 5. Die Zuständigkeit der Behörde ist aber keinesfalls ein Definitionsbestandteil der Zusicherung, s. dazu bereits oben S. 38 Fn. 15.

[68] Wortgleich mit § 44 Abs. 1 VwVfG.

[69] Vgl. hierzu auch *Kopp*, VwVfG § 44 Rn. 11.

[70] Beachte auch § 127 AO.

[71] So auch *Fiedler* S. 247.

Rechtssicherheit zwingend vorgeschrieben ist[72]. Diese Zweckbestimmung dürfte bei der Zusage gem. §§ 204 ff. AO außer Zweifel stehen. Es ist deshalb zuzustimmen, wenn einhellig angenommen wird, daß eine nur mündlich erteilte Zusage auf Grund einer Außenprüfung nicht die in § 206 AO genannte Bindungswirkung entfaltet[73].

Nach Meinung von Tipke/Kruse[74] soll eine formwidrige Zusageerklärung aber gleichwohl als allgemeine Zusage, für die kein Formzwang besteht, bindend sein können[75]. Diese Behauptung läuft aber dem Verhältnis zuwider, in dem die Zusage gem. §§ 204 ff. AO und die allgemeine Zusage zueinander stehen. Die Zusage auf Grund einer Außenprüfung, die nur einen Teilaspekt der steuerrechtlichen Zusageproblematik darstellt, erfüllt nach den hier gewonnenen Erkenntnissen immer zugleich auch die Anforderungen, die an die allgemeine Zusage zu stellen sind. Die Annahme, eine Zusage i.S.v. § 204 AO, die nur mündlich gegeben wurde, könne als allgemeine Zusage Bindungswirkung entfalten, hätte deshalb die Bedeutungslosigkeit des in § 205 Abs. 1 AO bestimmten Formzwanges zur Folge. Da dies ein unhaltbares Ergebnis darstellt, kann für das Konkurrenzverhältnis zwischen den beiden Zusageformen sinnvollerweise nur gelten, daß die §§ 204 ff. AO als spezielle Regelung die Grundsätze über die allgemeine Zusage verdrängen[76] und damit die Umdeutung einer formwidrigen Zusage auf Grund einer Außenprüfung in eine formfreie allgemeine Zusage von vornherein ausgeschlossen ist.

II. Die materielle Rechtmäßigkeit der Zusage

Nach dem Grundsatz der Gesetzmäßigkeit der Verwaltung muß sich die erteilte Zusage auch inhaltlich als rechtmäßig erweisen. Wie bereits in anderem Zusammenhang angesprochen, darf die Finanzbehörde dem Steuerpflich-

---

[72] Vgl. *Ule/Laubinger* S. 399; *Klappstein,* in: *Knack,* VwVfG § 44 Rn. 4.1.3.; *Meyer,* in: *Meyer/Borgs,* VwVfG § 44 Rn. 13; *Badura,* in: FS Boorberg Verlag, 1977, 205, 216; *ders.,* in: *Erichsen/Martens* S. 412; *Klein/Orlopp,* AO § 125 Anm. 2; a.A. offenbar *Förster,* in: *Koch,* AO § 157 Rn. 4.

[73] Vgl. *Zwank,* DStZ/A 1976, 471, 475; *Thiel,* Inf. 1977, 111, 114; *Kötter* S. 75; *Latsch/Honemann,* in: *Schröder/Muuss,* HBP, 4410 S. 26; *Kühn/Kutter/Hofmann,* AO § 205 Anm. 2; *Plath,* AO § 205 Anm. 1.

[74] AO § 205 Rn. 2.

[75] So andeutungsweise auch *Schick,* in: *Hübschmann/Hepp/Spitaler,* AO § 205 Rn. 7, und *Steinberg* S. 127.

[76] Vgl. auch *Kienemund,* DB 1984, 1433, 1437.

tigen mit der Zusage selbstverständlich nur ein zukünftiges Verhalten nach Maßgabe der gesetzlichen Vorschriften versprechen. An die mit der Zusage vorweggenommene Subsumtion oder auch Ermessensbetätigung sind dieselben Rechtmäßigkeitsanforderungen zu stellen wie im Rahmen der Endentscheidung. Aus der Rechtsnatur der Zusage als Verwaltungsakt folgt aber, daß eine Bindungswirkung grundsätzlich auch dann eintritt, wenn sich im Einzelfall das zugesagte Verhalten zugunsten des Steuerpflichtigen als rechtswidrig erweist[77]. Auch hier gilt, nur wenn der Inhalt der Zusage an einem besonders schwerwiegenden Fehler leidet und dies bei verständiger Würdigung aller in Betracht kommenden Umstände offenkundig ist, entfaltet die Zusage als nichtiger und damit von Anfang an unwirksamer Verwaltungsakt keinerlei Rechtswirkung (§§ 124 Abs. 3, 125 Abs. 1 AO)[78]. Ein solcher zur Nichtigkeit führender Fehler ist aber nur dann zu bejahen, wenn die Rechtsverletzung in einem so schweren Widerspruch zur geltenden Rechtsordnung und den ihr zugrundeliegenden Wertvorstellungen der Gemeinschaft steht, daß die Wirksamkeit des Verwaltungsakts (hier der Zusage) als unerträglich empfunden werden müßte[79]. Das bedeutet, daß die wegen inhaltlicher Mängel unwirksame Zusage die seltene Ausnahme sein wird[80]. Die entscheiden-

---

[77] Vgl. FG Hamburg EFG 1986, 59, 60; Niedersächsisches FG EFG 1987, 160; FG Baden-Württemberg vom 4.2.1988 – X K 216/85 (n.v.). Zu den Folgen einer Zusage, die sich zuungunsten des Steuerpflichtigen als rechtswidrig erweist, s. oben S. 61 ff.

[78] Anders dagegen die auf den Grundsatz von Treu und Glauben abstellende Rechtsprechung, die dahin tendiert, die Bindungswirkung insbesondere dann zu verneinen, wenn der Steuerpflichtige die Rechtswidrigkeit erkannt hat oder hätte erkennen müssen, vgl. BFH BStBl. 1967 III, 522, 523; 1971 II, 122,123; 1978 II, 274, 276 sowie FG Köln FR 1985, 649 f. S.a. BVerwG BStBl. 1975 II, 679, 682, wonach Zusagen, die gegen ein gesetzliches Verbot verstoßen, für die Behörde unverbindlich sein sollen. In FG Rheinland-Pfalz EFG 1974, 39, 40 wird zwischen der bloß gesetzwidrigen Zusage und der ungesetzlichen Zusage, deren Inhalt außerhalb des durch das Gesetz abgesteckten Handlungsrahmens der Behörde liegt, unterschieden. Nach FG Düsseldorf EFG 1981, 166, 168 ist die Verbindlichkeit einer Zusage dann nicht in Frage gestellt, wenn das FA bei der Beurteilung nicht bewußt und gewollt auf eine Rechtsverletzung abgezielt hat, sondern wenn ihm bei der Beurteilung des Sachverhalts infolge eines im täglichen Leben immer wieder vorkommenden, menschlich verständlichen Irrtums eine rechtlich unzutreffende Entscheidung unterlaufen ist. Alle diese Einzelaspekte führen für sich gesehen aber noch nicht zur Rechtsfolge der Nichtigkeit gem. § 125 Abs. 1 AO.

[79] So *Kopp*, VwVfG § 44 Rn. 5. Vgl. auch BFH BStBl. 1982 II, 133, 134 f.

[80] Unhaltbar ist die gegenteilige Ansicht von *Schwerdtner*, JuS 1980, 135, 137, der unter Hinweis auf den Grundsatz der Abgabengerechtigkeit, die Verletzung abgabenrechtlicher Bestimmungen stets als einen Verstoß gegen ein gesetzliches Verbot, das die Nichtigkeit zur Folge haben soll, betrachtet.

de Frage im Zusammenhang mit der inhaltlich fehlerhaften Zusage muß vielmehr lauten, ob und inwieweit die einmal eingetretene Bindungswirkung auf Grund der gesetzlichen Korrekturvorschriften wieder beseitigt werden kann. Dies wird u.a. im folgenden und letzten Kapitel zu klären sein.

Achtes Kapitel: Die Bindungswirkung der Zusage

I. Das Erfordernis der Sachverhaltsidentität

Wenn es in § 206 Abs. 1 AO heißt, daß die verbindliche Zusage für die Besteuerung bindend ist, wenn sich der später verwirklichte Sachverhalt mit dem der verbindlichen Zusage zugrunde gelegten Sachverhalt deckt, so hat dies nur eine deklaratorische Bedeutung. Da es sich bei der Zusage auf Grund einer Außenprüfung um eine Erklärung über die künftige steuerrechtliche Behandlung eines konkreten Sachverhalts handelt, ergibt sich das für die Bejahung der Bindungswirkung notwendige Erfordernis der Sachverhaltsidentität unmittelbar aus dem Inhalt des Rechtsfolgeausspruchs der wirksamen Zusage[1]. Selbstverständlich geht die Zusage ins Leere, wenn der Steuerpflichtige den ihr zugrundeliegenden Dauersachverhalt nicht in gleicher Weise fortführt, oder einen sonstigen Sachverhalt anders realisiert, als er bei der Zusageerteilung vorausgesetzt worden ist, da dann zwangsläufig mit einer anderen steuerrechtlichen Beurteilung gerechnet werden muß[2]. Nichts anderes gilt für die allgemeine Zusage, da auch sie nicht dazu dient, Rechtsfragen abstrakt zu klären, sondern stets nur die rechtliche Behandlung eines bestimmten Sachverhalts zum Gegenstand haben kann[3].

Ob sich der in der Zusageerklärung dargestellte oder in Bezug genommene Sachverhalt und der tatsächlich verwirklichte Sachverhalt decken, hat die Finanzbehörde im Rahmen des Besteuerungsverfahrens unter der Mitwirkung des Steuerpflichtigen von Amts wegen zu prüfen (§§ 88, 90 AO)[4]. Dabei kann Deckungsgleichheit aber nicht bedeuten, daß eine völlige Übereinstim-

---

[1] Es ist deshalb falsch, wenn *Steinberg* (S. 127) von dem Gebot der Sachverhaltsidentität als einer aufschiebenden Bedingung spricht. Es handelt sich hierbei um eine unverzichtbare Inhaltsbestimmung und nicht um eine Nebenbestimmung, vgl. auch *Baur,* S. 239.

[2] Vgl. auch *Giesberts* Rn. 304.

[3] S. oben S. 84 ff. Vgl. auch BFH BStBl. 1983 II, 459, 462, wonach einer allgemeinen Zusage keine Bindungswirkung nach Treu und Glauben zukommt, wenn die Darstellung des Sachverhalts lückenhaft oder unrichtig ist.

[4] Dies gilt auch dann, wenn sich die allgemeine Zusage auf einen bereits abgeschlossenen Sachverhalt bezieht, da die Finanzbehörde, wie oben (S. 84 f.) dargelegt, im Rahmen der Zusageerteilung noch nicht zu einer eigenen Sachverhaltsermittlung verpflichtet ist.

mung zwischen den Sachverhalten bestehen muß. Eine solche wird in aller Regel auch gar nicht herbeiführbar sein, da die Sachverhaltsdarstellung in der Zusage als eine bloße Abstraktion der Sachverhaltsrealität in ihren Möglichkeiten begrenzt ist und nicht alle Einzelheiten des realen Sachverhalts umfassen kann. Aus diesem Grund wird auch zu Recht betont, daß die Frage der Deckungsgleichheit als ein Problem der Sachverhaltermittlung häufig von der im Wege der Auslegung zu klärenden Frage, was eigentlich zugesagt ist, überlagert wird[5].

Sachverhaltsidentität kann deshalb nur bedeuten, daß sich die Sachverhalte zum Zeitpunkt der Endentscheidung in den wesentlichen Punkten decken. Welche Punkte „wesentlich" sind, kann sich dabei nur nach den für die zugesagte steuerrechtliche Behandlung des Sachverhalts maßgebenden Rechtsnormen richten[6]. Nebensächliche Abweichungen, die nicht den entscheidenden steuerlichen Tatbestand in seinem Kern treffen und deshalb bei objektiver Betrachtungsweise auch zu keiner anderen Zusageentscheidung geführt hätten[7], können nicht zum Vorwand genommen werden, um eine Bindungswirkung der Zusage zu leugnen[8]. Trotz dieser Relativierung muß man sich aber darüber im klaren sein, daß die Frage der Deckungsgleichheit der Sachverhalte den entscheidenden Ansatzpunkt für die Finanzbehörde bildet, um von der Bindung an das Zugesagte loszukommen[9]. Um Streitigkeiten in diesem Zusammenhang nach Möglichkeit zu vermeiden, ist dem Steuerpflichtigen deshalb zu raten, bei der Zusageerteilung stets darauf zu achten, daß der Sachverhalt zutreffend und genau dargestellt wird und die Sachverhaltsverwirklichung konsequent daran auszurichten[10].

Hervorgehoben sei abschließend noch die Behandlung des Sonderfalls, daß der Steuerpflichtige nur einen Teil des der Zusage zugrunde gelegten Sachverhalts verwirklicht hat. Der hierzu vertretene Standpunkt des „Alles oder Nichts"[11] ist dann nicht gerechtfertigt, wenn der Zusage hinsichtlich des verwirklichten Teilsachverhalts eine selbständige Bedeutung zukommt. Um dies festzustellen, ist zu prüfen, ob sich die Zusage entsprechend den Grundsätzen zur Teilnichtigkeit und Teilaufhebbarkeit von Verwaltungsakten als teilbar in ihrer Aussage über die rechtliche Behandlung des zugrunde geleg-

---

[5] Vgl. *Tipke/Kruse,* AO § 206 Rn. 4.

[6] So zutreffend *Schick,* in: *Hübschmann/Hepp/Spitaler,* AO § 206 Rn. 23.

[7] S.a. § 38 Abs. 3 VwVfG.

[8] Vgl. *Kühn/Kutter/Hofmann,* AO § 206 Anm. 1.

[9] So auch *Ehlers,* DStR 1978, 391, 393.

[10] Vgl. Steuer und Kapital (ohne Verfasserangabe), Nr. 8 August 1978.

[11] So *Steinberg* S. 127, und *Fischer,* DÖV 1979, 773, 774.

ten Sachverhalts erweist[12]. Ist eine solche Teilbarkeit in bezug auf den verwirklichten Teilsachverhalt zu bejahen, dann erlangt die Zusage insoweit auch Bindungswirkung[13].

II. Die Bedeutung der Bindungswirkung

Soweit sich das dem Steuerpflichtigen zugesagte Verhalten als rechtmäßig erweist, kann die Bindungswirkung einer Zusage überhaupt nur dann eine eigenständige Bedeutung erlangen, wenn diese sich auf eine Ermessensentscheidung oder eine Entscheidung im Rahmen eines der Verwaltung zustehenden Beurteilungsspielraumes bezieht[14]. Da dies jedoch im Steuerecht, wie oben[15] dargelegt, die Ausnahme ist, steht hier die Frage nach der Bindung an solche Zusagen im Vordergrund, die zugunsten des Steuerpflichtigen gegen geltendes Recht verstoßen. Dabei ist streitig, ob die rechtswidrige Zusage eine konstitutive Wirkung dergestalt hat, daß die Steuerschuld von vornherein nur in der Höhe entsteht, wie es der Zusage entspricht[16], oder ob die Wirkung der Zusage lediglich darin besteht, daß sie die Finanzbehörde hindert, die in der gesetzmäßigen Höhe entstandene Steuerschuld dem Steuerpflichtigen gegenüber geltend zu machen[17]. Im Hinblick auf die in § 38 AO getroffene Aussage ist diese Kontroverse zugunsten der zweiten Lösung zu entscheiden. Wenn selbst der Steuerfestsetzung mittels Steuerbescheid (§ 155 AO) keine konstitutive Wirkung beizumessen ist[18], so kann dies erst recht nicht für die der Steuerfestsetzung vorgelagerte Zusage gelten. Letztlich führen beide Ansichten aber zum selben Ergebnis. Die Finanzbehörde darf in jedem Fall nur die Steuer festsetzen und erheben, die sich entsprechend der mit der Zusage versprochenen Sachbeurteilung ergibt[19]. Weicht die Finanzbehörde hiervon ab, so kann der Steuerpflichtige die Bindungswirkung im

---

[12] Zum Problem der Teilbarkeit als solches vgl. z.B. *von Groll*, in: *Gräber*, FGO § 100 Rn. 16 ff.

[13] So auch *Kopp*, VwVfG § 38 Rn. 29, für den ähnlichen Fall, daß eine wesentliche Änderung des Sachverhalts nur einen Teil der Zusicherung betrifft.

[14] Vgl. *von Voigt* S. 69.

[15] S. 73 ff.

[16] So *Schick*, in: *Hübschmann / Hepp / Spitaler*, AO § 204 Rn. 6.

[17] *Frotscher*, in: *Schwarz*, AO § 206 Rn. 2; sowie *Tipke / Kruse*, AO § 206 Rn. 1.

[18] So die zwingende Schlußfolgerung aus § 38 AO, vgl. *Paulick* S. 218.

[19] Gleiches gilt, wenn sich die Zusage auf sonstige Ansprüche aus dem Steuerschuldverhältnis (§ 38 AO) bezieht.

Rechtsbehelfsverfahren gegen die unter Mißachtung der Zusage ergangenen Bescheide geltend machen[20].

III. Der Umfang der Bindungswirkung

Was die Klärung des Umfangs der Bindungswirkung der Zusage betrifft, so ist in persönlicher, sachlicher und zeitlicher Hinsicht zu differenzieren.

1. Der persönliche Umfang, insbesondere das Problem der Rechtsnachfolge

Zunächst folgt aus der Charakterisierung als Einzelfallregelung, daß die Zusage nur gegenüber ihrem Adressaten, d.h. dem Steuerpflichtigen, der in seinen steuerlichen Angelegenheiten die Zusage beantragt und erhalten hat, eine Bindungswirkung entfaltet. Dritte können sich demnach nicht auf die Zusage berufen, auch wenn ihre steuerlichen Verhältnisse denen des Zusageempfängers entsprechen und sie einen Sachverhalt verwirklicht haben, der mit dem in der Zusage dargestellten Sachverhalt in allen wesentlichen Punkten vergleichbar ist[21].

Eine andere und sehr wesentliche Frage ist dagegen, ob sich ein Rechtsnachfolger des Zusageadressaten auf die Bindungswirkung der Zusage berufen kann. Dies ist jedenfalls dann zu bejahen, wenn es sich um einen Fall der Gesamtrechtsnachfolge handelt. Auch in bezug auf das Steuerrecht bedeutet die Universalsukzession den Übergang der Gesamtheit aller rechtlichen Beziehungen eines Rechtsträgers – mit Ausnahme der höchstpersönlichen – durch einheitlichen Rechtsakt kraft Gesetzes. § 45 Abs. 1 S. 1 AO, der nur davon spricht, daß die Forderungen und Schulden aus dem Steuerschuldverhältnis auf den Gesamtrechtsnachfolger übergehen, ist insoweit in seinem Wortlaut zu eng gefaßt. Der Gesamtrechtsnachfolger tritt nicht nur in vermögensrechtlicher, sondern in jeder Hinsicht in die abgabenrechtliche Stellung des Vorgängers ein[22]. Folglich geht auch der mit der Zusage begründe-

---

[20] Vgl. Anwendungserlaß zur AO, BStBl. 1987 I, 664, 706.

[21] Vgl. *Weber-Dürler* S. 209; *Tipke / Kruse,* AO § 206 Rn. 7. Da es hier regelmäßig um die Bindung an rechtswidrige Zusagen geht, kann auch der Hinweis auf Art. 3 Abs. 1 GG zu keinem anderen Ergebnis führen, da insoweit der Grundsatz gilt, daß es keine Gleichheit im Unrecht gibt (vgl. dazu *Ossenbühl,* in: *Erichsen / Martens* S. 96 f. m.w.N.).

[22] Vgl. *Halaczinsky,* in: *Koch,* AO § 45 Rn. 5; *Klein / Orlopp,* AO § 45 Anm. 1; *Schwarz,* in: *ders.,* AO § 45 Rn. 6; *Offerhaus,* in: *Hübschmann / Hepp / Spitaler,* AO

te Anspruch auf Einhaltung der versprochenen rechtlichen Sachbehandlung auf diesen über[23].

Fraglich ist, ob gleiches auch im Fall der Einzelrechtsnachfolge gilt. In der Literatur wird dazu häufig die Behauptung aufgestellt, daß sich der Einzelrechtsnachfolger dann auf die Bindungswirkung berufen kann, wenn sich die Zusage ausschließlich auf objektive Gegebenheiten bezieht, die bei der Einzelsukzession bestehen bleiben[24]. Die Abgabenordnung bietet hierfür allerdings keine rechtliche Grundlage, denn sie eröffnet nur in wenigen, auf die Zusage nicht übertragbaren Ausnahmefällen einen Übergang abgabenrechtlicher Beziehungen auf den Einzelrechtsnachfolger[25]. Deshalb stützt sich die genannte Ansicht offensichtlich auf die im öffentlichen Recht als ungeschriebener Grundsatz weithin anerkannte Rechtsnachfolge kraft Sachbezogenheit (Dinglichkeit)[26]. Danach gehen Positionen, die dadurch gekennzeichnet sind, daß das Pflichtensubjekt bzw. der Rechtsträger allein durch eine Sachbeziehung bestimmt ist, automatisch auf denjenigen über, der die betreffende Sache erwirbt. Bei genauer Betrachtung ist jedoch festzustellen, daß weder die Zusage gem. § 204 ff. AO noch die allgemeine steuerrechtliche Zusage einen dinglichen Charakter in diesem Sinne besitzt, auch wenn die steuerrechtliche Behandlung rein objektiver Gegebenheiten den Zusagegegenstand bildet. Dies folgt daraus, daß die Zusage selbst noch keine sachbezogene Position zu begründen vermag, sondern eine solche gegenüber dem Zusageadressaten nur verbindlich ankündigen kann[27]. D.h. auch im Falle der Klärung einer steuerrechtlichen Position, die ausschließlich durch die Beziehung zu einer Sache bestimmt ist, kommt der Zusage als einem bloßen Versprechen für sich gesehen niemals eine „Dinglichkeit" zu. Das führt zu dem Ergebnis, daß sich im Gegensatz zum Gesamtrechtsnachfolger der Einzelrechtsnachfolger mangels einer rechtlichen Grundlage in keinem Fall auf die seinem Rechtsvorgänger erteilte Zusage berufen kann.

---

§ 45 Rn. 9; *Birk* S. 116; BFH BStBl. 1969 II, 622; 1972 II, 621, 622; a.A. *Tipke/ Kruse,* AO § 45 Rn. 2.

[23] Es sei denn, die Zusage bezieht sich auf eine höchstpersönliche Rechtsbeziehung des Vorgängers. Zum Begriff der „Höchstpersönlichkeit" im Zusammenhang mit der Nachfolge in öffentlich-rechtliche Beziehungen, vgl. *Knöpfle,* in: Festgabe f. Maunz, 1971, 225, 229 f.

[24] So *Steinberg* S. 126; *Schick,* in: *Hübschmann/Hepp/Spitaler,* AO § 206 Rn. 58; *Tipke/Kruse,* AO § 206 Rn. 7; *Blumers/Frick/Müller,* F Rn. 157.

[25] S. §§ 50 Abs. 2, 182 Abs. 2, 184 Abs. 1 S. 4 AO.

[26] Vgl. dazu BVerwG NJW 1971, 1624; *Otto* S. 90 ff., sowie *Knöpfle,* in: Festgabe für Maunz, 1971, 225, 244 f.

[27] S. oben S. 49 ff.

2. Der sachliche Umfang

Die Feststellung des sachlichen Umfangs der Bindungswirkung bereitet keine Schwierigkeiten. So gilt die zugesagte steuerrechtliche Behandlung des Sachverhalts in materiell-rechtlicher Hinsicht nur für die Steuerarten, auf die sich die Zusage inhaltlich bezieht (s. § 205 Abs. 2 Nr. 3 AO). In verfahrensrechtlicher Hinsicht erstreckt sich die Bindungswirkung dagegen auf das gesamte Besteuerungsverfahren, d.h. neben den Verfahren der Steuerfestsetzung und -erhebung (§§ 155 ff., 218 ff. AO) auch auf das Verfahren der gesonderten Festsetzung der Besteuerungsgrundlagen (§§ 179 ff. AO) und auf das Verfahren der Festsetzung von Steuermeßbeträgen (§ 184 AO)[28].

3. Der zeitliche Umfang

In zeitlicher Hinsicht gilt schließlich, daß die Bindungswirkung entweder durch Zeitablauf im Fall der befristeten Zusage[29] oder aber sonst durch ein Außerkrafttreten der Zusage (§ 207 Abs. 1 AO) bzw. durch eine Aufhebung oder Änderung der Zusage mit Wirkung für die Zukunft (§ 207 Abs. 2 AO) endet. Nach Schick[30] soll die Zusage aber über ihren Beendigungszeitpunkt hinaus dann eine Nachwirkung entfalten, wenn sie sich auf die rechtliche Behandlung eines auch künftig fortbestehenden Dauersachverhalts bezogen hat und nicht von vornherein zeitlich begrenzt war. Dem ist entschieden zu widersprechen. Gleichgültig aus welchem Grund die Zusage ihre Wirksamkeit für die Zukunft verliert, gilt ab diesem Zeitpunkt wieder der auf dem Abschnittsprinzip basierende Grundsatz, daß ein Dauersachverhalt für jeden Veranlagungszeitraum von der Finanzbehörde von neuem rechtlich beurteilt werden kann und auch muß[31]. Es ist allenfalls im Einzelfall zu prüfen, ob nicht unter dem Gesichtspunkt von Treu und Glauben eine Weiterführung der bisherigen Sachbehandlung verlangt werden kann[32]. Aus der Zusage selbst folgt insoweit aber keine Nachwirkung in der Bindung.

In anderem Zusammenhang ergibt sich dagegen sehr wohl die Notwendigkeit, die zugesagte Sachbehandlung auch über die Beendigung der Wirksamkeit der Zusage hinaus als verbindlich zu beachten. Gemeint ist der Fall der

---

[28] Vgl. *Plath,* AO § 206 Anm. 1.

[29] S. dazu oben S. 124 f.

[30] In: *Hübschmann / Hepp / Spitaler,* AO § 206 Rn. 71.

[31] S. oben S. 48 ff.

[32] S. ebenfalls oben S. 48 ff.

Änderungsveranlagung, bei der der Finanzbehörde entweder über § 164 AO ein unbeschränktes oder aber über § 177 AO ein beschränktes Recht zur rechtlichen Neubeurteilung des Steuerfalls eröffnet ist. Solange die Zusage wirksam ist, gilt sie ohne Zweifel nicht nur für die erstmalige Steuerfestsetzung, sondern sie bindet die Finanzbehörde auch im Rahmen einer nachfolgenden Änderungsveranlagung[33]. Das bedeutet, daß die wegen der gebotenen Beachtung einer rechtswidrigen Zusage zugunsten des Steuerpflichtigen contra legem durchgeführte Steuerfestsetzung nicht über § 164 Abs. 2 S. 1 AO bzw. § 177 Abs. 1 und 2 AO wieder zuungunsten des Steuerpflichtigen berichtigt werden darf. Dies muß zwangsläufig auch dann gelten, wenn die Änderungsveranlagung erst durchgeführt wird, nachdem das Ende der Bindungswirkung der Zusage aus den oben genannten Gründen eingetreten ist. Andernfalls könnte die lediglich für die Zukunft aufgelöste Bindungswirkung der Zusage über die Änderungsveranlagung auch rückwirkend beseitigt werden, ohne daß zugleich die Voraussetzungen für eine Aufhebung oder Änderung der Zusage mit Wirkung für die Vergangenheit (s. § 207 Abs. 3 AO) gegeben wären. Deshalb gilt, daß Steuerfestsetzungen, die unter Beachtung einer zumindest für die Vergangenheit bindenden Zusage erfolgt sind, einer erhöhten Bestandskraft unterliegen, die unabhängig vom Fortbestand der Zusage eine Neubeurteilung des Steuerfalls über die §§ 164, 177 AO hinsichtlich der zugesagten steuerrechtlichen Sachbehandlung ausschließt[34].

IV. Die Unbeständigkeit der Zusage gegenüber Rechtsänderungen

1. Zur Rechtfertigung dieses allgemeingültigen Grundsatzes

Den in der Abgabenordnung, dem Zollgesetz und den Verwaltungsverfahrensgesetzen geregelten Zusagen ist gemein, daß sie sich gegenüber Rechtsänderungen als unbeständig erweisen. Sie alle enthalten eine Regelung, wonach die Bindungswirkung entfällt, sobald die für die Erteilung der konkreten Zusage maßgebenden Rechtsvorschriften geändert werden (§§ 207 Abs. 1 AO, 23 Abs. 3 S. 1 ZG, 38 Abs. 3 VwVfG). Im Hinblick auf die

---

[33] Vgl. auch BFH BStBl. 1961 III, 562, 564.

[34] Zur Klarstellung sei darauf hingewiesen, daß eine Aufhebung oder Änderung der zusagebedingten Steuerfestsetzung selbstverständlich dann gem. § 173 Abs. 1 Nr. 1 AO in Betracht kommt, wenn nachträglich Tatsachen oder Beweismittel bekannt werden, die die bisher bejahte Sachverhaltsidentität (s. oben S. 131 ff.) widerlegen, vgl. BFH BStBl. 1961 III, 562, 564, sowie *Blencke,* NWB Fach 2, 4587, 4592. Gleiches muß im Fall des § 175 Abs. 1 Nr. 2 AO gelten, wenn ein „rückwirkendes Ereignis" die Sachverhaltsidentität wieder beseitigt.

Behandlung der allgemeinen steuerrechtlichen Zusage stellt sich die Frage, ob es sich bei dieser Gemeinsamkeit der gesetzlich geregelten Fälle um ein Merkmal handelt, das der Zusage ihrem Wesen nach immanent ist. Folgt man der h.M. im Verwaltungs- und Steuerrecht, so ist dies zu bejahen. Danach soll jede Zusage unter dem stillschweigenden Vorbehalt stehen, daß die der Zusage zugrunde gelegte Rechtslage keine Veränderung erfährt, was zumeist damit begründet wird, daß die Zusage als ein in die Zukunft gerichteter Akt ihrer Natur nach der clausula rebus sic stantibus unterliegt[35]. Die Gegenmeinung beruft sich demgegenüber auf die Funktion der Zusage als Dispositionsgrundlage und kritisiert, daß diese an Bedeutung verliert, wenn eine Rechtsänderung zwingend zum Verlust der Bindungswirkung führt. Es wäre vielmehr geboten, insoweit zwischen dem Vertrauensschutzinteresse des Zusageempfängers und insbesondere dem mit der Rechtsänderung verfolgten öffentlichen Interesse abzuwägen[36].

Sicher wäre es gerade im Steuerrecht mit seiner hohen Änderungsfrequenz für den Bürger von erheblichem Vorteil, wenn er sich über längere Zeit auf eine bestimmte Rechtslage einstellen und seine Zukunftsplanung frei von der Gefahr einer für ihn nachteiligen Rechtsänderung betreiben könnte. Die Zusage kann aber nicht dazu dienen, dem einzelnen Steuerpflichtigen diesen Wunsch nach Gesetzeskontinuität zu erfüllen. Es wäre mit dem Grundsatz der Gewaltenteilung unvereinbar, wenn der Finanzbehörde die Möglichkeit eröffnet wäre, mittels einer Zusage nicht nur die sachverhaltsbezogene Beurteilung der bestehenden Rechtslage, sondern auch die Rechtslage als solche im Einzelfall für die Zukunft festzuschreiben[37]. Deshalb kann das Vertrauen in den Fortbestand einer gesetzlichen Regelung über die Zusage keinesfalls geschützt werden[38]. Das Risiko der Rechtsänderung muß der Zusageempfänger, wie die anderen Steuerpflichtigen auch, selber tragen. Folglich wäre es

---

[35] Vgl. *Obermayer,* NJW 1962, 1465, 1469; *Hugo Kellner* S. D 58; *Achterberg,* DÖV 1971, 397, 400; *Pfander* S. 279; *Pipkorn* S. 172 f.; *Steinberg* S. 129; *Baur* S. 248; *Mönius,* Inf. 1987, 217, 219 Fn. 30; *Plath,* AO § 204 Anm. 11; BVerwGE 20, 292, 294 f.; FG Düsseldorf EFG 1981, 296, 298 m.w.N.; FG Köln EFG 1984, 426, 427.

[36] So *Pettenkofer* S. 168 f.; *Weber-Dürler* S. 217; *Strotkamp* S. 150; *Redeker,* DVBl. 1973, 744, 745; *Pieper,* VerwArch. 59 (1968), 215, 241. Vgl. auch BVerwG NVwZ 1982, 315, 316. Beachte auch *Rose,* StbJb. 1987/88, 361, 385 ff., der sich de lege ferenda für die Einführung eines sog. Vertrauensschutzbescheids ausspricht, der für den zu schützenden Bereich die Steuerrechtslage konservieren soll.

[37] Vgl. *Frotscher,* in: *Schwarz,* AO vor §§ 204-207 Rn. 11.

[38] Vgl. auch die Begründung zum Entwurf einer Abgabenordnung (AO 1974), BT-Drs. VI/1982, S. 165.

auch als unzulässig anzusehen, wenn die Behörde ihre Zusage im Einzelfall so erteilen würde, daß sie ausdrücklich auch gegenüber Rechtsänderungen bestandsfest bleiben soll[39].

2. Zur Auslegung des § 207 Abs. 1 AO

Die Aussage des § 207 Abs. 1 AO erweist sich also nach dem bisher Gesagten als eine zwingende Regelung, die auch für die allgemeine Zusage Geltung beansprucht. Dabei bedarf der Wortlaut dieser Vorschrift allerdings einiger klarstellender Erläuterungen. Dies betrifft zunächst die Auslegung des dort verwendeten Begriffs „Rechtsvorschriften". Die Ansicht, daß im Hinblick auf diese Begriffswahl § 207 Abs. 1 AO auch auf die Änderung von Steuerrichtlinien, also von bloßen Verwaltungsvorschriften, anzuwenden sei[40], ist abzulehnen. Da sich die Unbeständigkeit der Zusage gegenüber Rechtsänderungen aus dem Gewaltenteilungsprinzip ableitet, kann insoweit nur eine Änderung der Gesetzeslage relevant sein[41]. Mit dem Begriff „Rechtsvorschriften" können folglich nur Gesetze i.S.v. § 4 AO, also Gesetze im formellen Sinn, Rechtsverordnungen, autonome Satzungen oder auch Gewohnheitsrecht gemeint sein[42]. Die Änderung von Verwaltungsvorschriften ist dagegen im Rahmen des § 207 Abs. 1 AO unbeachtlich.

Weiterhin ist darauf hinzuweisen, daß nicht irgendwelche Veränderungen der Gesetzeslage genügen, um die Zusagebindung enden zu lassen. Ähnlich wie beim Erfordernis der Sachverhaltsidentität, gilt auch für die Frage nach der „Gesetzesidentität", daß sich nur solche Änderungen nachteilig auswirken, die sich im Hinblick auf die konkrete Zusage als wesentlich erweisen[43]. Das bedeutet zum einen, daß es sich nicht nur um eine unbedeutende Änderung, insbesondere eine nur redaktionelle Überarbeitung des Gesetzes handeln darf, sondern die Änderung muß in die Substanz der bisherigen Regelung

---

[39] A.A. *Martens,* NVwZ 1983, 717, 719. Davon zu unterscheiden ist der Fall, daß sich die Zusage auf eine künftige Rechtslage bezieht, die inhaltlich bereits feststeht und in absehbarer Zeit in Kraft treten wird, vgl. dazu *Baur* S. 249 ff.

[40] So *Klein/Orlopp,* AO § 207 Anm. 1.

[41] Vgl. auch *Woerner/Grube* S. 49. Beachte, eine Änderung der Gesetzeslage liegt auch insoweit vor, als einer Entscheidung des Bundesverfassungsgerichts gem. § 31 Abs. 2 BVerfGG Gesetzeskraft zukommt.

[42] Vgl. *Schick,* in: *Hübschmann/Hepp/Spitaler,* AO § 207 Rn. 7.

[43] So *Fiedler* S. 239 Fn. 39.

eingreifen[44]. Zum anderen muß diese erhebliche Rechtsänderung den Zusagebereich auch sachlich betreffen, was in § 207 Abs. 1 AO dadurch zum Ausdruck gebracht wird, daß die Zusage auf den geänderten Rechtsvorschriften „beruhen“ muß. Dies trifft ohne Zweifel auf diejenigen Rechtsvorschriften zu, auf die die Finanzbehörde ihre Entscheidung über die künftige steuerrechtliche Behandlung des Sachverhalts gestützt hat und zwar unabhängig davon, ob sie diese Vorschriften auch tatsächlich anwenden konnte und durfte[45]. Aus diesem Grund wird auch die Notwendigkeit deutlich, daß die Finanzbehörde ihre Zusageentscheidung unter Angabe der nach ihrer Ansicht hierfür maßgebenden Rechtsgrundlage begründet (s. § 205 Abs. 2 Nr. 2 AO)[46]. Die Annahme, die Zusage „beruhe“ nur auf diesen positiv angewandten Rechtsvorschriften, wäre aber nach dem Sinn und Zweck der Regelung zu eng. Die Zusage beruht in einem negativen Sinn auch auf dem Fehlen solcher Gegennormen, die geeignet wären, zu einem anderen Ergebnis über die steuerrechtliche Behandlung des Sachverhalts zu gelangen. Werden solche Vorschriften durch die Rechtsänderung neu geschaffen oder in ihrem bisherigen Anwendungsbereich so erweitert, daß der der Zusage zugrunde gelegte Sachverhalt erstmals unter deren Tatbestand fällt, so muß dies auf die Bindungswirkung der Zusage dieselbe Auswirkung haben wie eine Änderung der positiv angewandten Rechtsvorschriften[47].

Die damit angesprochene Rechtsfolge des § 207 Abs. 1 AO besteht darin, daß die Zusage mit der Gesetzesänderung ihre Bindungswirkung verliert[48], ohne daß es dazu eines actus contrarius seitens der Finanzbehörde bedarf[49]. Ob dieser automatische Verlust der Bindungswirkung auch für bereits abgeschlossene Sachverhalte gilt, hängt davon ab, ob diese vom Anwendungsbereich der geänderten Rechtsvorschriften in verfassungsrechtlich zulässiger Weise miterfaßt werden. In diesem Zusammenhang ist auf die in der neueren Rechtsprechung des Bundesverfassungsgerichts vorgenommene Differenzie-

[44] Vgl. *Steinberg* S. 129 f.

[45] Vgl. *Tipke / Kruse,* AO § 207 Rn. 3.

[46] S. dazu bereits oben S. 123 f.

[47] Ebenso *Kurr,* ZfZ 1986, 236, 237.

[48] Betrifft die Rechtsänderung nur einen Teil des Zusageinhalts, so ist es wie bei der nur teilweisen Sachverhaltsverwirklichung eine Frage der Teilbarkeit der Zusage, ob diese ihre Bindungswirkung im Ganzen oder nur zum Teil verliert, s. dazu oben S. 132. Vgl. auch *Kühn / Kutter / Hofmann,* AO § 207 Anm. 1.

[49] Da man vom Zusageempfänger erwarten kann, daß er die Entwicklung der für ihn wichtigen Gesetzeslage selber verfolgt, besteht grundsätzlich auch keine Pflicht der Finanzbehörde, auf eine Gesetzesänderung hinzuweisen, so zutreffend *Frotscher,* in: *Schwarz,* AO § 207 Rn. 1; a.A. *Martens,* NVwZ 1983, 717, 719.

rung zwischen der „Rückbewirkung von Rechtsfolgen“ und der „tatbestandlichen Rückanknüpfung“ zu verweisen[50]. Mit ersterem ist die Rückwirkung einer Rechtsnorm unter dem Gesichtspunkt des zeitlichen Anwendungsbereichs der Rechtsfolgeanordnung gemeint. Danach entfaltet eine Rechtsnorm dann Rückwirkung, „wenn der Beginn ihres zeitlichen Anwendungsbereichs normativ auf einen Zeitpunkt festgelegt ist, der vor dem Zeitpunkt liegt, zu dem die Norm rechtlich existent, d.h. gültig geworden ist“[51]. Der Fall der tatbestandlichen Rückanknüpfung betrifft dagegen den sachlichen Anwendungsbereich der Norm und ist immer dann gegeben, wenn diese den Eintritt ihrer Rechtsfolgen von Gegebenheiten aus der Zeit vor ihrer Verkündung abhängig macht[52]. Beide Fallgruppen unterliegen, was die Frage der Zulässigkeit anbelangt, unterschiedlichen verfassungsrechtlichen Maßstäben[53], auf die hier aber nicht einzugehen ist. Wichtig für die Zusage ist nur die Feststellung, daß, wenn ein bereits abgeschlossener Sachverhalt in verfassungsrechtlich zulässiger Weise in den Anwendungsbereich der geänderten Rechtsvorschriften fällt, die Zusage ihre Bindungswirkung ebenfalls automatisch verliert, ohne daß sich der Zusageempfänger insoweit auf einen besonderen Vertrauensschutz berufen kann[54]. Denn wie die Gesetzesänderung als solche ist auch die im Einzelfall zulässige „Rückbewirkung von Rechtsfolgen“ oder „tatbestandliche Rückanknüpfung“ von allen Steuerpflichtigen gleichermaßen hinzunehmen[55].

3. Zur Möglichkeit der gerichtlichen Feststellung des Außerkrafttretens der Zusage

Die Tatsache, daß die Bindungswirkung der Zusage mit der Gesetzesänderung ohne weiteres entfällt, hat auch auf die Rechtsschutzmöglichkeit des Steuerpflichtigen Auswirkungen. So kann die Frage, ob die Zusage gem. § 207 Abs. 1 AO außer Kraft getreten ist, für sich allein nur im Wege der Feststellungsklage (§ 41 FGO) geklärt werden[56]. Das hierfür erforderliche

---

[50] Vgl. BVerfGE 63, 343, 353 ff.; 72, 200, 241 ff. sowie BFH BStBl. 1987 II, 57, 58; 117, 119. Die Unterscheidung zwischen „echter“ und „unechter“ Rückwirkung einer Norm ist danach überholt.

[51] So BVerfGE 63, 343, 353.

[52] Vgl. BVerfGE 72, 200. 241 f.

[53] Vgl. dazu BVerfGE 72, 200, 242 f.

[54] A.A. *Schick,* in: *Hübschmann / Hepp / Spitaler,* AO § 207 Rn. 26 f.

[55] Vgl. auch *Baur* S. 249.

[56] Vgl. *Giesberts* Rn. 319.

Feststellungsinteresse wird so lange zu bejahen sein, wie die gerichtliche Feststellung darüber, ob die Zusage mit der in Frage stehenden Gesetzesänderung ihre Bindungswirkung verloren hat oder nicht, noch Einfluß auf die Entscheidung des Steuerpflichtigen über die Sachverhaltsverwirklichung erlangen kann. Die Subsidiaritätsklausel des § 41 Abs. 2 FGO steht in diesem Fall der Zulässigkeit der Feststellungsklage nicht entgegen. Zwar kann das Bestehen oder Nichtbestehen der Bindungswirkung der Zusage auch noch später im Rechtsbehelfsverfahren gegen die Endentscheidung geklärt werden, doch diese Möglichkeit stellt im Hinblick auf die Funktion der Zusage als Dispositionsgrundlage keinen gleichwertigen Rechtsschutz gegenüber der sofortigen Feststellungsklage dar und kann diese deshalb auch nicht ausschließen[57].

V. Die Korrektur der Zusage

1. Die Aufhebung oder Änderung der Zusage auf Grund einer Außenprüfung

Bei der Frage nach den Möglichkeiten einer Korrektur der Zusage zeigt sich ein weiteres Mal ein erheblicher Unterschied zwischen der Zusicherung im Verwaltungsrecht und der in der Abgabenordnung geregelten Zusage. Während in § 38 Abs. 2 VwVfG diesbezüglich auf die allgemeinen Regeln über die Rücknahme und den Widerruf von Verwaltungsakten (§§ 48, 49 VwVfG) verwiesen wird, hat sich der Gesetzgeber bei der Zusage auf Grund einer Außenprüfung mit § 207 Abs. 2 und 3 AO für eine spezielle Regelung über die Aufhebung[58] oder Änderung[59] der Zusage entschieden. Bei dieser fällt zunächst auf, daß nicht danach differenziert wird, ob sich die zugesagte Sachbehandlung als rechtmäßig oder rechtswidrig erweist. Das bedeutet jedoch nicht, daß diese Unterscheidung keine Rolle für die Frage der Aufhebung oder Änderung der Zusage spielt. Die Feststellung der Rechtmäßigkeit bzw. Rechtswidrigkeit des Zugesagten hat zwar keinen Einfluß auf die grundsätzliche Möglichkeit einer Aufhebung oder Änderung, wohl aber auf deren Durchführung im Einzelfall, denn die Absätze 2 und 3 des § 207 AO stellen

---

[57] Zur Auslegung des § 41 Abs. 2 FGO in diesem Sinne vgl. *von Groll*, in: *Gräber*, FGO § 41 Rn. 34 m.w.N.

[58] Im Sinne einer Beseitigung der Zusage. Erweist sich die Zusage als teilbar (s. oben S. 132), ist auch eine Teilaufhebung denkbar.

[59] Gemeint ist ein Eingriff in den Bestand der erteilten Zusage, wobei die Zusage als solche fortbesteht.

die Korrektur der Zusage in das pflichtgemäße Ermessen der Finanzbehörde[60]. Das soll heißen, daß die Aufhebung oder Änderung der Zusage grundsätzlich ermessensfehlerhaft ist, solange sich die versprochene Sachbehandlung nicht als rechtswidrig erweist[61]. Für den Bereich der strikten Gesetzesbindung, der im Steuerrecht ganz eindeutig überwiegt[62], ist dies offenkundig, denn hier kann der Korrektur einer inhaltlich rechtmäßigen Zusage in bezug auf die zu treffende Endentscheidung ohnehin keinerlei materielle Bedeutung zukommen. Aber auch wenn die Zusage ausnahmsweise die vorzeitige Klärung einer Ermessensentscheidung zum Gegenstand hat, wird man angesichts deren Funktion als Dispositionsgrundlage davon ausgehen müssen, daß der Wunsch der Finanzbehörde, allein wegen geänderter Zweckmäßigkeitsüberlegungen von ihrem Ermessen einen anderen Gebrauch machen zu wollen als dem Steuerpflichtigen zugesagt, regelmäßig nicht ausreichend sein kann, um den Widerruf einer im Einklang mit der materiellen Rechtslage stehenden Zusage sachgerecht zu begründen[63]. So gesehen, muß es also nicht als Mangel empfunden werden, wenn es in § 207 Abs. 2 und 3 AO die Frage nach der inhaltlichen Richtigkeit der Zusage nicht ausdrücklich hervorgehoben, sondern danach unterschieden wird, ob die Korrektur der für die Zukunft oder auch für die Vergangenheit wirken soll.

a) Die Aufhebung oder Änderung mit Wirkung für die Zukunft (§ 207 Abs. 2 AO)

Um die Gesetzmäßigkeit der Verwaltung und die Gleichmäßigkeit der Besteuerung gewährleisten zu können, ist der Finanzbehörde mit § 207 Abs. 2 AO die Möglichkeit eröffnet, die Zusage ohne weitere Voraussetzungen nach pflichtgemäßem Ermessen (§ 5 AO) mit Wirkung für die Zukunft aufzuheben oder zu ändern[64]. Nach der Begründung zum Entwurf einer Abgabenordnung (AO 1974) soll ein Grund für eine solche Korrektur der Zusage dann gegeben sein, wenn die Finanzbehörde wegen einer zum Nachteil des Steuerpflichtigen geänderten Rechtsauffassung in Rechtsprechung oder Verwaltung nicht mehr an ihrem bei der Erteilung der Zusage vertretenen

---

[60] Vgl. *Woerner / Grube* S. 50.

[61] Vgl. *Blumers / Frick / Müller* F Rn. 160; *Frotscher* S. 126.

[62] S. oben S. 73 ff.

[63] Vgl. auch *Neumann,* NJW 1962, 1085, 1086; *Plössl* S. 199 ff.

[64] Vgl. *Zwank,* StBp. 1977, 12, 16. Beachte, als actus contrarius unterliegt die Entscheidung über die Aufhebung oder Änderung der Zusage dem für die Erteilung der Zusage geltenden Formerfordernis.

Standpunkt über die steuerrechtliche Sachbehandlung festhält[65]. Das bedeutet aber nicht, daß das Aufhebungs- und Änderungsrecht des § 207 Abs. 2 AO so zu verstehen wäre, daß nur Gründe herangezogen werden dürfen, die erst nach der Erteilung der Zusage eingetreten sind[66]. Die Grundsätze der Gesetzmäßigkeit der Verwaltung und der Gleichmäßigkeit der Besteuerung gebieten in gleichem Maße auch dann eine Korrektur, wenn die Zusage bereits von Anfang an als in der Sache fehlerhaft anzusehen war.

Dennoch führt § 207 Abs. 2 AO nicht zu einer unbegrenzten Aufhebbarkeit und Änderbarkeit der Zusage, denn der Grundsatz des Vertrauensschutzes zwingt die Behörde in jedem Fall zu einer Güterabwägung. Die Ermessensentscheidung über die Aufhebung oder Änderung kann immer nur dann sachgerecht sein, wenn das berechtigte Interesse des Steuerpflichtigen an der Einhaltung der Zusage gebührend berücksichtigt worden ist[67]. Diesem wird etwa dann ein besonderes Gewicht beizumessen sein, wenn die Finanzbehörde wegen eines vermeidbaren Irrtums über die steuerrechtliche Beurteilung des zugrunde gelegten Sachverhalts die sachliche Unrichtigkeit der Zusage zu vertreten hat[68]. Andererseits kann die Schutzwürdigkeit des Steuerpflichtigen dadurch vermindert oder gar aufgehoben sein, daß einer der in den §§ 130 Abs. 2, 131 Abs. 2 AO genannten Rücknahme- bzw. Widerrufsgründe vorliegt[69]. Im allgemeinen wird jedoch die entscheidende Frage dahingehend lauten müssen, ob und inwieweit der Steuerpflichtige auf die Zusage vertraut und entsprechend disponiert hat[70]. Solange er noch in keiner Weise tätig geworden ist und auch keine Ansprüche von Dritten zu befürchten hat, wird eine Aufhebung oder Änderung der Zusage i.d.R. keinen Bedenken begegnen[71]. Hat der Steuerpflichtige dagegen im Vertrauen auf den Fortbestand der Zusage schon mit der Sachverhaltsverwirklichung begonnen oder ist er vertragliche Verpflichtungen eingegangen, dann kann es geboten sein,

---

[65] BT-Drs. VI/1982 S. 165.

[66] So auch *Frotscher* S. 126. A.A. dagegen *Tipke/Kruse,* AO § 207 Rn. 4, die den Anwendungsbereich des § 207 Abs. 2 AO praktisch auf diese Fälle beschränkt sehen.

[67] Vgl. Begründung zum Entwurf einer Abgabenordnung (AO 1974), BT-Drs. VI/1982 S. 165. Vor einer Aufhebung oder Änderung der Zusage ist der Steuerpflichtige gem. § 91 Abs. 1 AO zu hören.

[68] Vgl. *Frotscher,* in: *Schwarz,* AO § 207 Rn. 2.

[69] Vgl. *Woerner/Grube* S. 50.

[70] So die ganz h.M., vgl. z.B. *Dewein,* Gruppe 8.7. S. 10 f.; *Könemann/Wendt* Rn. 716; *Kötter* S. 76; *Richter* Rn. 84; *Latsch/Honemann,* in: *Schröder/Muuss,* HBP, 4410 S. 30.

[71] Vgl. *Plath,* AO § 207 Anm. 3; *Zwank,* in: *Koch,* AO § 207 Rn. 3; *Giesberts* Rn. 313.

von einer Aufhebung oder Änderung der Zusage ganz abzusehen oder – bei einem Dauersachverhalt – deren Wirkung erst zu einem späteren Zeitpunkt eintreten zu lassen, falls der Steuerpflichtige sich nicht mehr ohne erheblichen Aufwand bzw. nur unter beträchtlichen Schwierigkeiten von den getroffenen Dispositionen oder den eingegangenen vertraglichen Verpflichtungen zu lösen vermag[72].

Fraglich ist, ob § 207 Abs. 2 AO auch dann noch zur Anwendung kommen kann, wenn der Steuerpflichtige den von der Zusage umfaßten Sachverhalt bereits vollständig verwirklicht hat. Die Antwort hängt davon ab, was unter einer Aufhebung oder Änderung der Zusage mit „Wirkung für die Zukunft" zu verstehen ist. Hierzu wird in der Literatur die Ansicht vertreten, daß damit gemeint sein soll, daß die Aufhebung oder Änderung keine bereits abgeschlossenen Sachverhalte mehr erfassen darf[73]. Bei dieser Betrachtungsweise wird aber zu Unrecht unterstellt, daß der Steuerpflichtige die Sachverhaltsverwirklichung stets im Vertrauen auf die Zusage betreibt und damit in bezug auf deren Fortbestand schutzwürdig ist. Es wird übersehen, daß es auch Fälle geben kann, bei denen die Zusage keinerlei Einfluß auf die Entscheidung über die Sachverhaltsverwirklichung erlangt hat, weil der Steuerpflichtige den Sachverhalt aus zwingenden Gründen auch ohne die vorherige Erteilung der Zusage in gleicher Art und Weise verwirklicht hätte. In der auf Treu und Glauben gestützten Rechtsprechung des Bundesfinanzhofs wurde dementsprechend für die Bejahung der Verbindlichkeit der Zusage nicht nur auf die Tatsache der Sachverhaltsverwirklichung abgehoben, sondern auch der Nachweis gefordert, daß die Zusage ursächlich für das Handeln des Steuerpflichtigen war[74]. Da die Zusage nach richtiger Ansicht ein Verwaltungsakt ist, kann diese Kausalitätsfrage allerdings keinen Einfluß auf den Eintritt der Verbindlichkeit der Zusage haben. Bei der Prüfung deren Bestandskraft ist dieser Gesichtspunkt dagegen sehr wohl von Bedeutung. Da die Zusage gem. §§ 204 ff. AO gerade dem Zweck dient, dem Steuerpflichtigen im Hinblick auf die unklare Rechtslage eine gesicherte Entscheidung über die künftige Sachverhaltsverwirklichung zu ermöglichen, ist dessen Interesse am Fortbestand der Zusage dann nicht schutzwürdig, wenn sich nach der Verwirklichung des Sachverhalts herausstellt, daß er sich in keiner Weise von der Zusage hat leiten lassen[75]. Auch für diesen Fall muß der Finanzbehörde noch die Möglichkeit offenstehen, die Zusage gem. § 207 Abs. 2 AO auf-

[72] So der Anwendungserlaß zur AO, BStBl. 1987 I, 664, 706.

[73] So *Tipke/Kruse,* AO § 207 Rn. 4; *Schick,* in: *Hübschmann/Hepp/Spitaler,* AO § 207 Rn. 37; *Steinberg* S. 131; *Thiel,* DB 1988, 1343, 1345.

[74] S. die Nachweise oben S. 99 Fn. 84 und 85.

[75] Vgl. auch *Müller* S. 118.

zuheben oder zu ändern. Deshalb kann mit der in die Zukunft wirkenden Korrektur nur gemeint sein, daß die Endentscheidung, auf die sich die Zusage bezieht, noch nicht getroffen worden ist. Das bedeutet, daß die Aufhebung oder Änderung der Zusage und die Endentscheidung in einem Akt zusammengefaßt werden können[76]. Damit wird die Finanzbehörde in die Lage versetzt, auch noch nach der vollständigen Verwirklichung des Sachverhalts zu prüfen, ob der Steuerpflichtige tatsächlich im Vertrauen auf die Zusage gehandelt hat. Bedenken, daß mit dieser Auslegung des § 207 Abs. 2 AO die Bindungswirkung der Zusage über Gebühr beeinträchtigt werden könnte, wären nicht gerechtfertigt, denn es ist nicht etwa Sache des Steuerpflichtigen zu belegen, daß die Zusage für sein Handeln ursächlich war. Da es hier um die Frage geht, ob eine wirksame Zusage wieder beseitigt werden kann, obliegt es allein der Finanzbehörde, den Mangel der Kausalität nachzuweisen. Gelingt ihr dies nicht, dann ist davon auszugehen, daß der Steuerpflichtige die Zusage zur Grundlage seines Handelns gemacht hat und deshalb mit der Vollendung des Sachverhalts in einem besonderen Maße schutzwürdig ist.

b) Die rückwirkende Aufhebung oder Änderung (§ 207 Abs. 3 AO)

Entsprechend den vorangegangenen Ausführungen zur Regelung des § 207 Abs. 2 AO ist mit einer rückwirkenden Aufhebung oder Änderung gemeint, daß die Zusage auch noch insoweit korrigiert werden kann, als sich deren Bindungswirkung bereits in einer Endentscheidung niedergeschlagen hat. Im Hinblick auf das weitreichende Recht der Finanzbehörde zur Aufhebung oder Änderung mit Wirkung für die Zukunft, muß der Steuerpflichtige jedoch i.d.R. davon ausgehen dürfen, daß seinem Vertrauen in den Bestand der Zusage jedenfalls dann eine überragende Bedeutung zukommt, wenn die Finanzbehörde bereits eine Endentscheidung unter Beachtung der Zusage getroffen hat. Deshalb ermöglicht § 207 Abs. 3 AO eine Korrektur mit Wirkung für die Vergangenheit zu Recht nur unter sehr engen tatbestandlichen Voraussetzungen. So ist eine rückwirkende Aufhebung oder Änderung der Zusage nur zulässig, wenn der Steuerpflichtige zustimmt bzw. die Zusage von einer sachlich unzuständigen Behörde erteilt (§ 130 Abs. 2 Nr. 1 AO) oder durch unlautere Mittel erwirkt worden ist (§ 130 Abs. 2 Nr. 2 AO)[77].

---

[76] Ebenso *Stelkens*, in: *Stelkens/Bonk/Leonhardt*, VwVfG § 38 Rn. 24, für die Aufhebung der verwaltungsrechtlichen Zusicherung.

[77] Daß die zweite und dritte Alternative des Abs. 3 ursprünglich mit einem „und" verbunden war, stellte ein Redaktionsversehen dar, das mit Art. 1 Nr. 39 des Steuerbereinigungsgesetzes 1986 vom 19.12.1985 (BGBl. 1985 I, 2440) durch ein „oder" korrigiert worden ist.

Dem Fall der Aufhebung oder Änderung mit Zustimmung des Steuerpflichtigen dürfte in der Praxis allerdings kaum eine Bedeutung zukommen. Da die Zusage keine Bindungswirkung zu Lasten des Steuerpflichtigen zu entfalten vermag (§ 206 Abs. 2 AO)[78], kann die förmliche Korrektur nur dort eine eigenständige Bedeutung erlangen, wo die Zusage zugunsten des Steuerpflichtigen gegen geltendes Recht verstößt[79]. Einer von der Finanzbehörde beabsichtigten Aufhebung oder Änderung der Zusage zu seinem Nachteil wird der Steuerpflichtige aber die Zustimmung regelmäßig verweigern.

Aus dem Zusammenhang der Absätze 2 und 3 des § 207 AO folgt, daß auch die Entscheidung über die rückwirkende Korrektur der Zusage im pflichtgemäßen Ermessen der Finanzverwaltung steht[80]. Der Umfang des Entscheidungsspielraums, der den Finanzbehörden hierbei zusteht, wird aber maßgeblich durch die engen tatbestandlichen Voraussetzungen des § 207 Abs. 3 AO bestimmt. So ist es offensichtlich, daß die Aufhebung oder Änderung einer sachlich unrichtigen Zusage der Regelfall sein muß, wenn der Steuerpflichtige hierzu wider Erwarten seine Zustimmung erteilen sollte oder sich herausstellt, daß die Zusage mit unlauteren Mitteln, wie arglistiger Täuschung, Drohung oder Bestechung, erwirkt worden ist[81]. Aber auch die Aufhebung oder Änderung einer Zusage, die durch eine sachlich unzuständige Behörde erteilt worden ist und sich als inhaltlich fehlerhaft erweist, wird in der Regel nicht zu beanstanden sein. Die gegenteilige Ansicht, wonach die sachliche Unzuständigkeit als Korrekturgrund zumeist ins Leere laufe, weil dieser Mangel entweder wegen seiner Evidenz zur Nichtigkeit der Zusage führe oder aber sonst bei der Ermessensentscheidung über deren Aufhebung oder Änderung gegenüber dem Vertrauensschutz des Steuerpflichtigen regelmäßig zurücktreten müsse[82], ist nicht haltbar[83]. Wie sich aus den §§ 130 Abs. 2 Nr. 1, 172 Abs. 1 Nr. 2 b AO ergibt, geht die Abgabenordnung grundsätzlich davon aus, daß sich gegenüber Entscheidungen sachlich unzuständiger Behörden der Vertauensschutz des Steuerpflichtigen nicht durchzusetzen vermag. Da der Gesetzgeber für die Korrektur der Zusage auf

---

[78] S. dazu die Ausführungen oben S. 64 ff.

[79] So auch *Giesberts* Rn. 315.

[80] So die einhellige Meinung, vgl. z.B. *Zwank,* in: *Koch,* AO § 207 Rn. 4; *Plath,* AO § 207 Anm. 5.

[81] Vgl. auch *Steinberg* S. 132.

[82] So *Hein,* StB 1978, 285, 287 f., und *Schick,* in: *Hübschmann / Hepp / Spitaler,* AO § 207 Rn. 87.

[83] Vgl. auch *Frotscher,* in: *Schwarz,* AO § 207 Rn. 3, sowie *Tipke / Kruse,* AO § 207 Rn. 5.

Grund einer Außenprüfung wohl zu Recht keinen Anlaß gesehen hat, von dieser allgemeinen Wertung abzuweichen, ist diese selbstverständlich auch hier entsprechend zu respektieren. Deshalb wird auch die rückwirkende Aufhebung oder Änderung einer inhaltlich fehlerhaften Zusage, die durch eine sachlich unzuständige Behörde erteilt worden ist, nur in besonders gelagerten Ausnahmefällen als ermessensfehlerhaft anzusehen sein.

Die Rechtsfolge einer solchen Korrektur mit Wirkung für die Vergangenheit besteht darin, daß die gegebene Zusage als von Anfang an nicht existent gilt. Das bedeutet, daß Verwaltungsakte, die vornehmlich in Form von Steuerbescheiden unter Beachtung der Zusage bereits ergangen sind, ebenfalls wieder korrigiert werden müssen. Der Gesetzgeber hat es allerdings versäumt, hierfür eine spezielle gesetzliche Regelung zu schaffen, so wie er dies für den ähnlichen Fall der Bindungswirkung zwischen Grundlagen- und Folgebescheid mit § 175 Abs. 1 Nr. 1 AO getan hat. Die h.M. behilft sich damit, daß sie die Aufhebung oder Änderung der Zusage als ein „rückwirkendes Ereignis“ i.S.v. § 175 Abs. 1 Nr. 2 AO wertet und so die Korrektur eines auf der Zusage beruhenden Steuerbescheides ermöglicht[84]. Hein[85] hält dies nicht nur für fragwürdig[86], sondern auch für überflüssig. Da die Korrekturgründe des § 207 Abs. 3 AO mit den in § 172 Abs. 1 Nr. 2 a-c AO aufgeführten übereinstimmen würden, könnten die auf der Zusage beruhenden Steuerbescheide unmittelbar unter Anwendung des § 172 AO korrigiert werden[87]. Diese Argumentation wird sich in der Praxis sicher für eine Vielzahl der Fälle als zutreffend erweisen. So ist es berechtigt anzunehmen, daß, wenn der Steuerpflichtige der Korrektur der Zusage zustimmt, er auch der entsprechenden Aufhebung oder Änderung eines auf der Zusage beruhenden Steuerbescheids zustimmen wird, oder daß sich im Fall der durch unlautere Mittel erwirkten Zusage, der Vorsatz dieser Handlung auch auf den Steuerbescheid erstrecken wird, welcher unter Beachtung der Zusage ergangen ist. Diese Parallelität der Korrekturgründe ist aber nicht in jedem Fall zwingend. Dies gilt insbesondere dann, wenn die Zusage von einer sachlich unzuständigen Behörde erteilt worden ist. Hier kann es ohne weiteres auch so sein, daß ein Steuerbescheid von der sachlich zuständigen Behörde unter Beachtung der

---

[84] Vgl. *Tipke/Kruse,* AO § 207 Rn. 5; *Schick,* in: *Hübschmann/Hepp/Spitaler,* AO § 207 Rn. 92; *Frotscher,* in: *Schwarz,* AO § 207 Rn. 3.

[85] StB 1978, 285, 288.

[86] Wohl deshalb, weil die Ansicht vertreten wird, daß nach der Entstehungsgeschichte dieser Vorschrift nur solche „rückwirkenden Ereignisse“ gemeint sein sollen, die sich auf der Sachverhaltsebene auswirken, vgl. dazu *Förster,* in: *Koch,* AO § 175 Rn. 11.

[87] Ebenso *Giesberts* Rn. 317.

Zusage erteilt worden ist. In einem solchen Fall bleibt dann nur der Rückgriff auf § 175 Abs. 1 Nr. 2 AO.

c) Der Ausgleich eines Vertrauensschadens

Durch die Aufhebung oder Änderung der Zusage können dem Steuerpflichtigen Vermögensnachteile entstehen, die sich als ersatzwürdig darstellen. Dies ist etwa dann der Fall, wenn der gutgläubige Steuerpflichtige im Vertrauen auf den Bestand der Zusage bereits geldwerte Dispositionen getroffen hat, die jedoch noch kein solches Gewicht erreicht haben, als daß sie im Rahmen der zu treffenden Güterabwägung die Korrektur der Zusage hätten verhindern können. Wenn diese Dispositionen deshalb nutzlos geworden sind, weil der Steuerpflichtige nach der Aufhebung oder Änderung der Zusage von der Sachverhaltsverwirklichung Abstand genommen hat, dann stellt sich die Frage, ob er Ersatz für den entstandenen Vertrauensschaden fordern kann. Da die Abgabenordnung keine dem § 48 Abs. 3 VwVfG entsprechende Regelung beinhaltet, kann hierfür als Anspruchsgrundlage i.d.R. nur die Amtshaftung gem. § 839 BGB i.V.m. Art. 34 GG in Betracht kommen.

Die Bejahung eines solchen Amtshaftungsanspruchs setzt zunächst voraus, daß der erklärende Beamte mit der Erteilung einer Zusage, die wegen ihrer Fehlerhaftigkeit aufgehoben oder geändert werden mußte, eine gegenüber dem Zusageempfänger bestehende Amtspflicht verletzt hat. Nach ständiger Rechtsprechung des Bundesgerichtshofs gehört es bei der Erteilung von Auskünften zur Amtspflicht des Beamten, daß er diese richtig, klar, unmißverständlich und vollständig erteilt, damit der Empfänger entsprechend disponieren kann[88]. Für die Erteilung von Zusagen kann selbstverständlich nichts anderes gelten. D.h. es ist stets als eine Amtspflichtverletzung zu werten, wenn dem Steuerpflichtigen eine fehlerhafte und deshalb mit der Gefahr der Aufhebung oder Änderung behaftete Zusage gegeben wird. Dieses pflichtwidrige Verhalten begründet allerdings nur dann einen Amtshaftungsanspruch, wenn sich der handelnde Beamte dabei schuldhaft, also zumindest fahrlässig (§ 276 Abs. 1 BGB) verhalten hat. Die Annahme, ein Beamter müßte bei Wahrung der gebotenen Sorgfalt die Gesetzwidrigkeit einer Zusage regelmäßig erkennen, wäre aber erheblich überzogen[89]. Für die Frage des Verschuldens ist nicht der Sorgfaltsmaßstab eines idealen, vollkommenen Musterbeamten, sondern der eines pflichtgetreuen Durchschnittsbeamten

---

[88] Vgl. BGH NJW 1970, 1414; 1978, 1522, 1523; 1980, 2573, 2574.

[89] So jedoch *Reifenrath* S. 143.

anzulegen[90]. Daran gemessen handelt ein Beamter aber i.d.R. nur dann schuldhaft, wenn er bei der Erteilung der Zusage gegen den klaren und eindeutigen Gesetzeswortlaut verstößt oder wenn er eine gefestigte höchstrichterliche Rechtsprechung mißachtet, nicht aber, wenn er solche Vorschriften falsch auslegt, deren Inhalt sich als problematisch darstellt und die noch keine Klärung durch die höchstrichterliche Rechtsprechung oder durch Verwaltungsvorschriften erfahren haben[91]. Dies hat zur Folge, daß ein Amtshaftungsanspruch wegen der Erteilung einer fehlerhaften Zusage zumeist am Verschuldensnachweis scheitern wird[92], denn wie oben[93] dargelegt worden ist, beschränkt sich die Zulässigkeit der hier in Frage stehenden Zusagen gerade auf jene Fälle, in denen es eine nach fachmännischem Urteil bestehende rechtliche Unsicherheit zu klären gilt[94].

Dieses Ergebnis kann aber nicht befriedigen, denn solange sich der Steuerpflichtige nicht als generell schutzunwürdig erweist, muß dieser im Fall der Aufhebung oder Änderung der Zusage erwarten dürfen, daß er in jedem Fall so gestellt wird, wie wenn er überhaupt keine Zusage erhalten hätte. Um dies zu erreichen, bietet sich letztlich nur der Einsatz von Billigkeitsmaßnahmen gem. §§ 163, 227 AO an[95]. D.h. die Finanzbehörde wird in den hier problematisierten Fällen gehalten sein, wegen sachlicher Unbilligkeit die Steuer des betroffenen Steuerpflichtigen niedriger festzusetzen oder diesem einen entsprechenden Steuererlaß zu gewähren, um auf diese Weise einen vom Steuerpflichtigen nachgewiesenen Vertrauensschaden doch noch zu kompensieren.

2. Die Korrektur der allgemeinen Zusage

Die Frage, nach welchen Vorschriften sich die Aufhebung oder Änderung der allgemeinen Zusage bestimmt, wird in der Rechtsprechung und Literatur nicht einheitlich beantwortet. So wird zum Teil behauptet, daß die Korrektur-

---

[90] Vgl. *Schwerdtner,* JuS 1980, 135, 139.

[91] Vgl. BGHZ 30, 19, 22; *Tipke,* StuW 1962, Sp. 697, 711; *Plössl* S. 209.

[92] So auch schon *Haueisen,* NJW 1961, 1901, 1905. Keinen Einfluß auf die Amtshaftung gegenüber dem Steuerpflichtigen hat dagegen § 32 AO. Diese Vorschrift beschränkt nur die Haftung der Amtsträger gegenüber der Anstellungskörperschaft, nicht aber Ersatzansprüche der Steuerpflichtigen, vgl. *Tipke / Kruse,* AO § 32 Rn. 1.

[93] S. 93 f.

[94] Unhaltbar ist deshalb auch die von *Hubert Kellner* (S. 182 f.) geäußerte Ansicht, daß in Fällen einer zweifelhaften Rechtslage das Verschulden des Beamten darin zu sehen sei, daß er die Erteilung der Zusage nicht verweigert hat.

[95] So zutreffend *Schick,* in: *Hübschmann / Hepp / Spitaler,* AO § 207 Rn. 61.

vorschriften für Steuerbescheide (§§ 172 ff. AO) zur Anwendung kommen müßten, wenn, wie es zumeist der Fall sein wird, die Zusage die Behandlung von Besteuerungsgrundlagen zum Gegenstand hat und sich damit auf eine Steuerfestsetzung auswirkt[96]. Dieser Ansicht ist zu widersprechen. Die Zusage ist weder ein Steuerbescheid noch ist sie, wie bereits oben[97] nachgewiesen, ein den Steuerbescheiden gleichgestellter Grundlagenbescheid. Deshalb scheidet eine direkte Anwendung der §§ 172 ff. AO in jedem Fall aus. Aber auch für eine analoge Anwendung dieser Vorschriften ist kein zwingender Grund ersichtlich. Dies wird dadurch bestätigt, daß der Gesetzgeber für die Zusage auf Grund einer Außenprüfung mit § 207 Abs. 2 und 3 AO eine eigenständige Korrekturregelung geschaffen und nicht auf die §§ 172 ff. AO verwiesen hat, obwohl gerade die Zusage gem. §§ 204 ff. AO sich regelmäßig auf eine Steuerfestsetzung auswirken wird. Es wäre deshalb eine sachlich nicht zu rechtfertigende Differenzierung, Zusagen außerhalb der §§ 204 ff. AO nach Maßgabe der §§ 172 ff. AO aufzuheben oder zu ändern, wenn sie sich auf eine Steuerfestsetzung auswirken[98].

Nach der allgemeinen Systematik der Abgabenordnung zählt die Zusage zu den sonstigen Steuerverwaltungsakten, deren Bestandskraft sich nach den §§ 130, 131 AO bestimmt[99]. Dies würde an sich auch für die Zusage auf Grund einer Außenprüfung gelten, gäbe es nicht die Sonderregelung in § 207 Abs. 2 und 3 AO, die sich somit als lex specialis gegenüber den §§ 130, 131 AO erweist[100]. Da die Zusage ihrem Wesen nach ein ausschließlich begünstigender Verwaltungsakt ist, ist von den §§ 130, 131 AO allerdings jeweils nur deren einschränkender Absatz 2 relevant[101]. Das bedeutet aber, daß anders als mit § 207 Abs. 2 AO eine Korrektur der Zusage mit Wirkung für die Zukunft nur unter engen tatbestandlichen Voraussetzungen und damit letztlich unabhängig von der Frage, ob und inwieweit der Steuerpflichtige im Vertrauen auf die Zusage bereits disponiert hat, ermöglicht wird. Durch die Anwendung der §§ 130, 131 AO wird der Empfänger einer allgemeinen Zusage insoweit also besser gestellt als der Empfänger einer Zusage auf Grund

---

[96] Vgl. Hessisches FG DStZ 1987, 257, 259; *Schick,* in: FS Obermayer, 1986, 135, 139 f. Fn. 23; *Baur,* BB 1988, 602, 609. Vgl. auch *Tipke / Kruse,* AO vor § 204 Rn. 16, die die §§ 172 ff. AO neben den §§ 206, 207 AO ergänzend anwenden wollen.

[97] S. 49 ff.

[98] So zutreffend *Giesberts* Rn. 269. Gegen jeglichen Rückgriff auf die §§ 172 ff. AO spricht sich auch *Sangmeister,* DStZ 1987, 235, 239, aus.

[99] Vgl. *Woerner / Grube* S. 53.

[100] Vgl. auch *Hein,* StB 1978, 285.

[101] A.A. FG Köln EFG 1984, 426,427.

einer Außenprüfung. Dieses Ergebnis ist bedenklich, denn das Vertrauen in den Bestand einer allgemeinen Zusage kann nicht schutzwürdiger sein als das Vertrauen in den Bestand einer Zusage gem. §§ 204 ff. AO. Deshalb dürfte es nicht nur zulässig, sondern sogar geboten sein, das weitergehende Korrekturrecht des § 207 Abs. 2 AO auf die allgemeine Zusage entsprechend anzuwenden[102]. Gerechtfertigt wird dies durch die Tatsache, daß § 207 Abs. 2 AO ohnehin auf den hergebrachten Rechtsprechungsgrundsätzen über die Bindungswirkung von Zusagen im Steuerrecht basiert, indem er die Frage der Korrektur mit Wirkung für die Zukunft von einer auf den Einzelfall bezogenen Abwägung zwischen den Grundsätzen der Gesetzmäßigkeit und der Gleichmäßigkeit der Besteuerung einerseits und dem Grundsatz des Vertrauensschutzes andererseits abhängig macht[103].

Fraglich ist, ob diese Analogie auch auf § 207 Abs. 3 AO auszudehnen ist, denn hier stellt sich die Situation gerade umgekehrt dar. § 130 Abs. 2 AO eröffnet ein umfassenderes Korrekturrecht mit Wirkung für die Vergangenheit als § 207 Abs. 3 AO. Nach § 130 Abs. 2 Nr. 3 und 4 AO ist die Zusage auch dann rückwirkend aufhebbar, wenn sie in wesentlicher Beziehung durch unrichtige oder unvollständige Angaben erwirkt worden ist bzw. wenn der Steuerpflichtige die Rechtswidrigkeit der Zusage gekannt oder infolge grober Fahrlässigkeit nicht gekannt hat. Wenn man aber die Notwendigkeit einer Analogie bezüglich § 207 Abs. 2 AO bejaht hat, wird man nicht umhinkönnen, auch § 207 Abs. 3 AO auf die allgemeine Zusage entsprechend anzuwenden. Die beiden Absätze können nicht isoliert betrachtet werden. Daß der Gesetzgeber die rückwirkende Aufhebung oder Änderung gem. § 207 Abs. 3 AO auf die Fälle beschränkt hat, in denen der Steuerpflichtige zustimmt, oder wo die Zusage an einem besonders schwerwiegenden Mangel i.S.v. § 130 Abs. 2 Nr. 1 oder 2 AO leidet[104], muß im Zusammenhang mit dem an keine tatbestandlichen Voraussetzungen gebundenen und damit sehr weitreichenden Recht zur Korrektur der Zusage mit Wirkung für die Zukunft gesehen

---

[102] So auch *Frotscher,* in: *Schwarz,* AO vor §§ 204-207 Rn. 11. Entgegen der Ansicht von *Sangmeister,* DStZ 1987, 235, 238, ist die analoge Anwendung des § 207 Abs. 2 AO auch dort gerechtfertigt, wo sich die allgemeine Zusage auf einen bereits abgeschlossenen Sachverhalt bezogen hat. Auch hier ist der Steuerpflichtige dann nicht schutzwürdig, wenn sich die vorzeitige Kenntnis über die steuerrechtliche Behandlung des Sachverhalts letztlich doch nicht in der Entscheidung über die Verwirklichung weiterer wirtschaftlicher Maßnahmen niedergeschlagen hat, s. dazu oben S. 94 ff.

[103] S. oben S. 51 ff. und S. 142 ff.

[104] So die Begründung zum Entwurf einer Abgabenordnung (AO 1974), BT-Drs. VI/1982 S. 165.

werden. Da die Korrekturmöglichkeiten nach § 207 Abs. 2 AO so lange offenstehen, wie sich die Zusage noch nicht in einer Endentscheidung niedergeschlagen hat, hat die Finanzbehörde in ausreichendem Maße Gelegenheit zu prüfen, ob der Steuerpflichtige die Zusage durch unrichtige oder unvollständige Angaben erwirkt hat bzw. die Rechtswidrigkeit der Zusage erkannt oder infolge grober Fahrlässigkeit nicht erkannt hat, um diese Gesichtspunkte sodann im Rahmen einer Entscheidung über die Aufhebung oder Änderung der Zusage für die Zukunft zu berücksichtigen[105]. So gesehen, ist es also kein gesetzgeberisches Versäumnis, daß § 207 Abs. 3 AO nur auf die Nr. 1 und 2 des § 130 Abs. 2 AO und nicht auch auf dessen Nr. 3 und 4 verweist. Es ist vielmehr nur folgerichtig, daß dem weitgehenden Recht zur Korrektur mit Wirkung für die Zukunft, ein sehr engbegrenztes Recht zur rückwirkenden Aufhebung oder Änderung folgt[106]. Mit der gebotenen Analogie zu § 207 Abs. 2 AO muß deshalb zwangsläufig auch eine entsprechende Anwendung des § 207 Abs. 3 AO auf die allgemeine Zusage einhergehen[107], denn erst gemeinsam bilden die Absätze 2 und 3 des § 207 AO eine Korrekturregelung, die den Besonderheiten der Zusage als solcher besser gerecht wird, als die mit den §§ 130, 131 AO getroffene Regelung[108].

[105] S.a. oben S. 142 ff.

[106] Vgl. auch *Rieckmann,* DStZ 1988, 396, 400.

[107] A.A. *Frotscher,* in: *Schwarz,* AO vor §§ 204-207 Rn. 11, der die Notwendigkeit einer Analogie auf § 207 Abs. 2 AO beschränkt sieht.

[108] Im Ergebnis ebenso *Giesberts* Rn. 270; *Thiel,* DB 1988, 1343, 1349; *Neufang / Horn,* Inf. 1988, 337, 339; Urt. des FG Baden-Württemberg vom 4.2.1988 – X-K 216/85 (n.v.). Bei der Anwendung der §§ 130, 131 AO will es dagegen *Schick,* in: *Hübschmann / Hepp / Spitaler,* AO vor § 204 Rn. 49, belassen.

Ergebnisse

1. a) Unter einer Zusage ist eine hoheitliche Selbstverpflichtung gegenüber einem bestimmten Erklärungsempfänger zu verstehen. Entscheidendes Merkmal der Zusage ist der von der Behörde zum Ausdruck gebrachte Bindungswille in bezug auf ihr künftiges Verhalten. Durch diesen unterscheidet sich die Zusage von der Auskunft, die nur eine Wissenserklärung darstellt.

   b) Bezogen auf den Bindungswillen der Behörde ist der Begriff „verbindliche Zusage“ ein Pleonasmus und der Begriff „verbindliche Auskunft“ ein Zusagesynonym. Der Begriff „Zusicherung“ ist nach der Legaldefinition des § 38 Abs. 1 S. 1 VwVfG auf die unmittelbar verwaltungsaktbezogene Zusage beschränkt. Da die Zusage im Steuerrecht sich in der Mehrzahl der Fälle nur auf die Behandlung einzelner Besteuerungsgrundlagen, d.h. auf grundsätzlich unselbständige Teile eines Steuerbescheides bezieht und damit nur einen mittelbaren Verwaltungsaktbezug aufweist, sollte hier einheitlich nur von der Zusage gesprochen und auf den spezielleren Begriff „Zusicherung“ ganz verzichtet werden.

   c) Von der Zusage streng zu trennen ist das vom Bundesfinanzhof entwickelte Institut der „tatsächlichen Verständigung“. Hierbei handelt es sich um einen Vergleichsvertrag zwischen Finanzbehörde und Steuerpflichtigem zur einverständlichen Klärung eines schwer zu ermittelnden Sachverhalts. Die Zusage als eine einseitige Verpflichtungserklärung der Finanzbehörde bezieht sich dagegen auf die verbindliche Klärung der steuerrechtlichen Behandlung eines unstreitigen Sachverhalts.

   d) Die Zusage ist kein Grundlagenbescheid i.S.v. § 171 Abs. 10 AO. Mit der Zusage legt die Finanzbehörde nur ihr künftiges Verhalten verbindlich fest, während es sich bei den Grundlagenbescheiden um selbständige Teilregelungen handelt.

2. a) Als ein Fall der Rechtsgewährung ist die Zusage stets ein Verwaltungsakt. Zur Begründung der Bindungswirkung bedarf es deshalb keines Rückgriffs auf den Grundsatz von Treu und Glauben, denn als Verwaltungsakt trägt die Zusage die Verbindlichkeit ihrem Wesen nach „in sich selbst“.

b) Die Zusage vermag keine Bindungswirkung zu Lasten des Steuerpflichtigen zu begründen und hat deshalb für ihren Adressaten einen ausschließlich begünstigenden Charakter.

3. Für die Erteilung steuerrechtlicher Zusagen ist keine ausdrückliche gesetzliche Ermächtigung erforderlich. Die allgemeine Berechtigung zur Erteilung von Zusagen ist als ein Annex zur Regelungsbefugnis der Finanzbehörde zu verstehen.

4. a) Die Erteilung allgemeiner steuerrechtlicher Zusagen liegt im pflichtgemäßen Ermessen der Finanzbehörde. Der Steuerpflichtige hat jedoch ein subjektives Recht auf fehlerfreie Ermessensausübung. Es besteht kein zwingender Grund, de lege ferenda einen Rechtsanspruch auf die Erteilung allgemeiner Zusagen im Steuerrecht zu begründen.

   b) Gem. § 204 AO hat die Finanzbehörde eine Zusage auf Grund einer Außenprüfung im Regelfall zu erteilen. Nur in atypischen Fällen kann die Erteilung der Zusage verweigert werden.

   c) § 23 ZG und § 42 e EStG gewähren einen Rechtsanspruch auf die Erteilung einer verbindlichen Zolltarifauskunft bzw. einer Lohnsteuer-Anrufungsauskunft. Bei letzterer handelt es sich allerdings nur insoweit um eine Zusage, als sie dem Arbeitnehmer und nicht dem Arbeitgeber gegenüber erteilt worden ist.

5. Die Erteilung von Zusagen ist nicht nur im Ermessensbereich oder im Bereich der Ausfüllung unbestimmter Rechtsbegriffe mit Beurteilungsspielraum möglich, sondern auch im Bereich strikter Gesetzesbindung, wo es darum geht, eine unklare oder umstrittene Rechtslage vorab verbindlich zu klären.

6. a) Die steuerrechtliche Zusage ist im Gegensatz zur verwaltungsrechtlichen Zusicherung gem. § 38 VwVfG ein mitwirkungsbedürftiger Verwaltungsakt. Das Fehlen eines Antrags bewirkt jedoch nicht die Nichtigkeit einer dennoch erteilten Zusage.

   b) Antragsberechtigt ist derjenige, auf dessen steuerliche Angelegenheiten sich die Zusage beziehen soll. Muß über die mit der Zusage zu klärende Sachbehandlung mehreren Personen gegenüber einheitlich entschieden werden, so sind diese nur gemeinsam antragsbefugt.

   c) Der Antrag auf Erteilung einer Zusage ist gegenwärtig nicht formgebunden. Die Einführung eines Schriftformerfordernisses wäre aus Gründen der Klarheit und des Beweises jedoch gerechtfertigt. Daneben sollte dann aber auch die Möglichkeit einer Erklärung zur Niederschrift eingeräumt werden.

d) Der Zusageantrag muß eine umfassende und klare Sachverhaltsdarstellung zum Gegenstand haben. Das Risiko der erschöpfenden Sachverhaltsdarstellung trägt der Steuerpflichtige. Im Antrag muß zudem das Rechtsproblem benannt werden, das die Ungewißheit über die steuerrechtliche Behandlung des Sachverhalts bewirkt. Es ist zwar möglich, jedoch keinesfalls notwendig, daß sich der Zusageantrag auf die Bestätigung einer bestimmten Sachbehandlung bezieht.

7. a) Die Erteilung der Zusage ist an den Nachweis eines berechtigten Interesses seitens des Steuerpflichtigen gebunden. Das Zusageinteresse dient der Erhaltung der Funktionsfähigkeit der Finanzverwaltung und ist als eine tatbestandliche Voraussetzung für die Zusageerteilung zu werten.

b) Das berechtigte Interesse ist gegeben, wenn sich die Zusage auf die Klärung einer nach fachmännischem Urteil existierenden rechtlichen Unsicherheit bezieht und wenn, gemessen an den Verhältnissen des Steuerpflichtigen, mit der zu klärenden Sachbehandlung erhebliche steuerliche Auswirkungen verbunden sind. Wenn dagegen § 204 AO eine Bedeutung für die „geschäftlichen Maßnahmen" des Steuerpflichtigen fordert, so ist diese Formulierung irreführend und unzweckmäßig im Hinblick auf die Funktion des Zusageinteresses.

c) Auch bezüglich eines bereits verwirklichten Sachverhalts ist die Bejahung eines berechtigten Interesses an der Zusageerteilung noch möglich, denn hier kann sich die vorzeitige Klärung einer rechtlichen Unsicherheit als bedeutsam für weitere Dispositionen des Steuerpflichtigen erweisen.

8. Eine bestehende Arbeitsüberlastung der Finanzbehörde rechtfertigt nicht die Ablehnung einer Zusage. Die Zusage kann auch nicht allein mit der Begründung abgelehnt werden, bei der zu klärenden Angelegenheit stehe die Erzielung eines Steuervorteils im Vordergrund.

9. a) Die Zusage muß von der zuständigen Behörde, i.d.R. ist dies das für den Steuerfall örtlich zuständige Finanzamt, erteilt worden sein. Ob dabei auch der nach verwaltungsinterner Regelung für die Erteilung der Zusage zuständige Beamte gehandelt hat, ist grundsätzlich ohne Bedeutung. Nur wenn eine ganz offensichtlich unzuständige Person etwas zugesagt hat, fehlt es an der Bekanntgabe i.S.v. §§ 122 Abs. 1, 124 Abs. 1 S. 1 AO und damit an einer wirksamen Zusageerklärung.

b) Anders als bei der Zusicherung gem. § 38 VwVfG ist die Zuständigkeit der zusagenden Behörde bei den Zusagen nach der Abgabenordnung jedoch keine generelle Wirksamkeitsvoraussetzung.

10. a) Während die Zusage auf Grund einer Außenprüfung der Schriftform bedarf (§ 205 Abs. 1 AO), ist die allgemeine steuerrechtliche Zusage

formfrei. Der Steuerpflichtige sollte jedoch aus Beweisgründen auch hier auf eine schriftliche Niederlegung der Zusageerklärung bestehen.

b) Eine Zusage auf Grund einer Außenprüfung, die wegen Nichteinhaltung der Schriftform unwirksam ist, kann nicht in eine formfreie allgemeine Zusage umgedeutet werden.

11. a) § 205 Abs. 2 AO umschreibt den notwendigen Mindestinhalt, der im Hinblick auf das Gebot der Bestimmtheit auch für die allgemeine steuerrechtliche Zusage zu fordern ist.

b) Die Zusage ist nicht generell nebenbestimmungsfeindlich. Im Einzelfall ist jedoch genau zu prüfen, ob die beigefügte Nebenbestimmung nicht dem Zweck der Zusage, dem Steuerpflichtigen eine gesicherte Dispositionsgrundlage zu schaffen, zuwiderläuft. Dies gilt besonders für die mit einer Bedingung erlassene Zusage.

12. Eine inhaltlich fehlerhafte Zusage ist grundsätzlich bindend. Nur unter den engen Voraussetzungen des § 125 Abs. 1 AO ist sie von Anfang an unwirksam und entfaltet damit keine Bindungswirkung.

13. a) Die Deckungsgleichheit zwischen dem der Zusage zugrunde gelegten Sachverhalt und dem tatsächlich verwirklichten Sachverhalt ist die selbstverständliche Voraussetzung für die Realisierung der Bindungswirkung der Zusage. Die Sachverhalte müssen sich in allen wesentlichen Punkten decken. Nebensächliche Abweichungen, die nicht den entscheidenden steuerlichen Tatbestand in seinem Kern treffen, können nicht zum Anlaß genommen werden, die Bindungswirkung der Zusage zu leugnen. Bei nur teilweiser Sachverhaltsverwirklichung ist der Eintritt der Bindungswirkung eine Frage der Teilbarkeit der Zusage.

b) Die Bindungswirkung bedeutet, daß die Finanzbehörde nur die Steuer (bzw. sonstige Ansprüche aus dem Steuerschuldverhältnis) festsetzen und erheben darf, die sich entsprechend der zugesagten Sachbehandlung ergibt. Die Bindungswirkung kann im Rechtsbehelfsverfahren gegen die unter Mißachtung der Zusage ergangenen Bescheide geltend gemacht werden.

c) Die Bindungswirkung der Zusage erstreckt sich auch auf den Gesamtrechtsnachfolger des Zusageadressaten, nicht aber auf einen Einzelrechtsnachfolger.

d) Steuerfestsetzungen, die unter Beachtung der Zusage erfolgt sind, unterliegen einer erhöhten Bestandskraft, die eine rechtliche Neubeurteilung des Steuerfalls gem. §§ 164, 177 AO hinsichtlich der zugesagten steuerrechtlichen Sachbehandlung ausschließt, und zwar unabhängig von der Fortgeltung der Zusage für die Zukunft.

14. a) Das Vertrauen in den Fortbestand einer bestimmten Gesetzeslage kann über die Zusage keinesfalls geschützt werden, da sonst der Grundsatz der Gewaltenteilung verletzt würde. Die Unbeständigkeit gegenüber solchen Gesetzesänderungen, die sich im Hinblick auf den Zusagegegenstand als „wesentlich" erweisen, ist deshalb ein allgemeingültiges Wesensmerkmal der Zusage.

b) Die Zusage bietet dem Steuerpflichtigen auch keinen Schutz gegenüber einer „Rückbewirkung von Rechtsfolgen" oder einer „tatbestandlichen Rückanknüpfung", soweit diese im Einzelfall verfassungsrechtlich zulässig sind.

c) Die Frage, ob die Zusage wegen einer Gesetzesänderung außer Kraft getreten ist, kann mit der Feststellungsklage (§ 41 FGO) geklärt werden.

15. a) Die Korrekturregelung gem. § 207 Abs. 2 und 3 AO ist lex specialis gegenüber den §§ 130, 131 AO. Sie trägt den Besonderheiten der Zusage Rechnung und sollte deshalb anstelle der §§ 130, 131 AO auf die allgemeine steuerrechtliche Zusage entsprechend angewandt werden.

b) Das an keine tatbestandlichen Voraussetzungen gebundene Recht zur Korrektur mit Wirkung für die Zukunft gem. § 207 Abs. 2 AO dient der Wahrung der Grundsätze der Gesetzmäßigkeit der Verwaltung und der Gleichmäßigkeit der Besteuerung. Der Grundsatz des Vertrauensschutzes zwingt die Finanzbehörde bei ihrer Ermessensentscheidung über die Aufhebung oder Änderung der Zusage jedoch zu einer Interessenabwägung, bei der es entscheidend darauf ankommt, ob und inwieweit der Steuerpflichtige im Vertrauen auf die Zusage bereits disponiert hat. Die Korrektur mit „Wirkung für die Zukunft" bedeutet, daß die Zusage insoweit aufgehoben oder geändert werden kann, als sie sich noch nicht in einer Endentscheidung niedergeschlagen hat.

c) Im Hinblick auf das weitreichende Korrekturrecht mit Wirkung für die Zukunft ist es nur folgerichtig, daß § 207 Abs. 3 AO eine rückwirkende Aufhebung oder Änderung der Zusage nur dann zuläßt, wenn der Steuerpflichtige zustimmt oder wenn die Zusage von einer sachlich unzuständigen Behörde erteilt oder durch unlautere Mittel erwirkt worden ist. Da die Zusage keine Bindungswirkung zu Lasten des Steuerpflichtigen entfaltet, wird dem Fall der Aufhebung oder Änderung mit Zustimmung des Steuerpflichtigen in der Praxis jedoch kaum eine Bedeutung zukommen. Steuerbescheide, die unter Beachtung der rückwirkend aufgehobenen oder geänderten Zusage ergangen sind, sind über § 175 Abs. 1 Nr. 2

AO zu korrigieren, falls der Korrekturgrund, der zur Aufhebung oder Änderung der Zusage geführt hat, nicht auch auf sie durchgreift.

d) Ein Vermögensschaden, der dem gutgläubigen Steuerpflichtigen infolge der Aufhebung oder Änderung der Zusage entstanden ist, sollte durch Billigkeitsmaßnahmen gem. §§ 163, 227 AO ausgeglichen werden. Ein Amtshaftungsanspruch gem. § 839 i.V.m. Art. 34 GG wird dagegen i.d.R. am Verschuldensnachweis scheitern.

Literaturverzeichnis

Achterberg, Norbert: Allgemeines Verwaltungsrecht, 2. Aufl. Heidelberg 1986

— Der Verwaltungsvorakt, in: DÖV 1971, 397 ff.

Arbeitskreis für die Reform der Reichsabgabenordnung und ihrer Nebengesetze: Reform der Reichsabgabenordnung. Bericht des Arbeitskreises für die Reform der Reichsabgabenordnung und ihrer Nebengesetze, Bonn 1970 (Schriftenreihe des Bundesministeriums der Finanzen, 13) (zit.: Arbeitskreis für die AO-Reform, Bericht)

Bachmayr, K.E.: Anm. zu Bundesfinanzhof, Urteil vom 29.3.1966 – V 109/61, in: BB 1966, 886 f.

Bachof, Otto: Beurteilungsspielraum, Ermessen und unbestimmter Rechtsbegriff im Verwaltungsrecht, in: JZ 1955, 97 ff.

— Anm. zu BVerwG, Urteil vom 18.8.1960 – 1 C 42.59, in: DVBl. 1961, 128 ff.

Badura, Peter: Der mitwirkungsbedürftige Verwaltungsakt mit belastender Auflage, in: JuS 1964, 103 ff.

— Die Form des Verwaltungsaktes, in: Walter Schmitt Glaeser (Hrsg.), Verwaltungsverfahren. Festschrift zum 50jährigen Bestehen des Richard-Boorberg-Verlages, Stuttgart u.a. 1977, 205 ff.

Bail, Theodor/*Schädel*, Walter/*Hutter*, Hans: Kommentar zum Zollrecht, Bonn, LBl. Stand Juli 1988

Bank, B.: Die Problematik formloser Zusicherungen im Beamtenverhältnis, in: ZBR 1964, 38 ff.

Battis, Ulrich: Allgemeines Verwaltungsrecht, Heidelberg 1985

Baur, Jürg Andreas: Auskünfte und Zusagen der Steuerbehörden an Private im schweizerischen Steuerrecht, Diss. Zürich 1979

Baur, Ulrich: Vereinbarungen in der Schlußbesprechung – Vorteile und Risiken, in: BB 1988, 602 ff.

Becker, Helmut: Der ordentliche Geschäftsleiter – Wachsender Einfluß oder abklingende Bedeutung?, in: StbJb. 1985/86, 381 ff.

Behrle, Manfred: Nochmals – Problematik von Zusage und Auskunft im Steuerrecht, in: NJW 1970, 1634

Bettermann, Karl August: Zuständigkeitsfragen in der Rechtsprechung des Bundesverwaltungsgerichts zum Verwaltungsverfahrensrecht, in: Otto Bachof u.a. (Hrsg.), Verwaltungsrecht zwischen Freiheit, Teilhabe und Bindung. Festgabe aus Anlaß des 25jährigen Bestehens des Bundesverwaltungsgerichts, München 1978, 61 ff.

Birk, Dieter: Allgemeines Steuerrecht, München 1988

Birkholz, H.: Beratung, Auskunft und verbindliche Zusage seitens der Finanzbehörden, in: RWP, 14 D AO II B 27, S. 1221 ff.

Blencke, Hans: Gestaltungsfreiheit im Steuerrecht und ihre Grenzen. Annäherung des Steuerrechts an das Zivilrecht, Erlaubtes und Nichterlaubtes, 4. Aufl. Herne / Berlin 1979

— Auskünfte und Zusagen der Finanzbehörden, in: NWB Fach 2, 4587 ff.

Blumers, Wolfgang / *Frick*, Jörg / *Müller*, Lutz: Betriebsprüfungshandbuch, München, LBl. Stand April 1988

Bonner Kommentar → Kommentar zum Bonner Grundgesetz

Borell, Rolf / *Schemmel*, Lothar: Steuervereinfachung. Notwendigkeit, Grundlagen, Vorschläge, Wiesbaden 1986 (Schriften des Karl-Bräuer-Instituts des Bundes der Steuerzahler, 60)

von Bornhaupt, Kurt Joachim: Die Bedeutung der Anrufungsauskunft und ihre Abgrenzung gegenüber der verbindlichen Zusage, in: DStR 1980, 3 ff.

Bull, Hans Peter: Allgemeines Verwaltungsrecht, 2. Aufl. Heidelberg 1986

Bunjes, Johann: Die systematische Stellung des Grundsatzes von Treu und Glauben in der Steuerrechtsordnung, in: DStR 1965, 479 ff.

Danzer, Jürgen: Die Steuerumgehung, Köln 1981

Deutsche Steuer-Gewerkschaft: „Verbindliche Zusage" durch die Hintertür?, in: DStG Januar / Februar 1987, S. 10

Deutsches Anwaltsinstitut: Bericht über Fachveranstaltungen, Fachinstitut für Steuerrecht, in: BRAK-Mitteilungen 3 / 1988, 196 ff.

Dewein, Hermann: Die Betriebsprüfung – besser vorbereiten, erfolgreicher verhandeln, weniger nachzahlen, Freiburg i.B., LBl. Stand Oktober 1988

Döllerer, Georg: Die Kapitalgesellschaft und ihre Gesellschafter in der neueren Rechtsprechung des Bundesfinanzhofs, in: DStR 1984, 383 ff.

Driesen, Werner: Verbindliche Zusagen durch die Finanzverwaltung – mehr Rechtssicherheit für unternehmerische Entscheidungen?, in: GmbH-Report 1986, R 33 f.

Dziadkowski, Dieter: Die Außenprüfung nach der Abgabenordnung 1977, in: BB 1976, 1359 ff.

Ehlers, Hans: Einzelfragen zur Außenprüfung nach der AO 1977, in: DStR 1978, 391 ff.

Erichsen, Hans-Uwe: Staatsrecht und Verfassungsgerichtsbarkeit I, 2. Aufl. München 1976

— Grundrechte und Anstaltsnutzung, in: VerwArch. 64 (1973), 299 ff.

Erichsen, Hans Uwe / *Martens*, Wolfgang (Hrsg.): Allgemeines Verwaltungsrecht, 8. Aufl. Berlin / New York 1988

Eyermann, Erich / *Fröhler*, Ludwig: Verwaltungsgerichtsordnung, Kommentar, 9. Aufl. München 1988

Faut: Auskünfte und Zusagen zur AO 1977, in: RWP, 14 D AO II B 27 a S. 35 ff.

Fichtelmann, Helmar: Wesen und Bedeutung der Anrufungsauskunft nach § 42 e EStG. Anm. zu dem BFH-Urteil vom 9.3.1979, VI R 185/76, in: FR 1980, 236 f.

Fiedler, Wilfried: Funktion und Bedeutung öffentlich-rechtlicher Zusagen im Verwaltungsrecht, Heidelberg/Karlsruhe 1977

— Die materiell-rechtlichen Bestimmungen des Verwaltungsverfahrensgesetzes und die Systematik der verwaltungsrechtlichen Handlungsformen, in: AöR 105 (1980), 79 ff.

— Allgemeines Verwaltungsrecht und Steuerrecht. Probleme der offenen und verdeckten „Harmonisierung" nach dem Inkrafttreten der AO 1977, in: NJW 1981, 2093 ff.

Fischer, Bianca: Dispositionsvertrauen gegenüber dem Gesetzgeber und der Verwaltung - dargestellt am Beispiel der Zusage im Steuerrecht, in: DÖV 1979, 773 ff.

Florig, Hans-Bernd: Die Bindung der Finanzverwaltung an Auskünfte und Zusagen, Diss. Würzburg 1968

Forsthoff, Ernst: Lehrbuch des Verwaltungsrechts. Erster Band: Allgemeiner Teil, 10. Aufl. München 1973

Frotscher, Gerrit: Die steuerliche Außenprüfung nach der Abgabenordnung 1977, 2. Aufl. Heidelberg 1980

Giesberts, Franz J.: Die steuerliche Betriebs- und Außenprüfung, 2. Aufl. Bonn 1981

Giloy, Jörg: Das Verhältnis der Anrufungsauskunft zur verbindlichen Zusage im Lohnsteuerrecht, in: BB 1977, 1139 ff.

Gmach, Gertlieb: Probleme des Nichtakts nach der alten und neuen Abgabenordnung, in: DStZ/A 1976, 299 ff.

Görlich, Wolfgang: Die steuerrechtliche Behandlung von Vertragsgestaltungen zwischen Angehörigen. Verfassungsrechtliche, methodische und steuerrechtliche Grundlagen, Berlin 1979

Gräber, Fritz: Finanzgerichtsordnung mit Nebengesetzen, 2. Aufl. München 1987

von *Groll*, Rüdiger: Mehr Methode! Eine Antwort auf die Misere der Steuerrechtsprechung, in: StuW 1977, 197 ff.

Große, Thomas: Die Schlußbesprechung - ein orientalischer Bazar?, in: StBp. 1986, 58 ff.

Hartz, Wilhelm: Empfiehlt es sich, die bestehenden Grundsätze über Auskünfte und Zusagen in der öffentlichen Verwaltung beizubehalten? Referat auf dem 44. Deutschen Juristentag, in: Verhandlungen des 44. Deutschen Juristentages - Hannover 1962, Bd. II, Tübingen 1964, S. D 3 ff.

Haueisen, Fritz: Die Bedeutung von Zusagen im Verwaltungsrecht, in: NJW 1961, 1901 ff.

Haver, Friedrich: Verbindliche Auskunft im Steuerrecht, in: BB 1967, 1201 ff.

Hein, Reinhard: Die Korrekturvorschriften für Steuerverwaltungsakte nach der Abgabenordnung 1977, in: StB 1978, 285 ff.

Herrmann, Karl/*Heuer*, Gerhard/*Raupach*, Arndt: Einkommensteuer- und Körperschaftsteuergesetz mit Nebengesetzen. Kommentar, 19. Aufl. Köln, LBl. Stand Juni 1989

Hessdörfer, Ludwig: Der Rechtsstaat, Stuttgart 1961

Hesse, Konrad: Grundzüge des Verfassungsrechts der Bundesrepublik Deutschland, 15. Aufl. Heidelberg 1985

Hildebrandt, Bernd: Aktuelle Fragen aus der Praxis der Außenprüfung, in: StBp. 1983, 86 ff.

Hoffmann-Becking, Michael: Zum Stand der Lehre vom Recht auf fehlerfreie Ermessensentscheidung, in: DVBl. 1970, 850 ff.

— Der feststellende Verwaltungsakt, in: DÖV 1972, 196 ff.

— Der Anspruch auf fehlerfreie Ermessensentscheidung – BVerwGE 39, 235, in: JuS 1973, 615 ff.

Hübschmann, Walter/*Hepp*, Ernst/*Spitaler*, Armin: Kommentar zur Abgabenordnung und Finanzgerichtsordnung, 9. Aufl. Köln, LBl. Stand April 1989

Immesberger, Helmut: Problematik von Zusage und Auskunft im Steuerrecht, in: NJW 1970, 1116 ff.

Jakobs, Michael Ch.: Zur Abgrenzung der verwaltungsrechtlichen Zusage von Auskunft und Vorbescheid, in: JURA 1985, 234 ff.

Jauernig, Othmar (Hrsg.): Bürgerliches Gesetzbuch, 4. Aufl. München 1987

Kaligin, Thomas: Der Auskunftserlaß vom 24.6.1987. Teil I: Anwendungsbereiche der verbindlichen Zusage; Teil III: Rechtsbehelfe und Haftungsfragen, in: DStZ 1988, 367 ff., 426 f.

Kampmann, Manfred: Die Erteilung von Rechtsauskünften durch die Finanzämter, Stuttgart 1963

Kellner, Hubert: Auskünfte und Zusagen über künftige Verwaltungsakte, Diss. Münster 1966

Kellner, Hugo: Empfiehlt es sich, die bestehenden Grundsätze über Auskünfte und Zusagen in der öffentlichen Verwaltung beizubehalten? Referat auf dem 44. Deutschen Juristentag, in: Verhandlungen des 44. Deutschen Juristentages – Hannover 1962, Bd. II, Tübingen 1964, S. D 47 ff.

— Neue Erkenntnisse zum sogenannten Beurteilungsspielraum?, in: DÖV 1972, 801 ff.

Kienemund, Andreas: Zusagen der Finanzverwaltung, in: DB 1984, 1433 ff.

Kimminich, Otto: Die Verbindlichkeit mündlicher Zusagen im Verwaltungsrecht – BVerwGE 1, 254, in: JuS 1963, 268 ff.

Kirchhof, Ferdinand: Der Verwaltungsakt auf Zustimmung, in: DVBl. 1985, 651 ff.

Kirchhof, Paul: Steuerumgehung und Auslegungsmethoden, in: StuW 1983, 173 ff.

Kisker, Gunter: Vertrauensschutz im Verwaltungsrecht, in: VVDStRL 32 (1974), 149 ff.

Klauser, Werner: Bindung des Finanzamtes an Beurteilungen nach einer Außenprüfung auch für Folgejahre?, in: BB 1983, 829 f.

Klein, Franz: Die Bindung der Finanzverwaltung an Treu und Glauben, in: DStR 1985, 391 ff.

Klein, Franz / *Flockermann*, Paul G. / *Kühr*, Christian: Kommentar zum Einkommensteuergesetz, 3. Aufl. Darmstadt 1981

Klein, Franz / *Orlopp*, Gerd: Abgabenordnung, 3. Aufl. München 1986

Knack, Joachim: Verwaltungsverfahrensgesetz. Kommentar, 2. Aufl. Köln u.a. 1981

Knepper, Karl Heinz: Der Vergleich im Steuerrecht, in: BB 1986, 168 ff.

Knöpfle, Franz: Die Nachfolge in verwaltungsrechtliche Rechts- und Pflichtstellungen, in: Festgabe für Theodor Maunz, München 1971, 225 ff.

Koch, G. / *Kohlrust*, R.: Verbindliche Auskünfte im Steuerrecht, in: BB 1962, 649 ff.

Koch, Hans-Joachim: Allgemeines Verwaltungsrecht, Frankfurt a.M. 1984

Koch, Karl: Abgabenordnung, 3. Aufl. Köln u.a. 1986

Kölner Steuerdialog: Bundeseinheitliche Regelung zur Erteilung von nach Treu und Glauben verbindlichen Auskünften (ohne Verfasserangabe), KÖSDI 1987, 6862 f.

Könemann, Werner H. / *Wendt*, Wilhelm: Betriebsprüfung in der Praxis, Köln 1986

Kötter, Friedrich: Steuerliche Betriebsprüfung, Herne / Berlin 1978

Kommentar zum Bonner Grundgesetz (Bonner Kommentar), bearb. von *Peter Badura* u.a., Heidelberg LBl. Stand November 1988

Kopp, Ferdinand O.: Verwaltungsverfahrensgesetz, 4. Aufl. München 1986

— Verwaltungsgerichtsordnung, 7. Aufl. München 1986

Kottke, Klaus: Steuerersparung – Steuerumgehung – Steuerhinterziehung, 7. Aufl. Freiburg i.B. 1985

Krabbe, Helmut: Auskünfte mit Bindungswirkung nach Treu und Glauben, in: DB 1987, 2067 ff.

Krause, Peter: Rechtsformen des Verwaltungshandelns, Berlin 1974

Kraushaar, Rolf: Bindung der Finanzverwaltung an Vereinbarungen über Sachverhaltsbeurteilungen im Rahmen einer steuerlichen Außenprüfung, in: StbKRep. 1986, 153 ff.

Krebs, Walter: Zur Anwendbarkeit des Verwaltungsverfahrensgesetzes auf verwaltungsrechtliche Zusagen, in: VerwArch. 69 (1978), 85 ff.

Kruse, Wilhelm: An den Grenzen von Treu und Glauben, in: StuW 1958, Sp. 719 ff.

— Steuerumgehung zwischen Steuervermeidung und Steuerhinterziehung, in: StbJb. 1978 / 79, 443 ff.

Kühn, Rolf / *Kutter*, Heinz / *Hofmann*, Ruth: Abgabenordnung – Finanzgerichtsordnung – Nebengesetze, 15. Aufl. Stuttgart 1987

Kurr, Jochen: Die Zusicherung im Verwaltungs-, Steuer- und Zollrecht, in: ZfZ 1986, 236 ff.

Kurz, Volker: Zur Bindung der Finanzgerichte an Verwaltungsanweisungen unter besonderer Berücksichtigung von Beurteilungsspielräumen, in: DStZ 1982, 26 ff.

Lademann, Fritz / *Söffing*, Günter / *Brockhoff*, Hedin: Kommentar zum Einkommensteuergesetz, Stuttgart u.a., LBl. Stand Mai 1985

Lange, Klaus: Probleme des Vertrauensschutzes im Verwaltungsrecht, in: WiVerw. 1979, 15 ff.

Langkeit, Herbert: Empfiehlt es sich, die bestehenden Grundsätze über Auskünfte und Zusagen in der öffentlichen Verwaltung beizubehalten? Vorbereitender Diskussionsbeitrag auf dem 44. Deutschen Juristentag, in: Verhandlungen des 44. Deutschen Juristentages - Hannover 1962, Bd. II, Tübingen 1964, S. D 37 ff.

Larenz, Karl: Methodenlehre der Rechtswissenschaft, 5. Aufl. Berlin u.a. 1983

Ling, Rainer: Zur Rechtsnatur sogenannter verbindlicher Zusagen im Steuerrecht, in: DStZ 1989, 424 ff.

Littmann, Eberhard / *Bitz*, Horst / *Meincke*, Jens Peter: Das Einkommensteuerrecht. Kommentar zum Einkommensteuergesetz, Band II, 14. Aufl. Stuttgart 1985

Lohmeyer, Heinz: Auskünfte und Zusagen im Steuerrecht, in: DStZ / A 1978, 26 ff.

— Die Fürsorgepflicht der Finanzbehörde nach § 89 AO, in: DStZ / A 1979, 190 ff.

— Verbindliche Auskünfte und Zusagen im Besteuerungsverfahren, insbesondere im Anschluß an eine Außenprüfung, in: StB 1983, 101 ff.

Lotz, Klaus Werner: Zum Vertrauensschutz im öffentlichen Recht, in: WiVerw. 1979, 1 ff.

Maaßen, Kurt: Regelungen mit dem Finanzamt. Auskünfte, Zusagen und Vereinbarungen im Steuerrecht, Köln 1959

Maiwald, Joachim: Die verwaltungsbehördliche Zusicherung im Verwaltungsverfahrensgesetz, in: BayVBl. 1977, 449 ff.

Martens, Joachim: Die steuerliche Betriebsprüfung („Außenprüfung") nach der AO 1977 aus der Sicht des Beraters, Köln 1978

— Die eigenartige Beweislast im Steuerrecht, in: StuW 1981, 322 ff.

— Die Rechtsprechung zum Verwaltungsverfahrensrecht, in: NVwZ 1983, 717 ff.

— Vergleichsvertrag im Steuerrecht? in: StuW 1986, 97 ff.

Martens, Wolfgang: Zum Rechtsanspruch auf polizeiliches Handeln, in: JuS 1962, 245 ff.

Mattern, Gerhard: Treu und Glauben im Steuerrecht, Stuttgart 1958

— Grundsätzliches zu Treu und Glauben, in: Franz Mayer (Hrsg.), Staat und Gesellschaft. Festschrift für G. Küchenhoff, München 1967, 39 ff.

Maunz, Theodor / *Dürig*, Günter u.a.: Grundgesetz. Kommentar, München, LBl. Stand November 1988

Maurer, Hartmut: Allgemeines Verwaltungsrecht, 6. Aufl. München 1988

Mayer, Franz / *Kopp*, Ferdinand O.: Allgemeines Verwaltungsrecht, 5. Aufl. Stuttgart u.a. 1985

Mayer, Otto: Deutsches Verwaltungsrecht, Band I, 3. Aufl. München/Leipzig 1924

Meyer, Hans/*Borgs-Maciejewski*, Hermann: Verwaltungsverfahrensgesetz, 2. Aufl. Frankfurt a.M. 1982

Meyers Enzyklopädisches Lexikon: Deutsches Wörterbuch. Band 32: O-Z, Mannheim u.a. 1981

Mihatsch, Günther: Außenprüfung und Bindungswirkung für die Folgejahre, in: NWB Fach 17, 887 f.

Mittelbach, Rolf: Handbuch des Abgabenrechts, Neuwied/Darmstadt, LBl. Stand September 1989

Mönius, T.: Akteneinsicht und Zusage – rechtspolitische Notwendigkeit im Abgabenverfahrensrecht, in: Inf. 1987, 217 ff.

Monreal, Alfred: Auskünfte und Zusagen von Finanzbehörden, Berlin 1967

Morner, Eberhard: Anm. zu BVerwG, Urt. v. 7.1.1972 - IV C 49/68, in: NJW 1973, 1207 f.

Müller, Helmut: Bindung an Auskünfte und Zusagen der Finanzbehörden, Diss. Frankfurt a.M. 1973

Müller, Manfred: Aufhebung und Änderung verbindlicher Zolltarifauskünfte, in: ZfZ 1977, 162 ff.

Neufang, B./*Horn*, M.: Die Zusage im Steuerrecht, in: Inf. 1988, 337 ff.

Neumann, Siegfried: Die Grenzen des Vertrauensschutzes im öffentlichen Recht, in: NJW 1962, 1085 ff.

Niemann, Ursula: Steuerliche Absicherung langfristiger Dispositionen - ein Gesetzgebungsvorschlag. Bericht über die Podiumsdiskussion, in: StbJb. 1987/88, 391 ff.

Nothnagel, Reinhard: Die Bekanntgabe von Verwaltungsakten im Steuerrechtsverhältnis, Diss. Köln 1983

Obermayer, Klaus: Kommentar zum Verwaltungsverfahrensgesetz, Darmstadt/Neuwied 1983

— Rechtsprobleme der Zusicherung nach § 38 VwVfG, in: Festschrift für Theodor Maunz, München 1981, 247 ff.

— Der Verwaltungsakt als Gegenstand von Zusagen und Rechtsauskünften, in: NJW 1962, 1465 ff.

Offerhaus, Klaus: Aus der neueren Rechtsprechung zum Steuerrecht, in: NJW 1979, 630 ff.

— Einzelfragen zur Lohnsteuer-Anrufungsauskunft, in: Inf. 1979, 337 ff.

Ossenbühl, Fritz: Vertrauensschutz im sozialen Rechtsstaat, in: DÖV 1972, 25 ff.

Oswald, Franz: Zur Diskussion über den Rang und die Bedeutung des Grundsatzes von Treu und Glauben im Steuerrecht, in: FR 1966, 344 ff.

— Wann sind Auskünfte eines Finanzamtes rechtsverbindlich, namentlich wenn sie nur mündlich erteilt werden?, in: DStR 1968, 590 ff.

Otto, Klaus: Die Nachfolge in öffentlich-rechtliche Positionen des Bürgers, Berlin 1970

Palandt, Otto u.a. (Bearb.): Bürgerliches Gesetzbuch, 48. Aufl. München 1989

Palauro, Rainer: Haftungsrelevante Probleme der allgemeinen verwaltungsrechtlichen Zusage, Diss. Konstanz 1983

Papier, Hans-Jürgen: Zur verwaltungsgerichtlichen Kontrolldichte, in: DÖV 1986, 621 ff.

Paulick, Heinz: Lehrbuch des allgemeinen Steuerrechts, 3. Aufl. Köln u.a. 1977

Pettenkofer, Horst: Der Vertrauensschutz bei behördlichen Auskünften und Zusagen, Diss. Würzburg 1969

Pezzer, Heinz-Jürgen: Die rechtssystematischen Grundlagen der verdeckten Gewinnausschüttung nach der Körperschaftsteuerreform, Diss. Köln 1985

Pfander, Nikolaus: Die Zusage im öffentlichen Recht, Berlin 1970

Pfeiffer, Thomas: Anspruch auf Erteilung einer verbindlichen Zusage außerhalb der gesetzlich normierten Fälle, in: DB 1987, 2380 ff.

Pieper, Goswin: Die öffentlichrechtliche Zusage. Eine bindende Erklärung zwischen öffentlichen Rechtsträgern und privaten Rechtsträgern auf dem Gebiete des öffentlichen Rechts, Diss. Kiel 1965

— Zur öffentlich-rechtlichen Zusage, in: VerwArch. 59 (1968), 217 ff.

Pipkorn, Jörn: Auskunftspflichten der daseinsvorsorgenden Verwaltungsbehörden, Diss. München 1968

Plath, Helmut: Abgabenordnung (AO 1977). Kommentar, Neuwied/Frankfurt a.M., LBl. Stand Juni 1988

Plössl, Hans: Zusicherungen von Verwaltungsbehörden, Diss. München 1964

Püttner, Günter: Allgemeines Verwaltungsrecht, 6. Aufl. Düsseldorf 1983

— Vertrauensschutz im Verwaltungsrecht, in: VVDStRL 32 (1974), 200 ff.

— Zusagen im öffentlichen Recht, in: JA 1975, 389 ff.

Pump, H.: Vorteilhafte Verwendung von Bestätigungsschreiben im Steuerrecht, in: Inf. 1987, 553 f.

Quast, Dieter: Zum Begriff der Abschreibungsgesellschaft und den daraus resultierenden Problemen der Auskunftsverweigerung, in: DB 1979, 1765 ff.

Redeker, Konrad: Zum neuen Entwurf eines Verwaltungsverfahrensgesetzes, in: DVBl. 1973, 744 ff.

Redeker, Konrad/*von Oertzen*, Hans-Joachim: Verwaltungsgerichtsordnung. Kommentar, 8. Aufl. Stuttgart u.a. 1986

Reifenrath, Gerhard: Auskünfte und Zusagen im System des Verwaltungshandelns, Diss. Köln 1967

Richter, Heinz: Praxisfragen zur Anrufungsauskunft nach § 42 e EStG, in: NWB Fach 6, 2353 ff.

— Lohnsteuer-Anrufungsauskunft und verbindliche Zusage im Anschluß an eine Lohnsteuer-Außenprüfung, in: StBp. 1983, 55 ff.

— Die neue Verwaltungsregelung zur verbindlichen Auskunft, Steuer-Telex Sonderinformation, Köln 1987

Rieckmann, Walter: Der Auskunftserlaß vom 24.6.1987. Teil II: Beantragung, Erteilung und Bindungswirkung der Zusage, in: DStZ 1988, 396 ff.

Rößler, Gerhard: Die tatsächliche Verständigung im Steuerrecht, in: DB 1985, 1861 ff.

Rohwer-Kahlmann, Harry: Behördliche Zusagen und Vertrauensschutz, in: DVBl. 1962, 622 ff.

Rose, Gerd: Steuerliche Absicherung langfristiger Dispositionen – ein Gesetzgebungsvorschlag, in: StbJb. 1987/88, 361 ff.

Rottmann, Wilhelm/*Wannemacher*, Wolfgang: Finanzbehördliche Auskünfte und Zusagen (einschließlich der verbindlichen Zusage auf Grund einer Außenprüfung), in: NSt „Auskünfte", Darstellung 1

Rupp, Hans Heinrich: „Ermessen", „unbestimmter Rechtsbegriff" und kein Ende, in: Festschrift für Wolfgang Zeidler, Bd. I, Berlin/New York 1987, 455 ff.

Ruppel, Alfred: Die „tatsächliche Verständigung" mit dem Finanzamt – Vorteil oder Nachteil?, in: DStR 1985, 684 ff.

Sangmeister, Bernd: Bindung des Finanzamts an eine Zusage, in: DStZ 1987, 235 ff.

— Pacta sunt servanda – oder die Pflicht zur Einhaltung einer tatsächlichen Verständigung, in: BB 1988, 609 ff.

— Die Zulässigkeit des Tatsachenvergleichs im Steuerprozeß und in anderen gerichtlichen Verfahren, in: BB 1988, 2289 ff.

Scheuing, Dieter H.: Selbstbindung der Verwaltung, in: VVDStRL 40 (1982), 153 ff.

Schick, Walter: Außen(Betriebs-)Prüfung, Effizienz und Rechtsstaat, in: BB 1986, 137 ff.

— Zusage – Zusicherung – „Verbindliche Zusage". Regelungsformen eines verwaltungsrechtlichen Rechtsinstituts, in: Festschrift für Klaus Obermayer, München 1986, 135 ff.

Schmalz, Dieter: Allgemeines Verwaltungsrecht, Teil I, Köln 1979

Schmidt, Ludwig: Einkommensteuergesetz, 8. Aufl. München 1989

Schmidt, Walter: „Vertrauensschutz" im öffentlichen Recht, in: JuS 1973, 529 ff.

Schmidt-Eichstaedt, Gerd: Der Konkretisierungsauftrag der Verwaltung beim Vollzug öffentlich-rechtlicher Normen, in: DVBl. 1985, 645 ff.

Schröder, Johannes/*Muuss*, Harro: Handbuch der steuerlichen Betriebsprüfung, Bd. II, Berlin/Bielefeld, LBl. Stand November 1987

Schroeder-Printzen, Günther: Sozialgesetzbuch Verwaltungsverfahren – SGB X. Kommentar, München 1981

Schulze-Osterloh, Joachim: Rechtsanwendung und Rechtsetzung für Verlustzuweisungsgesellschaften durch Verwaltungsvorschriften, in: Klaus Tipke (Hrsg.),

Grenzen der Rechtsfortbildung durch Rechtsprechung und Verwaltungsvorschriften im Steuerrecht, Köln 1982, S. 241 ff.

Schulze zur Wiesche, Dieter: Vereinbarungen unter Familienangehörigen und ihre steuerlichen Folgen, 2. Aufl. Köln 1981

Schwarz, Bernhard: Kommentar zur Abgabenordnung, Freiburg i.B., LBl. Stand April 1988

Schweickhardt, Rudolf: Allgemeines Verwaltungsrecht, 5. Aufl. Stuttgart u.a. 1987

Schwerdtfeger, Gunther: Öffentliches Recht in der Fallbearbeitung, 7. Aufl. München 1983

Schwerdtner, Eberhard: Öffentlichrechtliche Klausur – Die fehlerhafte Zusage, in: JuS 1980, 135 ff.

Soergel, Hans Theodor: Bürgerliches Gesetzbuch. Bd. I: Allgemeiner Teil, 12. Aufl. Stuttgart u.a. 1987

Spindler, Ernst: Zur Reform der Abgabenordnung – Wünsche und ihre Chancen, in: StbJb. 1975/76, 87 ff.

Spitaler, Armin: Verbindliche Zusicherungen im Steuerrecht, in: BB 1961, 1333 ff.

Stache, Ulrich: Die Anrufungsauskunft – eine verbindliche Auskunft?, in: RWP, AO SG 2.1 – S. 225 ff.

Steinberg, Wilhelm: Die Selbstbindung der Finanzverwaltung. Verbindliche Auskünfte, Zusicherungen und Zusagen, Bielefeld 1981

Stelkens, Paul / *Bonk*, Heinz Joachim / *Leonhardt*, Klaus: Verwaltungsverfahrensgesetz. Kommentar, 2. Aufl. München 1983

Steuer und Kapital: Vertrauensschutz durch verbindliche Zusagen des Finanzamtes (ohne Verfasserangabe), Nr. 8 August 1978

Streck, Michael: Die Außenprüfung, Köln 1986

— Das gestörte Verhältnis der Finanzverwaltung zum „Handeln eines ordentlichen Geschäftsleiters" einer GmbH, in: GmbH-Report 1987, R 73

Strotkamp, Erwin: Zusagen im Verwaltungsrecht, unter besonderer Berücksichtigung von Zusagen im Beamten- und Steuerrecht, Diss. Würzburg 1965

Thiel, Jochen: Außenprüfung und verbindliche Zusagen aufgrund einer Außenprüfung nach der AO 1977, in: Inf. 1977, 111 ff.

— Vertrauensschutz im Besteuerungsverfahren, in: DB 1988, 1343 ff.

Tipke, Klaus: Steuerrecht. Ein systematischer Grundriß, 11. Aufl. Köln 1987

— Bindung an Zusagen und Auskünfte, in: StuW 1962, Sp. 697 ff.

— Fünfzig Jahre Reichsabgabenordnung, in: AöR 94 (1969), 224 ff.

Tipke, Klaus / *Kruse*, Heinrich W.: Abgabenordnung und Finanzgerichtsordnung. Kommentar, 13. Aufl. Köln, LBl. Stand Juli 1989

— Reichsabgabenordnung. Kommentar, 7. Aufl. Köln, LBl. Stand Juli 1976

Tittel, Hans-Joachim: Zum öffentlich-rechtlichen Thema des 44. Deutschen Juristentages, in: DRiZ 1962, 307 ff.

Uelner, Adalbert: Aktuelles zu steuerbegünstigten Kapitalanlagen aus der Sicht der Finanzverwaltung, in: StbJb. 1981/82, 107 ff.

Ule, Carl Hermann: Verwaltungsprozeßrecht, 9. Aufl. München 1987

Ule, Carl Hermann/*Laubinger*, Hans-Werner: Verwaltungsverfahrensrecht, 3. Aufl. Köln u.a. 1986

Vogel, Klaus: Die Besonderheit des Steuerrechts, in: DStZ/A 1977, 5 ff.

von Voigt, Klaus: Auskünfte, Zusagen und Vereinbarungen im Steuerrecht, Diss. Mainz 1968

Wassermeyer, F.: Vertrauensschutz im Steuerrecht, in: Inf. 1984, 69 ff.

Weber-Dürler, Beatrice: Vertrauensschutz im öffentlichen Recht, Basel/Frankfurt a.M. 1983

Weber-Fas, Rudolf: Grundzüge des allgemeinen Steuerrechts der Bundesrepublik Deutschland, Tübingen 1979

Weber-Grellet, Heinrich: In dubio pro quo? Zur Beweislast im Steuerrecht, in: StuW 1981, 48 ff.

Wenzig, Herbert: Die steuerliche Betriebsprüfung. Entwicklung – Erfolg – Bedarf, in: DB 1982, Beilage Nr. 17

Wilke, Kay-Michael: Gesetzliche Regelung der verbindlichen Zusage. Anmerkungen zu der beabsichtigten, aber nicht erfolgten Änderung des § 204 AO, in: DStR 1986, 426 ff.

Woerner, Lothar: Verdeckte Gewinnausschüttung an beherrschende Gesellschafter einer Kapitalgesellschaft. Auflockerungstendenzen der Rechtsprechung des I. Senats?, in: Der Bundesfinanzhof und seine Rechtsprechung. Grundfragen – Grundlagen, Festschrift für Hugo von Wallis, Bonn 1985, S. 327 ff.

Woerner, Lothar/*Grube*, Georg: Die Aufhebung und Änderung von Steuerverwaltungsakten, 8. Aufl. Stuttgart 1988

Wolff, Hans J./*Bachof*, Otto: Verwaltungsrecht I, 9. Aufl. München 1974

Zeidler, Karl: Empfiehlt es sich, die bestehenden Grundsätze über Auskünfte und Zusagen in der öffentlichen Verwaltung beizubehalten? Gutachten für den 44. Deutschen Juristentag, in: Verhandlungen des 44. Deutschen Juristentages – Hannover 1962, Bd. I, Tübingen 1964, 2. Teil

Zwank, Herbert: Die neuen Regelungen über die Außenprüfung und verbindlichen Zusagen auf Grund einer Außenprüfung, in: DStZ/A 1976, 471 ff.

— Verbindliche Zusagen auf Grund einer Außenprüfung, in: StBp. 1977, 12 ff.

Horst Schäfer

Die Dreiecksbeziehung zwischen Arbeitnehmer, Arbeitgeber und Finanzamt beim Lohnsteuerabzug

Ein Beitrag zur Trennung von Arbeitsrecht und Steuerrecht

Schriften zum Steuerrecht, Band 37

293 S. 1990. DM 98,–

ISBN 3-428-07000-3

Der Autor untersucht die Dreiecksbeziehungen zwischen Arbeitnehmer, Arbeitgeber und Finanzamt im Lohnssteuerabzugsverfahren. Die Lohnsteuer wird im Regelfall nicht durch das Finanzamt als handelndes Organ des Steuergläubigers verwirklicht, sondern das Gesetz hat einen Dritten – den Arbeitgeber – zwischen Steuerschuldner und Steuergläubiger in das Abzugsverfahren eingeschaltet. Die Besonderheit der Beteiligung eines Dritten löst Fragen nach den Rechtsverhältnissen aus, die zwischen den Beteiligten dieser Dreiecksbeziehung bestehen. Die Untersuchung konzentriert sich auf die individuelle Erhebung der Lohnsteuer. Dieser liegt als Grundfall folgendes Dreiecksverhältnis zugrunde: Der Arbeitgeber behält bei jeder Lohnzahlung die Lohnsteuer des Arbeitnehmers für dessen Rechnung ein. Er meldet den einzubehaltenden Betrag beim Betriebsstättenfinanzamt an und führt die einbehaltene Summe dorthin ab. Kommt der Arbeitgeber seiner Entrichtungspflicht aus § 43 Satz 2 AO nur in unzureichendem Maße nach, entwickeln sich aus diesem Grundfall zwei weitere Dreiecksverhältnisse: Hat der Arbeitgeber vorschriftswidrig zuwenig Lohnsteuer einbehalten, kann er vom Finanzamt als Haftungsschuldner in Anspruch genommen werden. Nunmehr stellt sich für ihn die Frage, ob und in welchem Umfang er vom Arbeitnehmer Regreß verlangen kann. Die gleiche Frage ergibt sich für den Arbeitnehmer, wenn er weiß, daß der Arbeitgeber die einbehaltene Lohnsteuer weder angemeldet noch abgeführt hat und ihm nun seinerseits eine Inanspruchnahme des Finanzamts droht.

Duncker & Humblot · Berlin

Willi Weiblen

Beschäftigungsförderung

Eine kommunale Aufgabe zwischen Personalhoheit und Finanzhoheit

Tübinger Schriften zum Staats- und Verwaltungsrecht, Band 11

445 S. 1990. DM 78,–

ISBN 3-428-07043-7

In der ersten Hälfte der 80er Jahre geriet die Bundesrepublik in die bisher langwierigste Beschäftigungskrise der Nachkriegszeit. Sowohl demographische Faktoren – Anstieg der erwerbsfähigen Bevölkerung, vermehrte Frauenerwerbstätigkeit – als auch strukturelle Veränderungen der Binnen- und Außenwirtschaft bilden die Ursachen der heute gegebenen Beschäftigungsschwierigkeiten, die bis 1984 zu einer Arbeitslosigkeit mit einer durchschnittlichen Quote von 9,1 % geführt haben. Seit diesem Zeitpunkt liegt die Zahl der Arbeitslosen mit Schwankungen bei rd. 2 - 2,2 Millionen. Von dieser Entwicklung sind unmittelbar auch die Gemeinden betroffen. Die sozialen, individuellen und finanziellen Folgen sind auf dieser Ebene am stärksten spürbar. Trotz begrenzter Einflußmöglichkeiten auf örtliche arbeitsmarktpolitische Gegebenheiten wird der kommunale Handlungsbedarf allgemein nicht bestritten. Obwohl die originäre Zuständigkeit für diesen Bereich fehlt, initiieren und fördern die Städte und Gemeinden eine Vielzahl von Maßnahmen oder führen sie selbst durch, um die Folgen der Arbeitslosigkeit zu mildern. Vor diesem Hintergrund werden die rechtlichen und tatsächlichen Rahmenbedingungen für eine beschäftigungspolitische Maßnahme zur Bekämpfung örtlicher Arbeitslosigkeit untersucht.

Duncker & Humblot · Berlin